典藏诵读版

尚书

全鉴

余长保◎解译

扫一扫
免费赠送3种国学音频！

国家一级出版社 中国纺织出版社 全国百佳图书出版单位

内 容 提 要

本书精选了《尚书》中的精华部分，按照原书的顺序分为虞书、商书、周书三部分。由于《尚书》原文字句较为晦涩难懂，为了便于读者理解，我们特别设立了题解、注释、译文三个辅助板块。断句参酌诸家，择善而从；对字词的注释力求简明，不做繁征博引；译文主要以直译为主，意译为辅，力求文从字顺、流畅自然，帮助读者吸收《尚书》中的智慧精华。同时，书中配有朗读音频，读者可扫码聆听品鉴。

图书在版编目(CIP)数据

尚书全鉴：典藏诵读版／余长保解译．—北京：中国纺织出版社，2019．5

ISBN 978－7－5180－6127－3

Ⅰ．①尚…　Ⅱ．①余…　Ⅲ．①中国历史—商周时代②《尚书》—注释③《尚书》—译文　Ⅳ．①K221．04

中国版本图书馆 CIP 数据核字（2019）第 069139 号

策划编辑：陈　芳　　　　责任印制：储志伟

中国纺织出版社出版发行
地址：北京市朝阳区百子湾东里 A407 号楼　邮政编码：100124
销售电话：010—67004422　传真：010—87155801
http：//www．c－textilep．com
E-mail：faxing@c－textilep．com
中国纺织出版社天猫旗舰店
官方微博 http：//weibo．com/2119887771
佳兴达印刷（天津）有限公司印刷　各地新华书店经销
2019 年 5 月第 1 版第 1 次印刷
开本：710×1000　1/16　印张：20
字数：258 千字　定价：49．80 元

前言

作为至今流传最为久远的一部历史文献汇编，《尚书》保存了大量珍贵的先秦政治、思想、文化、历史等诸多方面的史料，成为研究我国原始社会、奴隶社会乃至封建社会的一部不可或缺的重要典籍。

书是对古代简册的一种泛称，相关资料表明，最迟在商周时期就已经有写在竹木片上的书了。《尚书》最早被称为《书》。在古代典籍中，常出现的"《书》曰""《书》"多指的是《尚书》。《尚书》的名称，从目前的研究看来，最迟出现在西汉中期，司马迁在《史记·五帝本纪》中写道："学者多称五帝，尚矣。然《尚书》独载尧以来。"司马迁给《书》定名为《尚书》。他认为《尚书》中只记载了尧之后君王的事迹。之后，随着儒家地位的不断提升，《尚书》作为儒家经典著作，也备受推崇，因此曾经被称为《书经》。

有学者认为《尚书》与司马迁笔下的《书》其实有着明显的差别，前者经过了孔子的编辑删除，染上了儒家的色彩，而后者则是上古流传下来的各类"《书》"。

春秋战国时期，《尚书》在儒家弟子中得到广泛传阅。在秦朝焚书坑儒事件中遭到破坏，当时有个叫作伏生的老博士，趁乱将《尚书》藏在了墙壁之中，才得以保存。汉朝初年，伏生只找回了二十八篇，遗失甚多。汉文帝时期，广求能治《尚书》的人才。伏生当时年事已高未能前往，文帝派晁错去学习，将伏生保留的二十八篇抄录下来。因为用汉代通行的文字书写，所以被称为《今文尚书》。后来到了西晋"永嘉之乱"的时候，图书全部遗失，最终失传。

除了《今文尚书》之外，还有《古文尚书》，汉武帝末年被发现。因为是用秦汉之前的文字所书写，故称为《古文尚书》。该书由孔子第十一世孙博士孔安国所得，被他改写为汉代通行的隶书，所以也被称为"隶古定"本。

东晋元帝时期，梅赜向元帝献上了一部《孔传古文尚书》，号称是当年孔安国从孔壁上抄下来的文章加以整理注解而成。该版本的《古文尚书》一度获得正统地位，得到国家的支持，成为科举功令的标准。到了宋朝，开始有学者质疑这本书的真实性，认为乃是伪造。

关于尚书的中心内容，在《尧典正义》中，孔颖达根据篇目，将《尚书》分为典、谟、贡、歌、誓、诰、训、命、征等文体和内容。而伪孔安国在《尚书序》中说："典、谟、誓、诰、训、命之文凡百篇。"将《尚书》分为典、谟、誓、诰、训、命六种较为简明的文体，虽然面面俱到，但并不十分准确。由于《尚书》的内容大多是历代君王的言论或活动的记录，但不乏一些典章制度、法律之类也假托君王之手夹杂在其中。因此，可以分为典、谟、誓、诰、训、命。

第一种文体：典。主要记载了被后世尊奉为君王的言行与事迹，如《尧典》之类，主要记录的是尧帝的言论。

第二种文体：谟。主要以记载君臣之间的谈话、谋议等大事为内容。如《皋陶谟》等。

第三种文体：诰。是君王对臣下的诰谕。多为商周最高统治者对臣民封王、大臣的劝告之词，这是《尚书》的主要内容，而且历史价值很高。

第四种文体：训。是臣下对君王的劝诫之词，意在总结历史教训，劝告当今的君王要以史为鉴，勿要重蹈覆辙。

第五种文体：誓。是君王在征伐交战之前率队誓师之词，如《甘誓》《汤誓》等，均为此类。

第六种文体：命。是君王任命官员或赏赐诸侯时的册命之词。

虽然以上这六种文体并非包含《尚书》的全部内容，但已包含绝大多数篇目。由于尚书原文相对佶屈聱牙，晦涩难懂，每一篇文章除了原文之外，还添加了题解、注释和译文等板块方便读者理解。

由于《尚书》历来难懂，并且注解问题也存在颇多争议，我们尽量做出精准的注释与翻译。由于译注者才疏学浅，难免会存在疏漏之处，还望读者见谅！

同时，本书将纸质图书和配乐诵读音频完美结合，以二维码的方式在内文和封面等相应位置呈现，读者扫一扫即可欣赏、诵读经典片段。诵读音频由中国国际广播电台、中央人民广播电台专业播音员，以及中国传媒大学等知名高校播音系教师构成的精英团队录制完成，朗读中融进了对传统文化的理解，声音感染力极强，欢迎下载品鉴。

最后，衷心希望本书能成为您全方位感受和理解《尚书》这部传世佳作的良师益友。

解译者

2019 年 2 月

目录

虞书

商书

周书

虞 书

尧　典

【题解】

尧，名放勋，相传是我国原始社会后期著名的部落联盟首领，乃“五帝”之一。典是记载古代典制的一种文体。

《书序》中写道：“昔在帝尧，聪明文思，光宅天下。将逊于位，让于虞舜，作《尧典》。”

《尧典》中主要记载了尧在当时的一些情况，其中包括尧的品行、功绩等，也记录了一些当时的制度与社会发展情况，较为真实地反映了当时的社会情况，具有很高的研究价值。因为在文章开始便有“曰若稽古”这样的话，清楚地阐明了这篇文章乃是后人之作，并非当时所写，具体成书时间已经无法考证，通常认为是周初到秦汉年间成书。

【原文】

曰若稽古，帝尧[1]曰放勋，钦明文思安安[2]，允恭克让[3]，光被四表[4]，格于上下[5]。克明俊德[6]，以亲九族[7]。九族既睦，平章百姓[8]。百姓昭明，协和万邦，黎民于变时雍。

【注释】

①曰若稽古：史官用来追忆前人事迹的开头用语。

②钦明文思安安：均是对尧美德的称赞之语。蔡沈在《书集传》中解释说：“钦，恭敬也。明，通明也。敬体而明用也。文，文章也。思，意思也。文著见而思深远也。”安安：现在写为“晏晏”，形容宽容、温和的样子。

③允恭克让：诚实、恭谨又懂得谦让。

④光被四表：（尧的盛名）远播四方。光：现写为“横”“广”，是充满的意思。

⑤格于上下：充满于天地之间。

⑥克明俊德：指尧能够发扬自己的盛德。

⑦九族：很多的氏族。九：这里是虚数。

⑧平章百姓：辨明各个氏族的首领。平：现写为“便”，经传通写为“辨”，分辨的意思。章：这里指百官。

【译文】

考查古事，帝尧名为放勋，他为人恭敬、通晓事理，而且风度文雅，思虑深远，宽厚温和，他诚实、恭谨又懂得谦让，盛名早已传播四方，充满于天地之间。他能够发扬大德，让各氏族之间相互亲近。家族之间和睦之后，又能够清楚地辨明各个氏族的首领。辨明完各个氏族的首领，又能够协助他们处理职守；百官和谐了，进而团结联合各个部落，天下百姓也就变得和谐亲善，风俗也开始变得淳朴了。

【原文】

乃命羲和①，钦若昊天②，历象日月星辰③，敬授民时④。

【注释】

①命：任命。羲和：传说中太阳女神的名字，这里指主要负责管理天文历象的官员羲氏、和氏。

②钦若昊（hào）天：恭敬地参照天上日月星辰的运转现象来解读它。钦：敬。昊天：广阔的天空。

③历象：天地运转现象。辰：这里专指分辨季节的标准星相。

④敬授民时：将观测天文现象所总结出来的时令情况告知百姓，以便于农耕。

【译文】

于是任命了羲氏、和氏，让他们按照天文现象来总结出相关历法，将总结出来的时令情况告知百姓，以便于农耕。

【原文】

分命羲仲，宅嵎夷，曰旸谷①，寅宾出日②，平秩东作③。日中、星鸟④，以殷仲春⑤。厥民析，鸟兽孳尾⑥。

【注释】

①嵎（yú）夷：这里指的是东方极远的地方。旸（yáng）谷：传说中太阳从这里出来。

②寅宾出日：殷商时期，“出日”“入日”都有专门的祭礼。寅宾这里可以理解为“迎接”。

③平秩：让其有秩序。东作：指的是春天的农事。这里的“东、南、西、北”分别代指春、夏、秋、冬。

④日中：白天与夜晚一样长，指的是春分。星：中星，傍晚在南方天空位于正中的星，这里所说的鸟，是古代对一颗恒星的命名，是春分的标准星。

⑤殷仲春：定下春分戒灵。殷：是端正，让……正的意思。仲春：指的

是春分所在的月份，即二月。

⑥厥民析，鸟兽孳（zī）尾：这里的文义难以解析。有专家推断，此处乃是《尧典》作者误解，将古时四方的神名、风名原始深化资料进行改造，造就了此文，以致意义荒诞。

【译文】

分别任用了羲仲，让其在遥远的东方叫作旸谷的日出之地对日出进行祭祀，并让春天的农事活动能够按照程序进行。春分时节，鸟星位于天空正中，可以凭此确定时令了。这时天气温和，百姓分散在田地里劳作，鸟兽还在繁殖。

【原文】

申命羲叔，宅南交①，平秩南讹②，敬致③。日永，星火④，以正仲夏。厥民因⑤，鸟兽希革⑥。

【注释】

①申：再，又。南交：指南方极远的地方，由这里到"平秩南讹"与上文有异，应有脱文。下文所说的冬季也如此。

②讹：变化，化育。

③敬致：此二字似为脱落之残文，当在上文"平秩南讹"之前，指的是对日的祭祀。

④日永：白天最长的时候，指的是夏至。永：是长的意思。火：古代对一颗恒星的命名，与"鸟"一样，多在占卜的辞文中出现。

⑤因：家中的老弱因为青壮年在田中劳作而出门去帮忙。

⑥希革：毛羽稀疏。

【译文】

又任命羲叔到极远的南方之地，掌管对日的祭祀礼节，然后辅助百姓按照程序来进行夏天的农业活动。在夏至的时候，在南方的天空可以看到火星，凭此可以确定夏至节令。这时天气燥热，农事繁忙，百姓不论老幼都出门帮助家中的青壮年劳作，鸟兽的毛羽逐渐稀疏（以避燥热）。

【原文】

分命和仲，宅西，曰昧谷①，寅饯纳日②，平秩西成③。宵中、星虚④，以殷仲秋。厥民夷⑤，鸟兽毛毨⑥。

【注释】

①西：本文所述东、南、北三方的“宅”字下面都是两个字，这里独独只有一个“西”字，乃为脱漏。《史记》中补字作“西土”。这里可以理解为西方极远之地。昧谷：传说中日落的地方。

②饯（jiàn）纳日：商朝有“入日”的祭礼，现在的“纳”即写为“入”。饯：送。

③西成：农事活动，因为秋天庄稼丰收，所以用了“成”这个字。

④宵中：白天黑夜一样长，指的是秋分。虚：对一颗恒星的命名。

⑤夷：这里是平静、清闲的意思。

⑥毛毨（xiǎn）：鸟兽重新长毛，毛羽丰满的样子。

【译文】

又分别命令和仲在极远的西方叫作昧谷的日落之地，掌管对落日的祭礼，之后帮助百姓按照程序进行秋收活动。秋分的时候，在南方天空正中可以看到虚星，可以凭借这颗星来确定秋分的准确时令。这时气候开始变凉，百姓开始清闲下来，鸟兽开始重新长出丰满的毛羽。

【原文】

申命和叔，宅朔方，曰幽都①。平在朔易。日短，星昴②，以正仲冬。厥民隩③，鸟兽氄毛④。

【注释】

①朔方：指北方极远之地。幽都：也就是下文提到的“幽州”，是传说中北方的一座山的名字，代指极北之地。

②日短：白昼最短的时候，指的是冬至。昴（mǎo）：二十八星宿之一。

③隩（ào）：同“奥”，指室内。

④氄（rǒng）毛：动物贴近皮肤的细软的绒毛。

【译文】

又下令让和叔到极远的叫作幽都的极北之地去，帮助那里的百姓按照节令来进行冬季的农业活动。白天最短的日子，在南方的天空中可以看到昴星团，可以凭此来确定冬至。这时天气寒冷，百姓都回到室内，鸟兽开始生长出细软的绒毛来保暖。

【原文】

帝曰："咨！汝羲暨和①。期三百有六旬有六日②，以闰月定四时成岁③。"

【注释】

①咨：告知，命令。暨（jì）：与。

②期（jī）三百有六旬有六日：一年三百六十六天，这是古代推算较早知道的一年的天数，是根据太阳的回归年这一运动而推算出来的，是一种阳历年。

③以闰月定四时成岁：因为月球绕地球的周期与地球绕太阳的周期并不相同，阴历要比阳历一年少十一天，必须要设立闰月才能让二者相合。

【译文】

帝尧说："我告知你们，羲氏与和氏，一年有三百六十六天，你们需要设立闰月来调整好四季以制定每个年岁。"

【原文】

允厘百工[①]，庶绩咸熙[②]。帝曰："畴咨若时登庸[③]？"放齐曰："胤子朱启明[④]。"帝曰："吁[⑤]！嚚讼，可乎[⑥]？"帝曰："畴咨若予采？"驩兜曰："都！共工方鸠僝功[⑦]。"帝曰："吁！静言庸违[⑧]，象恭滔天[⑨]。"

【注释】

①允厘百工：切实去整顿文武百官。允，确实，切实。厘，治理，整饬。百工，百官。

②庶绩咸熙：政务处理得当。庶，众。绩，指政事。咸，都。熙，兴盛。

③畴咨若时登庸：谁能够将政务处理得当就能够提拔任用谁。畴，谁。咨，能够，可以。若时，也可云"如是""如此"。登，提拔，升迁。庸，用。

④放（fǎng）齐：尧在位时的一位大臣。胤（yìn）子：嗣子。朱，这里指的是尧的儿子丹朱。启明，开明，通达。

⑤吁（xū）：叹词，表示否定。

⑥嚚（yín）讼：顽劣丧德并心狠手辣。讼，通"凶"，这里是孙星衍在《尚书今古文注疏》中所提出的说法。

⑦共工：神话中的任务，这里是尧的一个臣子的名字。方鸠僝（zhàn）功：聚众人之力来将事情办成。方，通"旁"，大，广。鸠，聚集。僝，显现。

⑧静言庸违：花言巧语，做事十分邪僻。

⑨象恭滔天：表面十分恭敬却不信天命。

【译文】

尧帝切实地去整顿文武百官，政务也处理得当。他说："谁能够将政务处理得当，就提拔任用谁。"大臣放齐说："您的儿子丹朱开明通达，可以任用。"尧帝说："啊，他顽劣丧德又心狠手辣，如何能够任用他呢！"尧帝又问："谁能够胜任我的职位呢？"大臣驩兜说："噢！共工大概可担任，他能够将众人之力集中起来促成大事。"尧帝说："唉！他擅长花言巧语，行事却十分荒诞，表面上毕恭毕敬，其实为人傲慢，不信天命。"

【原文】

帝曰："咨！四岳①，汤汤洪水方割②，荡荡怀山襄陵③，浩浩滔天④，下民其咨⑤，有能俾乂⑥？"佥曰⑦："于！鲧哉。"帝曰："吁！咈哉⑧，方命圮族⑨。"岳曰："异哉！试可乃已。"帝曰："往钦哉！"九载，绩用弗成。

【注释】

①四岳：原指的是一座丛山，这里指官名或者大臣的名字。

②汤（shāng）汤：水势浩大的样子。方割：指的是严重的灾害。方，通"旁"，大，严重。割，通"害"，祸害。

③荡荡：形容水流湍急的样子。怀：包围。襄陵：淹没了丘陵。襄，这里是淹没的意思。

④浩浩滔天：仿佛要漫过天际一般。

⑤咨：忧愁。

⑥有能俾（bǐ）乂（yì）：谁能够治理。俾，使，让。乂，治理。

⑦佥（qiān）：都。

⑧咈（fú）：违逆。

⑨方：同"放"，违背，违反。圮（pǐ）：毁。

【译文】

尧帝说："唉！四岳啊，湍急的洪水酿成了严重的灾祸，水势迅速将高山包围，将丘陵淹没，仿佛要漫过天际一般，下面的黎民百姓十分忧愁，谁能够治理洪水呢？"群臣都说："啊，鲧啊。"尧帝说："唉，这个人性情暴敛，常常会逆天而行，做出伤害自己族人的事情。"四岳说："唉，先试一试吧，可以的话就让他来治理。"尧帝说："那就让他去干吧，注意让他遵守职责！"可是鲧治理了九年，都没有看到成果。

【原文】

帝曰："咨！四岳。朕在位七十载，汝能庸命巽朕位[1]？"岳曰："否德[2]，忝帝位[3]。"曰："明明扬侧陋[4]。"师锡帝曰："有鳏在下，曰虞舜。"帝曰："俞[5]！予闻，如何？"岳曰："瞽子[6]，父顽母嚚[7]，象傲[8]；克谐以孝，烝烝乂[9]，不格奸。"帝曰："我其试哉！"

【注释】

①庸命：也就是"用命"，这里指遵守、贯彻指令。巽（xùn）：履行。

②否（pǐ）：陋。

③忝（tiǎn）：辱。

④明明：尊重，称赞贤明的人。前一个"明"字是动词，后一个"明"字是名词。侧陋：隐于民间，没有名望的贤人。

⑤俞：语气词，相当于"然"，是"好吧"的意思。

⑥瞽（gǔ）子：盲人的儿子。瞽：盲人。

⑦父顽母嚚：相传舜的父亲性情顽劣凶狠，继母嚣张。

⑧象傲：传说中舜的同父异母的弟弟。性情十分傲慢。

⑨烝（zhēng）烝乂：治理得很好的样子。

【译文】

尧帝说："唉！四岳，我已经在位七十年了，你们能够遵循贯彻我交给你们的命令，你们来继任朕的帝位吧！"四岳说："我的德行尚浅，恐怕会玷污了这个位置。"尧帝说："那你们举荐一个朝中的贤明之臣，或者推荐一个隐没于民间的声名尚未显达的贤人。"众人对尧帝说："在民间倒是有一个叫作虞舜的丧妻之人，是一个贤人。"尧帝说："噢，我也听说过，那这个人为人处世到底如何呢？"四岳说："他是一个盲人的儿子，父亲与继母都十分顽劣凶狠，异母的弟弟象对待他也十分傲慢无礼；但是舜一直用自己的孝行感动着全家，以至于全家和谐相处，家庭事业也十分兴旺，家人们也不再有违背道义的行为。"尧帝说："那我就来试一试他吧！"

【原文】

女于时①，观厥刑于二女②，厘降二女于妫汭③，嫔于虞④。帝曰："钦哉！"

【注释】

①女于时：将女儿嫁给了虞舜。

②观厥刑于二女：观察舜对待两个女儿的德行。二女：传说中的娥皇、女英。

③降：下嫁。妫（guī）汭（ruì）：妫水注入另一条河的相交弯曲之地。

④嫔于虞：嫁给虞家。

【译文】

尧帝将自己的两个女儿下嫁给了虞舜，以观察他治国齐家的能力，女儿嫁到舜的家乡妫汭，做了虞家的媳妇。尧帝对舜说："要恪尽职守啊！"

大禹谟

【题解】

大禹，传说是原始社会末期夏部落的首领，后来接受了舜的禅让，成为部落联盟的首领。姒姓，名文命，也被称为禹、夏禹、戎禹。著名治理洪水的鲧的儿子，在其父去世之后，继承了先父的遗命继续疏导江河，治水十三年终获成功。禹的儿子建立了夏朝，而禹则为夏朝的实际创建者。谟，在《尔雅·释诂》解释为："谋也。"《说文》中解释为："议谋也。"

《书序》中写道："皋陶矢厥谟，禹成厥功，帝舜申之作《大禹》、《皋陶谟》、《益稷》。"

《大禹谟》记录了大禹、伯益、皋陶在舜帝面前商讨政务的对话，同时也记载了舜帝将帝位禅让给大禹，大禹谦虚推辞的过程，最后是大禹征讨苗民，开疆拓土的记录。

《大禹谟》属梅赜（zé）《古文尚书》，《今文尚书》中并无此篇。

【原文】

曰若稽古，大禹曰文命[①]，敷于四海[②]，祗承于帝。曰："后克艰厥后[③]，臣克艰厥臣，政乃乂，黎民敏德。"

帝曰："俞！允若兹[④]，嘉言罔攸伏，野无遗贤，万邦咸宁[⑤]。稽于众，舍己从人，不虐无告，不废困穷，惟帝时克[⑥]。"

益曰[⑦]："都！帝德广运[⑧]，乃圣乃神，乃武乃文[⑨]；皇天眷命[⑩]，奄有四海，为天下君。"

禹曰："惠迪吉，从逆凶[⑪]，惟影响。"

益曰："吁！戒哉！儆戒无虞[⑫]，罔失法度，罔游于逸，罔淫于乐。任贤勿贰，去邪勿疑，疑谋勿成，百志惟熙。罔违道以干百姓之誉，罔咈百姓以从己之欲。无怠无荒，四夷来王。"

禹曰："於！帝念哉！德惟善政，政在养民。水、火、金、木、土、谷惟修；正德、利用、厚生惟和，九功惟叙[⑬]，九叙惟歌[⑭]。戒之用休，董之用威[15]，劝之以九歌，俾勿坏[16]。”

帝曰：“俞！地平天成，六府三事允治，万世永赖，时乃功。”

【注释】

①文命：大禹的名字。在《史记·夏本纪》中记载称：“夏禹名曰文命。”

②敷：治理。四海：蔡沈在《书集传》中解释说：“即《禹贡》所谓‘东渐’‘西被’，‘朔南暨，声教讫于四海者’是也。”四海指的就是天下四方。

③后：上古及三代的部落首领及君王均称为后。

④允：的确，正是。若：像。兹：代词，这样，如此。

⑤万邦咸宁：与在《尚书·洛诰》中所说的“万邦咸休”的意思相同。万邦：指的是天下四方氏族部落。咸：都。宁：安宁。

⑥惟帝时克：《尚书·皋陶谟》有“惟帝时举”之句，与之意思相近。

⑦益：人名，指的是伯益，传闻其在舜时担任虞官一职。

⑧广：大。运：远。《孔传》中解释说：“广谓所覆者大，运谓所及者远。”

⑨乃：这样。

⑩皇天眷命：在《尚书·太甲》篇中有“皇天眷佑”之句。皇天是对天帝的称呼。

⑪惠：顺。迪：道。逆：蔡沈解释说：“反道者也。”又说：“惠迪从逆，犹言顺善从恶也。”认为是影响的意思。《孔传》解释说：“吉凶之报，若影之随形，响之应声。”蔡沈在《书集传》中说：“吉凶之应于善恶，犹影响之出于形声也。”

⑫儆：警戒。虞：失误，过失。

⑬九功：指的是六府三事。六府指的是水、火、金、木、土、谷；三事指的是正德、利用、厚生。蔡沈在《书集传》中认为：“正德者，父慈、子孝、兄友、弟恭、夫义、妇听，所以正民之德也。利用者，工作什器，商通货财之类，所以利民之用也。厚生者，衣帛食肉，不饥不寒之类，所以厚民

之生也。”

⑭九叙：指的是上面所说的九功各自按照其秩序来进行，不可打乱常法。歌，蔡沈解释说：“歌者，以九功之叙而咏之歌也。”

⑮用：以。休：美。董：督。威：古文中写为畏。

⑯九歌：蔡沈说：“此《周礼》所谓‘九德之歌，九韶之舞’。”俾（bǐ）：使。坏：败坏。

【译文】

考察古事，大禹也叫文命，他管治天下，恭顺地秉承天帝。他说：“君王可以意识到担任君主的辛苦，臣子可以意识到担任臣子的辛苦，政事就能够处理得当，百姓就能够致力于提升自己的德行。”

舜帝说：“对呀！正是如此，善意的言论不应当有所避讳，贤人不应当被遗留在民间，天下各地也就全部相安无事了。采纳百姓的意见，舍弃自己的观念，遵从他人正确的见解，不虐待那些无依无靠的人，不冷落那些贫困潦倒的人，只有尧帝可以做到。”

伯益说：“啊，尧帝的德行影响广大且深远，如此贤明，如此神圣，如此威严，如此英华；上天眷顾他，赐予了他福命，让他能够成为天下的君王。”

大禹说：“恭敬地履行善道就能够得到吉祥，履行恶道就要面临凶险，就如同影子出于形体，回响出于声音一样。”

伯益说：“啊！警戒啊！要谨慎警戒不要出现失误，不能舍弃法度，不能肆意游乐，不能过度享乐。任用贤人不可三心二意，铲除恶人不要犹豫，犹豫的计划无法成功，各种思考要深远且全面广泛。不要违逆常理来谋求百姓的称赞，也不要违背百姓的意愿来满足自己的私欲。如果不懈怠，不荒废政事的话，周围各民族的诸侯方国就会过来称臣归附。”

大禹说：“唉！君王您要认真思考啊！德可以让政事变得美好，美好的政事可以让百姓生活安定美满。水、火、金、木、土、谷六府之事要管理妥当；端正父慈、子孝、兄友、弟恭、夫义、妇听这些德行，发展好工作什器、商贸货财这些对百姓生计有用的事情，给予百姓衣帛肉食，让他们可以得到温饱，如此让正德、利用、厚生这三件事配合实行，六府三事这九功应当按照常理有序进行。九功得以有序进行，百姓就会赞扬歌颂君主。用美好的事物来劝诫百姓，用威罚来督察百姓，用九德之歌来劝勉民众，不要让他们败坏德政。”

舜帝说：“正是如此！水土得到治理，万物得以生长，六府三事确实能够按照常理有序地进行，这造福万世的功业，都是您的功劳。”

【原文】

帝曰：“格汝禹！朕宅帝位三十有三载，耄期倦于勤①。汝惟不怠，揔朕师②。”

禹曰：“朕德罔克③，民不依。皋陶迈种德，德乃降④，黎民怀之。帝念哉！念兹在兹，释兹在兹，名言兹在兹，允出兹在兹⑤。惟帝念功！”

帝曰：“皋陶！惟兹臣庶，罔或干予正⑥，汝作士⑦，明于五刑⑧，以弼五教⑨。期于予治，刑期于无刑，民协于中⑩。时乃功，懋哉⑪！”

皋陶曰：“帝德罔愆。临下以简，御众以宽⑫；罚弗及嗣，赏延于世；宥过无大⑬，刑故无小；罪疑惟轻，功疑惟重⑭；与其杀不辜，宁失不经⑮。好生之德⑯，洽于民心，兹用不犯于有司。”

帝曰：“俾予从欲以治⑰，四方风动，惟乃之休。”

【注释】

①耄（mào）期：《孔传》中解释说：“八十九十曰耄，百年曰期年。”蔡沈说：“九十曰耄，百年曰期，舜至是年已九十三矣。”倦：疲惫，困倦。

②总：总领、统率，这里含有摄政的意思。师：众。

③罔克：不能，无法胜任。

④迈：蔡沈在《书集传》中解释为：“勇往力行之意。”种：广布、施行。降：下。

⑤念兹在兹以下四句，每句均有两个兹。兹：代词，这。第一个兹指的是德，第二个兹指的是皋陶。释：周秉钧在《白话尚书》中认为可通“怿”（yì），高兴，欣喜的意思。

⑥或：有。干：犯。正：通政。

⑦士：官名，指的是主理刑狱的士师。

⑧五刑：指的是墨刑、劓刑、刖刑、宫刑、大辟刑这五种刑罚。

⑨弼：辅助、辅佐。五教：指的是包括父义、母慈、兄友、弟恭、子孝这五种伦理关系的五常之教。蔡沈则认为是君臣、父子、夫妇、长幼、朋友的五品之教，均可取。

⑩中：中道。蔡沈在《书集传》中称："而期我以至于治，其始虽不免于用刑，而实所以期至于无刑之地，故民亦皆能协于中道。"

⑪懋（mào）：努力。

⑫临：自上向下看称为临。简：不苛责。御：控制，掌控。蔡沈说："上烦密，则下无所容。御者急促，则众扰乱。"

⑬宥（yòu）：饶恕，宽恕。过：过错，过失。蔡沈认为指的是"不识而误犯也"。

⑭罪疑惟轻，功疑惟重：蔡沈在《书集传》中解释为："罪已定矣，而于法之中，有疑其可重可轻者，则从轻以罪之。功已定矣，而于法之中，有疑其可轻可重者，则从重以赏之。"

⑮辜：罪。不经：违背常法。

⑯好生之德：蔡沈认为：不忍心杀

害无罪之人，宁可自己承受失刑之责，而表现出来忠厚仁爱。

⑰俾：让，使。俾予从欲以治，蔡沈说："民不犯法，而上不用刑者，舜之所欲也。"

【译文】

帝舜说："到前面来，禹！我已经在位三十三年了，现在已经是要到百岁的人了，因为勤于处理政事，倍感疲惫，你做事从不懈怠，统率我的百姓吧！"

大禹说："我的德行尚不可担此重任，百姓也不会顺从于我。皋陶勇往力行，广施德行，德行影响到了黎民百姓，百姓信服于他。君主您应当了解一下这些！了解到德行是皋陶所自身拥有的，对德行从心底里感到欣喜的人也是皋陶，对德诚服发自内心的也是皋陶。君主，您应当了解皋陶的功绩呀！"

帝舜说："皋陶！这些臣民，没有违反我的规定，你身为主理刑狱的士官，知晓要用五刑来辅助五教，来配合我的统治。使用五刑的目的并不是为了五刑，而是为了让百姓都服从中道。这是你的功绩，值得嘉奖鼓励啊！"

皋陶说："舜帝，您的德行并没有过错。对待臣子不苛责，处罚百姓的时候十分宽容，不牵连子孙后代，奖赏延伸到后代。如果是过失犯罪，不管罪行多大，都予以宽恕；如果是故意犯罪，不管罪行多小，都要施行惩罚。罪行处罚轻重无法定夺的时候，就从轻处理；功绩奖赏轻重无法定夺的时候，就从重赏赐。与其误杀了无罪之人，宁愿去放过违背了常法的人。这种爱惜百姓生命的德行，和谐民心。所以，百姓不会触犯刑法。"

帝舜说："让我能够如愿管治天下，天下的百姓也纷纷响应，这就是你的美德。"

【原文】

帝曰："来，禹！降水儆予①，成允成功，惟汝贤；克勤于邦，克俭于家，不自满假②，惟汝贤。汝惟不矜，天下莫与汝争能③；汝惟不伐④，天下莫与汝争功。予懋乃德，嘉乃丕绩⑤。天之历数在汝躬，汝终陟元后⑥。人心惟危，道心惟微，惟精惟一，允执厥中。无稽之言勿听，弗询之谋勿庸⑦。可爱非君？可畏非民？众非元后何戴[8]？后非众罔与守邦。钦哉！慎乃有位，敬修其可愿[9]。四海困穷，天禄永终[10]。惟口出好兴戎[11]，朕言不再。”

禹曰：“枚卜功臣[12]，惟吉之从。”

帝曰：“禹！官占[13]，惟先蔽志，昆命于元龟[14]。朕志先定，询谋佥同，鬼神其依[15]，龟筮协从，卜不习吉。”

禹拜稽首，固辞。

帝曰：“毋！惟汝谐。”

正月朔旦，受命于神宗，率百官若帝之初[16]。

【注释】

①降水：也就是洪水，大水。降，或作洚。蔡沈在《书集传》中写道：“孟子曰：‘水逆行，谓之洚水。’盖山崩水浑，下流淤塞，故其逝者，辄复反流，而泛滥决溢，洚洞无涯也。”

②满：自满。假：夸大。

③矜（jīn）：在《孔传》中认为：“自贤曰矜。”也就是自我夸耀的意思。

④伐：《孔传》中认为：“自功曰伐。”也是夸耀的意思。

⑤懋：通“楙”，盛大之意，具有褒奖的意思。丕：大。绩：功。

⑥历数：历代帝王相继的顺序。蔡沈认为：“帝王相继之次第，犹岁时节气之先后。”躬：亲自，亲身。陟：登、升。元：大。元后指的是王位。

⑦稽：考察，勘定，验证。询：咨询。弗询也就是没有咨询。庸：用。

⑧何戴：是“戴何”的倒装。《国语·周语上》中写道：“《夏书》有之曰：‘众非元后，何戴？后非众，无与守邦。’”是这句话的原本。

⑨愿：希望，期望，百姓所希望的善美之事。

⑩四海困穷，天禄永终：蔡沈认为是“四海之民，至于困穷，则君之天禄，一绝而不复续”的意思。

⑪好：善。戎：兵。在《孔传》中解释说：“好谓赏善，戎谓伐恶。”这里指的是好话坏话。

⑫枚卜：历卜，逐一占卜。古时用占卜的方法来选拔官员。禹请逐个占卜有功的下属，出现吉兆的人可以入选。

⑬官占：蔡沈解释说："掌占卜之官也。"商朝的时候称为贞人。

⑭昆：后。命：占卜。元龟：大龟，占卜大事的时候使用的东西。

⑮佥（qiān）：都、皆，全部。依：依从，依顺。

⑯若帝之初：指的是禹接受舜的禅位，礼仪与当初舜接受尧禅位一样。

【译文】

帝舜说："过来，禹！洪水是在向我们示警。你履行了诺言，成功治理了水土，只有你贤能；能够勤劳地为国家卖力，能够在个人生活上十分节俭，不自满自大，只有你贤能。虽然你不认为自己是贤能的，但是天下没有人的功绩能够跟你相比；虽然你从不自我夸耀，但是天下没有人的功绩能够跟你相比。

我赞扬你的美德，嘉奖你的功绩。上天赐予的君位轮到了你自己的身上，你终究是要继承大位。人心自私危险，道心微明，只有精研专一，诚实地遵循中道。没有依据的话不听信，没有询问过大家的计谋不采纳。百姓拥护的难道不是君主吗？君主要惧怕的难道不是百姓吗？百姓没有了君主，还能拥护谁呢？君主离开了百姓，就没有人来给他守护国家了。恭敬，谨慎地对待你的王位，恭敬地去做百姓所期望的善美之事。如果天下的百姓穷困潦倒，上天赏赐的福命也终将结束。好话坏话我都说了，我就不再重复了。"

大禹说："还是要逐一去占卜那些有功绩的臣子，选择吉兆的来继承王位吧！"

帝舜说："禹！贞人占卜的方法，首先是确立志向，之后再用大龟来进行占卜。我的志向已经确立，并与众人进行了商讨，结果也不谋而合，鬼神依顺，占卜和筮卦都是协合依从，更何况，占卜的方法并不需要重复出现吉兆。"大禹跪拜叩头，决意推辞。

帝舜说："不要推辞了！只有你是最适合的。"

正月初吉日的清晨，大禹在尧帝的祖庙接受了舜的大命，就如同当年舜帝接受尧帝的大命时一样，带领群臣举办了禅位大礼。

【原文】

帝曰："咨，禹！惟时有苗弗率[①]，汝徂征[②]！"

禹乃会群后，誓于师曰[3]：“济济有众[4]，咸听朕命！蠢兹有苗[5]，昏迷不恭，侮慢自贤，反道败德。君子在野，小人在位。民弃不保，天降之咎。肆予以尔众士，奉辞伐罪[6]。尔尚一乃心力，其克有勋[7]。”

三旬，苗民逆命。益赞于禹曰[8]：“惟德动天，无远弗届[9]。满招损，谦受益，时乃天道。帝初于历山[10]，往于田，日号泣于旻天[11]，于父母，负罪引慝[12]；祗载见瞽瞍[13]，夔夔斋慄[14]。瞽亦允若[15]。至诚感神，矧兹有苗？[16]”

禹拜昌言曰：“俞！”

班师振旅，帝乃诞敷文德，舞干羽于两阶[17]。七旬，有苗格。

【注释】

①有苗：古代的三苗，古代的族名。弗率：不遵从。

②徂（cú）：到，前往。

③群后：指的是四方氏族部落的首领。誓：蔡沈解释说：“戒也。军旅曰誓。有会有誓，自唐虞时已然。《礼》言‘商作誓，周作会’，非也。”

④济济：众多且十分整齐的样子。

⑤蠢：动，有轻举妄动的意思。

⑥肆：故。辞：言辞，这里指舜命禹征讨有苗的命令。

⑦尚：庶几，差不多的意思。这里

是表示期望。其：代指众将士。克：能。勋：功绩。

⑧益：指的是伯益。赞：辅佑。

⑨届：到达，抵达。

⑩帝：指的是舜。历山：传说当年舜在历山上耕作。

⑪日：每天，天天。号：大声的呼喊。旻（mín）天：上天。《孟子·万章上》中有“舜往于田，号泣于旻天”之句。

⑫负罪：蔡沈说：“自负其罪，不敢以为父母之罪。”慝（tè）：邪恶。

⑬祗（dī）：敬。载：事，可以引申为服事。瞽（gǔ）瞍（sǒu）：传闻是舜的父亲。《史记·五帝本纪》中写道：“舜父瞽瞍盲，而舜母死，瞽瞍更娶妻而生象，象傲。瞽瞍爱后妻子，常欲杀舜，舜避逃；及有小过，则受罪。”

⑭夔（kuí）：庄重战栗的样子。

⑮允若：信顺、信任、和顺。

⑯矧（shěn）：况且、何况。

⑰干：盾牌之类的古代防御性的武器。羽：翳，用羽毛制成。干羽都是当时舞蹈者所拿的道具。两阶：宾主之阶。

【译文】

帝舜说：“唉，禹！那些三苗不归顺我们，你前去征讨吧！”大禹于是就将四方的诸侯全都召集起来，率领众人誓师说：“各位诸侯将士，都听取我的命令！三苗跃跃欲试打算叛乱，昏暗不明不恭敬，傲慢无礼狂妄自大，背离了正道，败坏了德行。舍弃了贤臣君子，重用了奸佞小人。百姓被舍弃而不得安宁，上帝降下了灾祸。所以，我带领你们各位将士，恭敬地奉行帝舜的命令，征讨有罪的三苗。如果你们能够同心同德，将可以建立功绩。”

三十天过去了，三苗依然不从。伯益前去辅佐大禹说：“只要德行感动了上天，不管距离多远都能够归顺。骄傲自满容易招来损害，谦虚可以得到好处，这是自然的常理。当初，舜帝在历山亲自耕耘，在乡村间往来，每天对上天呼喊哭泣，对于父母，总是引咎自责；恭敬地侍奉父亲瞽瞍，拜见父亲的时候表现出庄重又战栗的样子。瞽瞍也开始信赖并和顺他了。赤诚之心感动了神灵，更何况是这些三苗呢？”

大禹感谢这番美言，说：“对呀！”

整饬了军队，班师回朝，舜帝于是大兴文教德政；百姓挥舞着手中的干盾与翳羽在宫廷前的台阶上跳舞。

过了七十日，三苗前来归顺。

皋陶谟

【题解】

皋陶，传说是舜的大臣，负责管理刑法狱讼事宜。《史记·五帝本纪》中曾经做出解释，说：“皋陶为大理，平，民各伏得其实。”《史记·夏本纪》录此篇，开头加上了“帝舜朝，禹、伯夷、皋陶相与帝前，皋陶述其谋曰”之语，可见，汉朝时人们认为《皋陶谟》乃是皋陶和禹在朝堂上与舜的问答记录。

本篇与《尧典》一样，都经过了儒家的整理修订，其中多处文字均被《论语》《孟子》所采用。内容主要记录了舜与大臣对部落联盟大事的探讨，乃是后世史官所写，是我国最早也是最完备的议事记录。

【原文】

曰若稽古，皋陶曰：“允迪厥德①，谟明弼谐②。”禹曰：“俞！如何？”皋陶曰：“都！慎厥身修，思永。惇叙九族③，庶明厉翼，迩可远在兹。”禹拜昌言，曰：“俞！”

皋陶曰：“都！在知人，在安民。”禹曰：“吁④！咸若时，惟帝其难之。知人则哲，能官人⑤。安民则惠，黎民怀之。能哲而惠，何忧乎驩兜⑥？何迁乎有苗？何畏乎巧言令色孔壬⑦？”

【注释】

①允：确实。迪：践行，引导。厥：其，这里指尧。

②谟：谋。弼：辅佐。谐：和谐。

③惇（dūn）：厚。叙：按照次序进行。

④吁：叹词，相当于“哎呀”。

⑤官：将官位授予人。

⑥驩（huān）兜：传说中中国古代的三苗族首领，因与共工、鲧一起作乱，被舜发配到崇山流放。

⑦孔壬（rén）：尧时大奸佞，曾任共工之官，这里指悭吝之臣。

【译文】

考察古时历史，皋陶说：“要切实观察尧的盛德，我们所策划、所辅佐的事业才能够和谐光明。”禹说：“对，但是要如何实现呢?”皋陶说：“啊，要能够小心谨慎地修行自身的品德，深入地探讨谋划相关问题。用厚德来团结各个氏族，广纳贤明之人来做辅佐大臣，让政务能够从近到远逐步扩散到全境。”禹领会了此番言论，说：“对啊。”

皋陶又说：“啊！这其中的关键就是能够知人善用，安定民心啊。”禹说：“哎呀，想要做到这样，就算是帝王也觉得十分辛苦啊。想要知人善用，首先要有才智，能够授予其合适的职位；想要让百姓安定，则要有仁爱之心，让百姓可以对其感恩戴德。能够知人善用，关心百姓，就不用担心像驩兜这样作乱的人了，还需要什么放逐三苗，更不用畏惧那些善于花言巧语虚伪的悭吝之人了。”

【原文】

皋陶曰：“都！亦行有九德[①]。亦言其人有德。”乃言曰：“载采采[②]”禹曰：“何?”皋陶曰：“宽而栗[③]，柔而立[④]，愿而恭[⑤]，乱而敬[⑥]，扰而毅[⑦]，直而温[⑧]，简而廉[⑨]，刚而塞[⑩]，强而义[⑪]。彰厥有常，吉哉！日宣三德，夙夜浚明有家；日严祗敬六德，亮采有邦。翕受敷施[⑫]，九德咸事，俊乂在官[⑬]。百僚、师师、百工惟时，抚于五辰，庶绩其凝。无教逸欲有邦，兢兢业业，一日二日万几。无旷庶官，天工人其代之。天叙有典，勑我五典五惇哉！天秩有礼，自我五礼有庸哉！同寅协恭和衷哉！天命有德，五服五章哉！天讨有罪，五刑五用哉！政事懋哉懋哉[⑭]！天聪明，自我民聪明；天明畏[⑮]，自我

民明威。达于上下，敬哉有土[16]！”

【注释】

①亦：作“大”解，亦作“大凡”。行：德行。九德：九种品行。

②乃言曰，载采采：意思是考察一个人的言谈可以列出很多事例作为证明，不能没有事实作为根据，就去评判一个人的善恶好坏。乃：考察。载：为，这里的意思是以……为证明。采：事，采采就是很多事，这里指事实。

③宽而栗：多数宽宏大量的人遇事往往会犯下并不重视的毛病，因而必须补之以栗。宽：宽宏大度。栗：严肃恭谨。

④柔而立：性情温和的人大多会有不敢坚持自己的意见的毛病，因而必须补之以“立”。柔：指性情温和。立：指有自己的主见。

⑤愿而恭：谨慎怕事的人通常会犯下同流合污的毛病，因而必须补之以“恭”。愿：小心谨慎。恭：庄重严肃。

⑥乱而敬：具备治理能力的人往往依仗自己才能好在办事的时候有所疏漏，因而必须补之以“敬”。乱：治，这里指有治国才干。敬：认真。

⑦扰而毅：善于听取别人意见

的人常常失于优柔寡断，因而必须补之以“毅”。扰：柔顺，指能听取他人的意见。毅：果断。

⑧直而温：正直的人，常常态度生硬，因而必须补之以“温”。直：正直，耿直。温：温和。

⑨简：直率而不拘小节。廉：方正。

⑩刚而塞：能从诸多方面考虑问题，性情刚正而不鲁莽。刚：刚正。塞：充实。

⑪强：坚毅。义：善，符合道义。

⑫翕（xī）：集中。敷施：普遍推行。

⑬俊乂：指具有非凡才智的人。俊：才能、品德超过千人者。乂：才能、品德超过百人者。在官：指俊乂之人可以担任公卿的官职。

⑭懋（mào）：美好。

⑮明：表扬。畏：惩罚。

⑯有土：指的是诸侯卿大夫中有封地的人。

【译文】

皋陶说：“啊！人有九种德行，身为人必须要能有德。”接着又说：“说一个人有德，就要对他平时所做的事情进行考察。”禹说：“怎样才算是九德呢？”皋陶说：“也就是宽厚而有威严，温和而又坚定，谨慎小心而又庄重严肃，恪尽职守而又严谨有序，虚心纳谏又刚毅果断，行为率直又态度温和，既能够从大处着眼又能够注重小节，刚正不阿又能考虑周全；勇敢顽强又善良正义。天子如果能够对拥有这些德行的人进行奖赏，那么就可以称为善政了！如果天子每天能够做到这九种德行中的三种，卿大夫就能够每天都恭敬地努力地领有自己的封地。如果天子每天都能够做到这九种德行中的六种，那么就能够让诸侯辅佐天子治理天下了。能够将三德与六德结合起来一起普施政教，让具有了九德的贤能之人可以在朝中担任官职。百官臣僚之间互相效法，各司其职，辅佐君王，那么大家的功业也就达成了。治理四方的诸侯不贪图享受与私欲，要恪尽职守处理政务，因为每天都会发生各种各样的事情。不任用不称职的官员，因为王朝的君王、官员都秉承着天职，上天将事务交由君臣来代替完成。上天规定了人间的伦常次序，告诫我们要遵守君臣、父子、夫妇、兄弟、朋友等常法，让这五种关系能够深厚有序。上天规定了人间的尊卑贵贱等级之礼，因此才有了天下君臣、父子、兄弟、夫妇、朋友等礼法的贯彻执行；君臣民众能够上下一心、一片和谐吧！上天任命那些有德行之人，用各种彩绘不同的礼服来嘉奖他们！上天要惩罚有罪之人，用甲兵、斧钺、刀锯、钻笮、鞭扑五种等级不同的刑具来执行；这样，政事就清明了，兴旺了。上帝听取并采纳意见，都是根据民众的态度而定的。上天赞扬有德的贤人，惩罚那些有罪的恶人，也是根据民众的态度而定的。天意与民意上通下达，要谨慎啊，四方的诸侯们。”

【原文】

皋陶曰：“朕言惠可厎行①？”禹曰：“俞，乃言厎可绩②。”皋陶曰：“予未有知，思曰赞赞襄哉③！”

【注释】

①惠：发语词。厎（zhǐ）：致，求得。

②绩：成功。

③曰：通“爰”。赞：引导，宣明。襄：成。

【译文】

皋陶说：“我说的这些能够成功地贯彻执行吗？”禹说：“可以，你说的话完全可以实行。”皋陶说：“其实我见识浅薄，只是一直在考虑怎样才能成就治国之道而已。”

益　稷

【题解】

益，也被称为伯益、伯翳，传说是中国中古时期尧舜时代的部落首领，传闻其发明了凿井之术。在尧帝在位的时候担任臣子，舜帝时期出任山泽之官。因为帮助大禹治水有功，大禹临死之前，禅位给他。而诸侯皆“去益而朝启”。之后“益干启位，启杀之”。王位禅让制也就此告一段落。

稷，又名弃，中国古代传说中的人物，传其在舜帝时担任农官。大禹时期，曾经教授百姓播种百谷。

蔡沈曰：“禹称益稷二人佐其成功，因以名篇。”孔颖达亦言：“禹言暨益、暨稷，是禹称其二人。二人佐禹有功，因以此二人名篇。既美大禹，亦所以彰此二人之功。”结合文章来看，本篇主要记录了舜和禹的谈话。在谈话的过程中，禹向舜禀报了益、稷这两个人的功绩。

《今文尚书》中将本篇与《皋陶谟》合为一篇。本文取《古文尚书》，将其独立成篇。

【原文】

帝曰：“来！禹，汝亦昌言。”禹拜曰：“都！帝，予何言？予思日孜孜。”皋陶曰：“吁！如何？”禹曰：“洪水滔天，浩浩怀山襄陵①，下民昏垫②。予乘四载③，随山刊木④，暨益奏庶鲜食⑤。予决九川距四海⑥，浚畎浍距川⑦。暨稷播奏庶艰食鲜食⑧。懋迁有无化居⑨。烝民乃粒⑩，万邦作乂⑪。”皋陶曰：“俞！师汝昌言⑫。”

【注释】

①怀：包围。襄：淹没。

②下民昏垫：郑玄曰：“昏，没也；垫，陷也。”因此这里说的是百姓被洪水所淹没。昏垫：即沉陷。

③四载：四种交通工具，即车、船、橇、轿。根据《史记》中的解释，陆行乘车，水行乘舟，泥行乘撬，山行乘轿。

④刊：砍削，这里指砍削树木作为路标。

⑤暨：通“及”，和。益：人名，即伯益。奏：进。鲜食：刚杀了的鸟兽。

⑥决：疏通。九川：九州之川。距：到达。

⑦浚：疏通。畎（quǎn）：田间的水沟。

⑧稷（jì）：人名，后稷。传说他教人们播种庄稼。播：指播种庄稼。艰食：根生的粮食，指谷类。鲜食：肉食。洪水过后，人们的生活依然举步维艰，虽然播种谷物，但收获甚少，所以要依靠猎取禽兽补充食品的不足。

⑨懋：用作"贸"，懋迁的意思就是贸易。化居：迁移囤积的货物。

⑩烝：众多。粒：立，意思是成，定。

⑪万邦：此处代指诸侯。作：开始。乂：治理。

⑫师：用作"斯"，用作指示代词，意为这里。

【译文】

舜帝对禹说："来，禹，你也讲一下你的好意见。"禹拜谢说："啊，陛下，我有什么可说的呢？我每天都只是在思考如何兢兢业业地完成工作而已。"皋陶说："唉！如何思考的呢？"禹说："洪水水势汹涌，浩浩荡荡地将山川包围，淹没了丘陵，百姓都被淹死了。我乘了四种交通工具，进入山间林地，砍伐树木开通道路，以便能够治理洪水。与伯益一起给百姓生鲜食物，我将九州的河流进行疏通让其可以汇入大海，将河渠疏通让其可以汇入大河。之后又跟后稷一起让百姓在难以得到食物的时候给予他们食物，对于缺少粮食的地方，我可以将粮食充足的地方的粮食调配过去，百姓有了粮食，国家也就得以安定了。”皋陶说：“好！应当向你学习，采纳你的好建议。”

【原文】

禹曰：“都！帝慎乃在位。”帝曰：“俞！”禹曰：“安汝止①，惟几惟康②；其弼直③，惟动丕应④。徯志以昭受上帝⑤，天其申命用休⑥。”帝曰：“吁！臣哉邻哉！邻哉臣哉！”禹曰：“俞。”

【注释】

①止：行为。

②惟：思。几：端倪，这里指的是危险的情况。康：安。

③弼：辅佐。直：当作“惪”，因保存不当字体有所损坏而出现的错误。“惪”即“德。”

④丕（pī）：大。

⑤徯（xī）：通“清”。昭：通“绍”，承继的意思。

⑥申：重。用：以。休：美。

【译文】

禹对舜说：“啊，陛下身在帝位要尤为谨慎小心啊！”舜帝说：“是啊！”禹说：“你的言行举止要端正沉稳，留意事情的发展端倪才不至于酿成大祸，而能够顺利平安；还要用有德行的臣子来辅佐自己，如此君主发出号令天下才会纷纷响应。意志清明才能够承接上天之命，上天就会因此而赐予您美好的天命。”舜帝说：“大臣都是至亲至近之人！至亲至近的是大臣啊！”禹说：“是啊。”

【原文】

帝曰：“臣作朕股肱耳目①。予欲左右有民②，汝翼；予欲宣力四方，汝为；予欲观古人之象，日、月、星辰、山、龙、华虫、作会[3]，宗彝、藻、火、粉米、黼、黻、絺绣[4]，以五采彰施于五色作服，汝明。予欲闻六律、五声、八音，在治忽，以出纳五言，汝听；予违，汝弼。汝无面从，退有后言。钦四邻，庶顽谗说，若不在时，侯以明之，挞以记之[5]，书用识哉，欲并生哉。工以纳言，时而飏之[6]，格则承之、庸之，否则威之。"

【注释】

①股肱（gōng）：大腿与胳膊，代指辅佐之臣。

②左右：帮助的意思。

③华虫：传说中一种漂亮的野鸟。作会：指的是日、月、星辰、山、龙、华虫这六者，用来绘制于上衣之上。会：通"绘"。

④宗彝（yí）：绘制有虎、蜼（长尾猿的一种）的宗庙彝器。火：指的是火字形。粉米：白米。黼（fǔ）：斧形。黻（fú）：两弓相背的几何图形。絺（chī）绣：指的是宗彝、藻、火、粉米、黼、黻六者，用于绘制于下衣之上。

⑤挞：鞭挞，谴责。

⑥时：通"是"。飏（yáng）：举。

【译文】

舜帝说："大臣们当我的左膀右臂与心腹耳目。我帮助百姓，你们来辅佐我；我想要向天下宣力，你们要能够竭心尽力；我要观察古人区分等级的表象；在上衣上绘制日、月、星辰、山、龙、华虫这些图案，在下衣上绣上宗彝、藻、火、粉米、黼、黻这些图案，用五种色彩的颜料鲜明地绣制各种色彩的章服，你们要能够逐一考订明确。我要听取六律、五声、八音、七始咏，以及采集而来的各地的诗歌，你们要为我认真聆听；我有所失误的地方，你们要能够纠正我。不要在我面前显得唯唯诺诺言听计从，却在背地里指责我。我敬爱的辅佐大臣们！那些愚顽而花言巧语的人擅离职守，你们要用射侯之礼将他们分辨出来，过分的，要用鞭挞处罚的形式来告诫他们，那些过失轻微的就将他们的罪行记载在刑书上，让他们自己感到羞耻。让专门负责此事的官员使用采纳良言的职责来惩恶扬善，有善行的就进行表扬、推举，改过从善的也予以录用提拔，如果不是这样的就用刑法来让他们惴惴不安。"

【原文】

禹曰："俞哉！帝光天之下，至于海隅苍生，万邦黎献[1]，共惟帝臣。惟帝时举，敷纳以言，明庶以功，车服以庸。谁敢不让[2]，敢不敬应？帝不时，敷同日奏[3]，罔功。"

【注释】

①黎献：老百姓和贵族。

②让：让功服善。

③敷同：不区分对待贤愚善恶之人。

【译文】

禹说："哎呀！陛下光照天下，海内黎民百姓，各地无论高低贵贱的民众，都是陛下您的臣子。全都依赖于陛下能够及时采用，广纳良言，明察其功绩，公正地将车、马、服饰等赏赐给他们。如此，谁敢不使自己的功绩向善，谁又敢不敬畏承接天命。如果陛下没有这样做，让贤愚善恶同时在朝中担任官职，那么将无法取得功绩。"

【原文】

帝曰："无若丹朱傲[1]，惟慢游是好[2]，傲虐是作[3]。罔昼夜頟頟[4]，罔水行舟[5]。朋淫于家[6]，用殄厥世[7]，予创若时[8]。"

"娶于涂山[9]，辛壬癸甲[10]。启呱呱而泣，予弗子[11]，惟荒度土功[12]。弼成五服[13]，至于五千，州十有二师[14]。外薄四海[15]，咸建五长[16]。各迪有功[17]，苗顽弗即工[18]。帝其念哉！"

帝曰："迪朕德[19]，时乃功惟叙[20]。皋陶方祗厥叙，方施象刑惟明。"

【注释】

①丹朱：尧的儿子。傲：傲慢，骄纵。

②惟：只。慢：通"漫"，懒惰，放纵。好：喜好。

③虐：同"谑"，嬉戏。作：为。

④罔：作"不，没有"之意。頟頟（é）：意思是船行不安，昼夜不息。

额：通“额”。

⑤罔水行舟：郑玄解释说：“丹朱见洪水时，人乘舟；今水已治，犹居舟中使人推行之。”应当是在浅水中使人推船行走以为乐。如果过分拘泥，理解为在无水的陆地上行舟，则与情理不合。所谓“罔水”，意思是说水浅得好像没水一样，并非真的没有水。

⑥朋：读为“风”，雌雄相互引诱叫风。淫：淫乱。朋淫于家，是指丹朱干有伤风化的事情，可能是群婚乱伦。在原始社会的末期，婚姻状态开始向一夫一妻制过渡，但是群婚乱伦依然还有残余，但是通常是限定在一定的时间、场合内来进行的，在家族内部是绝对禁止这种事情发生的，所以乱伦的丹朱的继承权被剥夺了。

⑦用：因。殄（tiǎn）：灭绝。厥：其。世：父子相继。

⑧创：惩。若：顺。时：指示代词，通“是”，犹这。

⑨予娶涂山：据《史记》《论衡》，句前应增“禹曰”二字。涂山，指涂山氏，即居住在涂山的部落。涂山的说法有四：一是会稽，二是渝州，三是濠州，四是当涂。

《越绝书》认为禹娶亲的涂山在绍兴附近（即会稽）；《华阳国志》以为是江州涂山（按《华阳国志》所说的江州即渝州，就是现在的重庆东，俗名真武山即《华阳国志》所说的涂山）；《清一统志》以为在寿春当涂。均属传说，究竟在何处，不必拘泥。

⑩辛壬癸甲：古时用干支来计算日期，辛壬癸甲指四天。相传禹结婚至三天，即前往治水。

⑪子：当是“字”。字，抚问。

⑫惟：只。荒：大。土功：指治理水土的事情。

⑬弼：辅佐。五服：五种服役的地区。

⑭州：指十二州。相传禹治水后，分中国为九州。舜又分冀州为幽州、并州，分青州为营州，共为十二州。故《尧典》也作十二州。

⑮薄：迫近。

⑯咸：皆。五长：每五个诸侯国便立一长以为统帅，这是九州之外边远地区的编制（采郑玄说）。

⑰迪：道。

⑱苗：南方少数民族，其时与中原民族对抗。顽：对抗。弗即工：谓因其顽抗不使就官。弗：不。即：就。工：官。

⑲迪朕德：倒装句，应为“朕德迪”。迪：导。德：教。

⑳时乃功惟叙：倒装句，当作“惟叙时乃功”。时：通“是”，这。乃：你，指禹。功：功劳。叙：顺，意指百姓顺从教导。

【译文】

舜帝说：“不要像丹朱那样沉迷于嬉戏玩乐，贪乐戏荡，不分昼夜都没有停歇。河中水浅也强制行船。在家中也不知节制，最终导致他的世系断绝。我们可不能跟他一样。”

禹说：“我娶了涂山氏的女儿为妻，举办婚礼那天是辛日，到了甲日就离开家出去治理洪水。我的儿子启出生，哇哇哭泣，我也没有承担过抚养儿子的责任，只专注于平息治理水土的责任，最终成功辅佐陛下完成了规划天下为五服的大业，让领域内的四方均有五千里，每周又制定了十二师的地方行政区划，外则疆域远达四海，五方的土地各自建有诸侯，他们均曾建功立业，只有苗族顽劣不服从帝王的安排，陛下需要随时留意。”舜帝说：“我的德教之所以能够得以宣扬，全都是你的功劳。如今皋陶也很看重你的德业，对顽劣不服的人也开始明确地用刑罚进行威慑。”

【原文】

夔曰：“戛击鸣球[①]，搏拊琴瑟以咏。”祖考来格[②]，虞宾在位[③]，群后德让[④]。下管鼗鼓[⑤]，合止柷敔[⑥]。笙镛以间[⑦]，鸟兽跄跄[⑧]。《箫韶》九成[⑨]，凤皇来仪[⑩]。夔曰：“於[⑪]！予击石拊石，百兽率舞，庶尹允谐[⑫]。”

帝庸作歌曰：“敕天之命，惟时惟几[⑬]。”乃歌曰：“股肱喜哉[⑭]！元首起哉[⑮]！百工熙哉[⑯]！”皋陶拜手稽首飏言曰[⑰]：“念哉！率作兴事[⑱]，慎乃宪[⑲]，钦哉！屡省乃成[⑳]，钦哉！”乃赓载歌曰：“元首明哉！股肱良哉！庶事康哉！”又歌曰：“元首丛脞哉！股肱惰哉！万事堕哉！”帝拜曰：“俞！往钦哉！”

【注释】

①戛（jiá）：敲击。鸣球：乐器的一种，即玉磬。

②祖：祖父。考：指尧。这里说的是他们的灵魂。格：至。

③虞宾在位：指前代帝王的后裔，这人对舜来说当为贵宾。

④群后：指诸侯国君。德：升。让：揖让。

⑤下：指吹管者在堂下。管：竹制乐器的总名。鼗（táo）鼓：两旁有耳的小鼓。

⑥合：谓合乐。郑玄说：“合乐用柷（jiǎn），柷状如漆筒，中有椎，合之者投椎于其中而撞之，所以节乐。”止：谓止乐，止乐用敔。柷（zhù）：古乐器，形如方斗，于奏乐开始时击之。敔（yǔ）：乐器，形如伏虎，于奏乐结束时击之。

⑦笙：乐器。镛：大钟。间：指笙和镛互相代替着演奏。

⑧鸟兽：当由人扮成。跄跄（qiāng）：跳舞。

⑨箫韶：舜所制之乐。九成：每次乐曲完结后，再变更另奏，变更九次，

奏乐才算最后结束。成：终。

⑩凤皇：传说中的神鸟。仪：成双成对。

⑪於（wū）：感叹词。

⑫庶：众。尹：官。允：信。谐：和谐。

⑬惟时惟几：《集传》解释说："惟时者，无时而不戒敕也。惟几者，无事而不戒敕也。"意思是说时时事事都要提高警惕。几：小事。

⑭股肱：指大臣。喜：谓乐于尽忠。

⑮元首：国王。起：兴起。

⑯百工：百官。熙：振作。

⑰拜手：跪下之后，两手拱合，俯首至手与心平，而不至地，因称拜手。稽（qǐ）首：一种隆重的跪拜礼，行礼时叩头至地。飏（yáng）：通"扬"，继续。

⑱率：表率，言元首当为大臣的表率。

⑲宪：法。

⑳屡：多次。省：省察。

【译文】

夔说："朝堂之上乐工敲击玉磬，抚琴，来与歌咏相配合。祖先神灵各自过来享用祭品。这时前代君王的子嗣作为虞宾已经在祭位上就座，前来助祭的诸侯也相互礼让。朝堂之下管乐与鼗鼓一同演奏，与柷、敔、笙、钟之音相合，与朝堂上咏歌的声音相互映衬。乐声动听，由人扮演的鸟兽相继在舞台上翩翩起舞。《箫韶》之乐会演奏九遍，萧管错落有致，仿佛是凤凰在飞舞，姿态万千。"夔还说："我敲击石磬，由人扮演的百兽翩翩起舞，百官更是融洽和谐。"

舜帝于是唱起歌来："殷勤地遵从上天的指示，时时事事都要能够恭谨对待。"接着又唱道："群臣百官乐于管理政务！君王我就振兴起来了！国家万事就兴盛起来了！"皋陶跪拜扣手，接着说："谨记这些话，天子率领群臣振兴功业，大家要一丝不苟地对待公共法令，一定要恭敬啊！无论什么事情只有认真思索查看之后才能成功，一定要恭敬啊！"皋陶又接着唱道："天子英明啊！大臣贤良啊！万事呈现一片安定康宁！”接着又唱道：“天子如果连琐碎的小事都要过问，就会忽略大局，大臣们就会因此而变得懈怠。万事也容易因此而荒废。”舜帝听完之后，说道：“（你说得）很对，去吧，让大家好好努力各自处理好各自的职务吧！”

禹　贡

【题解】

作为中国最早的地理著作，《禹贡》借“禹”的名义，讲述了大禹治理洪水，划分九州，并记录各地山川脉络、土壤登记、物产分布等情况，以及各州贡赋的品种、途经的路线等。

《禹贡》所划分的九州，将帝都冀州作为中心，其次分别为兖、青、徐、扬、荆、豫、梁、雍，并不是十分常见的政治地理划分形式，而是一种人文地理区系，对考古学有着深远的影响。

对本篇进行研究，与考古学进行结合，可以推测出本篇有早期的蓝本，主要内容阐述了春秋时期的地理状况，经过战国之后，稍加增益并予以了一定程度的加工。

【原文】

禹别九州，随山浚川，任土作贡。禹敷土①，随山刊木②，奠高山大川。

冀州③：既载壶口④，治梁及岐⑤。既修太原⑥，至于岳阳⑦；覃怀厎绩⑧，至于衡漳⑨。厥土惟白壤⑩，厥赋，惟上上⑪，错，厥田惟中中⑫。恒卫既从⑬，大陆既作。鸟夷皮服⑭，夹右碣石入于河⑮。

【注释】

①敷土：将土地划分（为九州）。敷：划分。

②随山刊木：随着山岭的形势，斩下树木，开辟道路，以便治理洪水。

③冀州：大禹所划分的九州之一，取名源于古代冀南的晋国。是天子直接管辖的区域，在今山西与河北西部。

④既：已经。载：成。壶口：山名，现位于山西吉县。

⑤治：治理。梁：山名，现位于山西韩城东北。岐：山名，现位于山西岐山北。

⑥修：治理。太原：现位于山西太原一带。

⑦岳阳：太岳山之南的区域。岳指的是泰岳山，现位于山西霍县东。

⑧覃怀：现位于河南武陟、沁阳一带。厎：致。绩：功。

⑨衡漳：漳水横流汇入黄河，所以取此名。衡，通“横”，漳水从山西高原西南东流，在河北、河南两省之间的平原地带与黄河交汇，因此水灾严重。

⑩惟：是。白壤：一种沙质中含有盐的土壤，因为洪水流过，又经过蒸发而造成。这种盐碱地的农作物产量较低。

⑪上上：首等。本篇中将九州田、赋分为了九个等级，也就是上上、上中、上下、中上、中中、中下、下上、下中、下下。

⑫中中：第五等。本篇中对于九州土地的划分主要是根据当地农业发展水

平的高低，而非地形、地质等。在《尚书校释译论·禹贡》中根据本篇写的各州文句，认为“厥田惟中中”乃是错简，因此译文会根据此理论进行调整，经文正文依然保持原貌。

⑬恒卫既从：意思是说恒、卫两水已经治理完毕，可以顺畅流通了。恒水源自河北曲阳，卫水源自今河北灵寿，两水下游在战国黄河大改造之前均为黄河下游河道的一部分。

⑭鸟夷：古时居住在东北地区的民族，鸟是该民族的图腾，所以如此取名。皮服：指的是鸟夷向中央王朝进贡的野兽的皮毛。

⑮夹：在《东坡书传》中记载称：“夹，挟也。自海入河，逆流向西，右顾碣石，如有挟掖也。”碣石：现位于河北唐山乐亭南的海边石山。

【译文】

大禹将国家划分为九个州，根据山势来砍伐树木开通道路，来明确各州的山河大川。

冀州：壶口已经治理妥当，接着要去治理梁山与岐山。太原治理妥当，接着要整治岳阳地区。覃怀地区治理效果显著，又开始治理横流的漳河。冀州这一州的土壤大多都是含盐度很高的白壤，赋税应当是第一等的，也掺杂着第二等的赋税。耕地位于第五等。恒水、卫水都已经疏通了，大陆泽已经整治完工（可以耕种了）。东北的鸟夷民族进献的奇珍的鸟兽皮毛，他们可以从碣石附近沿着海逆河来进贡。

【原文】

济河惟兖州①。九河既道②，雷夏既泽③，灉、沮会同④。桑土既蚕⑤，是降丘宅土⑥。厥土：黑坟⑦，厥草惟繇⑧，厥木惟条。厥田：惟中下。厥赋：贞⑨。作十有三载，乃同。厥贡：漆、丝，厥篚织文⑩。浮于济、漯⑪，达于河。

【注释】

①济：也就是济水，是古代的四渎之一。其发源于今河南济源市王屋山，东南汇入黄河。旧说曾经潜伏穿过黄河，向东流入山东境内，情况并非如此。

应当从河南黄河南岸流入山东。兖州：大概位于今山东西部，河北东南部，河南东北角。在春秋时期，该地为卫地。

②九河：泛指兖州境内黄河下游的诸多河道。道：通“导”，疏导的意思。

③雷夏：大泽名。位于今山东菏泽东北黄河南岸，古时该地地势低洼，水积成泽，后淤平。

④灉（yōng）、沮：两水名。灉：黄河的一个分支，旧说乃现今的赵王河。沮：济水的直流。灉沮两河合并，共同流入雷夏泽，现已经干涸。

⑤桑土：也就是可以种植桑树的土地。郑玄注称：“濮水之上，地有桑间。”濮上指的是卫国，地属兖州，在这一地区种植桑树的特别多，在《诗经》《礼记》中都有相关记载可以证实。

⑥丘：根据考古资料证明，兖州地区的“丘”大多是人工在地势稍高的地方堆砌而成，用来抗击洪水。

⑦黑坟：指的是一种含有黑色植物腐质的肥沃土壤。坟：土壤肥沃。马蓉曰：“坟，有膏肥也。”坟，与肥的音相近。

⑧繇（yáo）：指的是植物的抽条，也就是发芽。

⑨贞：在诸多著作中都认为这里是篆文之误，这里可从。

⑩篚（fěi）：圆形的盛东西用的竹器。织文：染成各种花纹的绫罗一类的丝织品。

⑪浮：用船来行水。漯（tà）：水名，古时黄河的支流，其旧道从黄河北岸的河南浚县流入山东，从现今滨州、利律一带入海。

【译文】

济水与黄河之间地区是兖州。黄河下游的诸多河道已经疏通，雷夏洼地已经形成，灉水、沮水在这里汇合。土地已经足以种植桑树，喂养家蚕，人们从抵御洪水所筑造的高坡上搬到平地上居住。这一州的土壤均是肥沃的黑土，草木在这里生长旺盛。这里的耕地应当列为第六等，赋税为第九等。这个州经过十三年的耕种，赋税才能与其他州的赋税相同。这个州的贡品主要是漆与丝，以及装在圆竹筐中染有诸多美丽花纹的丝织品。进贡的贡品途经济水、漯水通过船进入黄河。

【原文】

海、岱惟青州[1]。嵎夷既略[2]，潍、淄其道[3]。厥土：白坟[4]，海滨广斥。厥田：惟上下，厥赋：中上。厥贡：盐、絺，海物惟错[5]。岱畎丝、枲、铅、松、怪石[6]。莱夷作牧[7]。厥篚檿丝[8]。浮于汶[9]，达于济。

【注释】

①海：这里指的是渤海。岱：指的是泰山，因“岱”与“泰”的意思相近所致。青州：禹所划分的九州之一，地处今山东半岛，东北到辽宁东部一带。

②嵎（yú）夷：泛指古代东方少数民族，这里指的是东方沿海的东夷族。略：划分疆域。

③潍：潍河，发源于今山东莒（jǔ）县的北潍山。淄：淄河，起源于今山东益都。道：疏通，治理。

④白坟：灰色的肥沃土壤。辛树帜《禹贡新解》中写道：“青州为今之山东半岛，丘陵地多为棕壤，惟于古代亦多森林，所积腐殖质因沿海湿润而较丰，但为酸性，成为灰壤，或即所称白壤。”

⑤盐：海盐，青州位于今山东沿海地区，盛产海盐。絺（chī）：一种精细的葛布。海物：指的是海鱼这类的可以食用的海产品。惟：与。错：治玉的磨砺石。

⑥岱畎（quǎn）：泰山的沟谷。丝：蚕丝。枲（xǐ）：大麻的一种，纤维可以做成麻布的原料。铅：青白色的矿石，能加工用于绘画和涂饰。怪石：奇形怪状的玉石。

⑦莱夷：在今山东半岛一带活动的夷人。作牧：呈献畜牧。

⑧檿（yǎn）丝：柞（zuò）蚕丝。

⑨汶：汶水，起源于今莱芜东北，途经泰安、宁阳，到东平进入济水。

【译文】

渤海与泰山之间的地区是青州。已经整治好东北方的嵎夷族，划好了疆域，疏通了潍河、淄河。这一州的土壤是灰白色的肥沃土壤，广大的沿海地区是盐碱地。这里的耕地应当是第三等。赋税是第四等。这一州的贡品是盐、细葛布、海产品以及磨玉的砺石，并有泰山山谷地区所出产的丝、大麻、铅、松以及奇形怪状的玉石，莱夷族贡献的是畜产，以及装在竹筐子里的柞蚕丝。进贡的船从汶水之大济水，并由此行驶进入黄河。

【原文】

海、岱及淮惟徐州①。淮、沂其乂②，蒙、羽其艺③，大野既猪，东原厎平④。厥土：赤埴坟⑤，草木渐包⑥。厥田：惟上中，厥赋：中中。厥贡：惟土五色⑦，羽畎夏翟⑧，峄阳孤桐⑨，泗滨浮磬⑩，淮夷蠙珠暨鱼⑪。厥篚玄纤缟⑫。浮于淮、泗，达于河。

【注释】

①淮：指的是淮河。徐州：禹划分的九州之一，现为山东南部、江苏、安徽北部地区。

②沂：指的是沂水，发源于山东沂水县北部。乂：整治，治理。

③蒙：指的是蒙山，在今山东

蒙阴西南。羽：羽山，位于今江苏赣榆西南地区。并非传说中的舜殛（jí）鲧之地。艺：种植。

④东原：今山东泰安到东平一带，在郑玄注称：“地名，地平郡即东原。”

⑤赤埴（zhí）坟：棕色的黏性沃土。

⑥渐包：蔡建云：“渐，进长也；苞，丛生也。包苞近。”指的是草木不断生长。

⑦土五色：指的是青、红、白、黑、黄这五种颜色不同的土。五色土产于今江苏铜山、山东诸城一带。

⑧羽畎：羽山的山谷。羽：羽山。畎：山谷。夏翟：五种颜色的羽毛，古代人用来当作舞饰或者旌旗上的装饰。

⑨峄（yì）阳：山名，位于今江苏省邳（pī）县西南八十里处。孤桐：古时将桐树中长得特别好的称为孤桐。

⑩泗：水名。发源于现在的山东泗水县。浮磬：石头的一种。

⑪淮夷：甲骨文中写为“佳夷”，淮北之夷，在徐州境内。玭（pín）珠：蚌珠。

⑫玄：红黑色的丝织品。缟：白色的丝织品。

【译文】

东面沿海，向北到达泰山，南面到达淮河之间的地带是徐州。怀水、沂水都已经整治妥当了，蒙山、羽山地区也能够耕种了。大野泽汇聚了四方的流水，东原地区的水患灾害可以解除了。这一州的土壤是棕色的肥沃黏土，草木生长茂盛。耕地可以列为第二等，赋税则是第五等。这一州的贡品是五色土，羽山山谷中出产的长尾野鸡，峄山以南的特产是制琴用的良桐，制磬用的石料，以及淮夷族所进献的珍珠和鱼产品，还有用筐来装的红黑色的细缯以及白色的绸帛。进贡的船只从淮水途经泗水，经过菏水，再从菏水流入济水进入黄河。

【原文】

淮海惟扬州①。彭蠡既猪②，阳鸟攸居③。三江既入④，震泽底定⑤。篠簜既敷⑥，厥草惟夭⑦，厥木惟乔。厥土惟涂泥。厥田惟下下，厥赋下上上错。厥贡惟金三品⑧，瑶、琨篠簜、齿、革、羽、毛惟木⑨。岛夷卉服⑩。厥篚织贝⑪，厥包橘柚⑫，锡贡。沿于江、海，达于淮、泗。

【注释】

①扬州：禹所划分的九州之一。《吕氏春秋》中记载称："东南为扬州，越也。"扬为越的音转。扬州范围为现在的浙江、江西、福建全境，加上江苏、安徽、河南南部，湖北的东部以及广东的北部。

②彭蠡：泽名，专家多认为是现在长江南岸的鄱阳湖。非也。根据《汉书·地理志》中的相关记载可以断定当时与汉水相通的彭蠡应当在长江的北岸，并不是现在的长江南岸的鄱阳湖。根据《史记·武帝本纪》中相关记载可以断定，彭蠡应当位于今湖北东部、安徽西部一带的长江北岸。猪：同"潴"，水停聚处。

③阳鸟：鸿雁之类的候鸟。攸居：安居。

④三江：历来说法不一，主要可以分为五种。第一种认为三江指的是长江下游分道入海的三条支流。第二种认为是太湖入海的三条水系。也就是松江（吴淞江）、娄江（浏河）、东江（今湮）。第三种认为是长江之外的三条江。第四种认为是长江与另外两水即吴淞江、钱塘江的合称。第五种认为是相对于长江上中下游而言。与上下文相结合，三江应当在太湖附近，也就是与太湖相同。大多数认为第三种可取，可能是泛指今江苏、浙江、上海一带的入海河流。

⑤震泽：太湖。底：致。

⑥篠（xiǎo）：箭竹。簜（dàng）：大竹。

⑦夭：草木生长茂盛的样子。

⑧金三品：班固云："金有三等，黄金为上，白金为中，赤金为下。"也就是金银铜这三种称为金三品。不过古代多将铜称为金，金三品也就是青铜、白铜和赤铜，郑玄注称："金三品者，铜三色也。"扬州地区多出铜矿，可取。

⑨瑶：美玉。琨：美石。

⑩岛夷：指的是东海南海大小岛屿上的少数民族。卉服：草制的衣帽鞋这类的东西。

⑪织贝：有贝纹的丝织品。

⑫包：包装。橘：橘子。柚：柚子。锡：赏赐。

【译文】

北面从淮河开始，东南端到海之间的地域是扬州。彭蠡泽已经汇集了多条水流，成为每年鸿雁南归过冬的暂时栖息地。彭蠡向东的诸江之水已经汇入大海，太湖水域也已经治理完毕。遍地都生长着大小竹子，草木茂盛。这一州的土质属于潮湿泥土，耕地列为第九等，赋税则列为第七等，有时候会掺杂第六等。这一州的贡品有青铜、白铜与赤铜，以及美玉美石、大小的竹材。与岛夷族所进献的草制的衣帽鞋子、用筐来盛放的多彩的丝织贝锦，以及包装起来的橘子、柚子。进贡的船只沿着长江、黄河直抵淮河、泗水，之后再沿着徐州的贡道进入黄河。

【原文】

荆及衡阳惟荆州①。江、汉朝宗于海②，九江孔殷③，沱、潜既道④，云土梦作乂⑤。厥土惟涂泥，厥田惟下中，厥赋上下。厥贡羽、毛、齿、革惟金三品，杶干栝柏⑥，砺砥砮丹⑦，惟箘簵楛⑧，三邦厎贡厥名。包匦菁茅⑨，厥篚玄纁玑组⑩，九江纳锡大龟。浮于江、沱、潜、汉，逾于洛⑪，至于南河。

【注释】

①荆：荆山。位于今湖北省南漳县西。衡阳：衡山的南麓。荆州：禹划分的九州之一。其领域为北面从湖北的南漳向东，到安徽的淮河上游。东临扬州，从淮河上游穿过湖北省的东部，沿着湘、赣向南，西面临梁州，从湖北的西南越四川的东南，到达贵州东部。南面不过五岭。其范围主要是现在的湖北中南部、湖南中北部、四川与贵州的一部分。

②江：指的是长江。汉：指的是汉水。《孔传》中认为：二水经此州入海，有似于朝。百川以海为宗。宗，尊也。

③九江：说法各异，约为五种。现多认为位于湖北黄冈地区广济一带。九是虚数，并非是指九条水。

④沱：长江支流。潜：汉水的支流。在《尔雅·释水》中解释为："水自江出为沱，自汉出为潜。"因此可以看出这里并非指的是某条具体的河流。既道：治理后循其河道。

⑤云梦：指的是云梦泽。《尔雅·释地》中记载称："楚有云梦。"专家认为云梦泽乃是地跨长江南北。孙诒让在《周礼正义·职方氏》中写道："云梦泽，水则潴为洞庭，郭景纯云巴丘湖也。至于全薮陆地，则直跨今湖北汉阳、黄州、安陆、德安、荆州五府境。"其说可取。

⑥杶（chūn）：椿树。干：柘（zhè）木，可以做成弓。栝（guā）：桧（guì）树。

⑦砺：粗磨刀石。砥：细磨刀石。砮（nǔ）：能够做成箭镞的石头。

⑧箘（jùn）簵（lù）：竹子的名字。能够做箭杆。楛（hù）：木名。能够做箭杆。

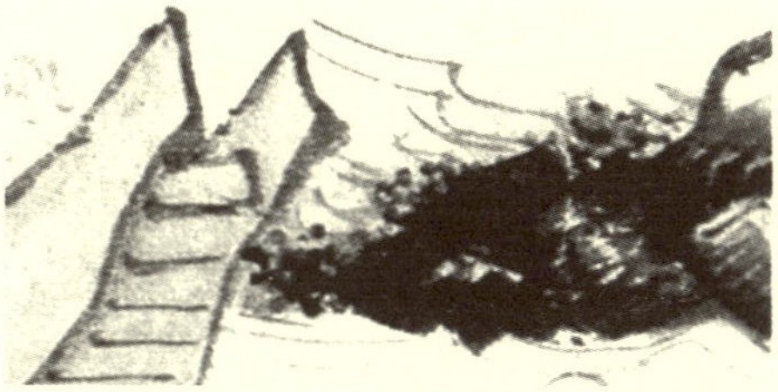

⑨匦（guǐ）：小箱子，小匣子。菁茅：带有毛刺的茅草，在古代进行宗庙祭祀的时候会将酒洒在上面，来供神灵饮用，称为缩酒。

⑩玄：黑色。纁：黄赤色。玑：珍珠这类的珍品。组：一种丝带，用作

头饰。

⑪逾：从水登岸陆行曰逾。洛水与汉水的支流并不相通，中间隔了数十里，因此要走过这一段陆路才能到达洛水。

【译文】

荆州到衡山南面的广阔地带就是荆州。长江、汉水在这里汇聚一起流入大海，到了九江地区水流增大，长江的支流沱江、汉水的支流潜江，都已经疏通完毕，云梦泽地区也得到了整治，可以耕种。这一州的土质是潮湿的泥地，天地列为第八等，赋税则是第三等。这一州的贡品有鸟的羽毛，旄牛尾、象牙、兽皮以及黄铜、青铜、红铜，椿树、柘木、桧树、柏树以及粗磨刀石、细磨刀石、砮石、朱砂，还有竹笋、美竹、楛树，州内各地也献上了自己当地的特产，装在小匣子里的菁茅，装在筐子里的红黑色的与黄红色的丝织品，还有用来佩戴玉佩的绶带，更有九江一带所献上的祭祀神灵用的神龟。进贡的路线是先从长江支流沱江、到汉水支流潜江，直抵汉水，之后登陆从陆地到达洛水，然后进入黄河。

【原文】

荆河惟豫州[①]。伊、洛、瀍、涧既入于河[②]，荥波既猪[③]。导菏泽[④]，被孟猪[⑤]。厥土惟壤[⑥]，下土坟垆[⑦]。厥田惟中上，厥赋错上中。厥贡漆、枲，絺、纻[⑧]，厥篚纤纩[⑨]，锡贡磬错[⑩]。浮于洛，达于河。

【注释】

①豫州：禹所划分的九州之一。在九州的中央地带，与青州之处其他七州相邻，也被称为“中州”。其范围包括今河南黄河之南、湖北北部等地区。

②伊：伊水。源自今河南卢氏。洛：源自陕西洛南。瀍（chán）：瀍水，源自今河南孟津西北谷城山，东入洛水。涧：涧水，源自今河南渑池，东入洛水。

③荥（xíng）波：为济水的溢流，荥波也就是荥播。今位于河南荥阳境内。

④菏泽：今位于山东定陶，为菏水与济水流经的地区。

⑤被：覆盖，溢漫。孟猪：也就是孟诸，位于今河南商丘东北。

⑥壤：土壤，指的是无块的柔土。

⑦下土坟垆：在辛树帜的《禹贡新解》中写道："分布于豫州，与前述之坟皆为壤之下土即底层。许慎著《说文》释垆为黑刚土，土坚刚而色黑，或指分布于河南低城地石灰性冲击土底层之深灰黏土与石灰结核；结核多者连接成层。今河南、山西、山东人们尚有称之为垆者，亦称沙姜，继为丘陵土与次生黄土所掩盖。无论就地区所在言或就土层排列言，皆属符合。"此说可取。

⑧枲：麻。絺：精细的葛织物。

⑨纤纩（kuàng）：细绵，细绸。

⑩错：治玉之石。

【译文】

荆州至黄河之间一带是豫州。伊水、洛水、瀍水、涧水都已经疏通汇入黄河，荥泽地区漫出的水也已经汇成了湖，水满时，可以疏通菏泽之水向南汇入孟猪泽。这一州的土质是无块的柔土，低下的地方是黑色的硬土，耕地可以排为第四等，赋税为第二等，掺杂着出现第一等。这一州的贡品是漆、丝、精细的葛布、纻麻，还有用筐子装的细丝棉，以及磨磬会用到的砺石。进献贡品的路线是从洛水用船只运到黄河。

【原文】

华阳、黑水惟梁州[①]。岷、嶓既艺[②]，沱、潜既道，蔡、蒙旅平[③]，和夷底绩[④]。厥土青黎[⑤]，厥田惟下上，厥赋下中三错。厥贡璆、铁、银、镂、砮、磬[⑥]，熊罴狐狸织皮[⑦]，西倾因桓是来[⑧]，浮于潜，逾于沔，入于渭[⑨]，乱于河[⑩]。

【注释】

①华阳：华山的南面。华山位于陕西省东部，是五岳之一，被称为西岳。黑水，说法各异，有七种之多。梁州，大禹划分的九州之一。其范围为今四川东部与陕西、甘肃南部。

②岷：岷山，位于今四川省松潘县境内，岷江所出。嶓：嶓冢山，位于今陕西省宁强县东北。艺：种植。

③蔡：蔡山。叶梦得在《尚书传》中认为指的是四川雅安东南的蔡家山，也被称为周公山。胡渭认为指的是峨眉山。蒙：蒙山，位于今四川雅安、名山、庐山三县的交界处。顾颉刚则认为《禹贡》中所说的江、汉指的是嘉陵江，而蔡、蒙两山不应当在雅安、峨眉一带。旅：蔡沈认为指的是旅祭，祭山之礼。《礼记注》中认为："旅，道也。"旅平也就是平整道路的意思。

④和夷：古时少数民族的名字。

⑤青黎：指的是四川的青泥田、紫泥田与紫色土等土壤。《孔传》中曾经提及为："色青黑而沃壤。"

⑥璆（qiú）：梁州特产的一种黄金。镂：质地坚硬可以用来刻镂的一种铁。

⑦罴（pí）：熊的一种，也被称为马熊。狐：跟犬类似而长尾。狸：小狐。织：用兽的毛粗略织成的一种织品。皮：裘。

⑧西倾：山的名字。位于甘肃、青海的交界处。桓：桓水，也就是现在的嘉陵江上游的白龙江。西倾因桓是来：在《尚书校释译论·禹贡》中认为该句与上文的"和夷"之句同叙少数民族，由于错简的原因而被排在了此处，应当移到"和夷厎绩"之句的下面，此说法可取。但是保持原文不动，译文可以更正。

⑨逾于沔（miǎn），入于渭：此处存疑。在金履祥的《尚书表注》中认为此处有误，应当写为"入于沔，逾于渭"，可取。沔：沔水。汉水的上游。渭：渭水，源自今甘肃渭源，是黄河最大的支流。

⑩乱：正面横渡。

【译文】

华山南面与黑水之间的区域是梁州。岷山与嶓冢山经过整治之后可以耕种庄稼，江、汉两水的支流沱江、潜江的河道已经疏通，蔡山、蒙山地区的河道也都得到了平治，和夷族等少数民族居住的地区也已经整顿安定。这一州的土质是青黏土，耕地被排为第七等，赋税被列为第八等，掺杂着第七等、第九等这两等。这一州的贡品有黄金、铁、银、钢铁、石箭簇、磬石，以及熊、马熊、狐、狸这四种可以做成皮裘的野兽的皮毛。西倾山地区的羌民可以沿着桓水来往，贡道是先用船只运送，从潜水到沔水，再登上陆地运送到渭水，之后再横渡渭水直抵黄河。

【原文】

黑水、西河惟雍州①。弱水既西②，泾属渭汭③，漆、沮既从④，沣水攸同⑤。荆、岐既旅⑥，终南、惇物⑦，至于鸟鼠⑧。原隰厎绩⑨，至于猪野⑩。三危既宅⑪，三苗丕叙。厥土惟黄壤⑫，厥田惟上上，厥赋中下。厥贡惟球琳琅玕⑬。浮于积石⑭，至于龙门、西河，会于渭汭。织皮昆仑析支渠搜，西戎即叙⑮。

【注释】

①西河：指的是山西与陕西交界处的黄河，因位于冀州的西面而得名。雍州：九州之一，现位于陕西中部、北部以及甘肃的大部分地区。

②弱水：指的是现在甘肃的张掖河，位于今甘肃山丹。

③泾：泾水，有两源。北源出自甘肃固原县，南源出自泾源县。属：汇入。渭汭（ruì）：泾水流入渭水相交曲折的地区。

④漆：漆水，发源地为今陕西铜川市东北，西南流至耀县与沮水交汇，名为石川河。沮：沮水，发源地为陕西黄耀县，东南流黄陵南，又东流与漆水交汇，向东流入渭水。既从：指的是漆水汇入沮水，沮水汇入渭水。

⑤沣（fēng）：沣水。发源地为陕西户县的终南山，北流汇入渭水。同：指的是沣水与漆水、沮水相同最终都汇入渭水。

⑥荆：荆山，这里所说的并非是湖北南漳的荆州荆山，指的是朝邑（现位于陕西大荔县东）。岐：岐山，位于现在的陕西岐山县东北与扶风县的交界处。旅：道，表示整治完毕。

⑦终南：终南山。位于现在的陕西西安南五十里处。惇（dūn）物：有两种说法，一种认为是太乙山的北峰武功山。在胡渭的《禹贡锥指》中如此认为。另一种则是程大昌的说法，认为指的是终南山高且广，出产颇多的意

思。今从胡渭的说法。

⑧鸟鼠：山名。全称为鸟鼠同穴山。位于今甘肃渭源县西南。

⑨原隰（xí）：本意是指地势较低的湿地，郑玄认为是地名。位于今陕西旬邑与彬县一带。两者各有根据。

⑩猪野：亦写为“都野”，泛指雍州的湖泽和肥沃的土壤。

⑪三危：山名。在《左传·昭公九年》中杜预注解称：“三危山在瓜州，今敦煌。”这种说法可取。宅：安定的意思。

⑫黄壤：该地原为黄土高原，所以泛称为黄壤。

⑬球：玉磬。琳：青碧色调玉。琅（láng）玕（gān）：山中所出产的玉石。

⑭积石：山名，指的是现在位于青海同仁、同德两县西南的阿尼玛卿山。

⑮织皮昆仑析支渠搜，西戎即叙：根据《尚书校释译论·禹贡》中的说法，认为这十二个字乃是错简所致。“织皮”应当位于“球琳琅玕”的后面，而“昆仑析支渠搜，西戎即叙”应当放在“三苗丕叙”的后面。如今经文保持不动，译文可以纠正过

来。织皮，是贡品之一。昆仑是族名。梁搜应当为地名，位于现在的内蒙古鄂托克旗南故朔方城。西戎：少数民族之一。

【译文】

黑水到山陕界黄河之间的地域是雍州。弱水疏通之后向西流去，泾水疏通之后汇入渭水。漆水与沮水疏通之后汇合流入渭水，沣水北流，（跟漆水、沮水）一样流入渭水。荆山、岐山地区整治完成，终南山、惇物山一直到鸟鼠同穴山，不管是平原还是湿地，都已经整顿完毕，知道猪野泽这一土壤肥沃的湖泽地区。三危山的百姓安居乐业，被迁居到这里的三苗也顺从起来，西面的昆仑、析支、渠搜等少数民族也开始安定下来。这一州的土质是黄壤，田地排为第一等，赋税为第六等。这一州的贡品有玉磬、碧玉、美玉，以及可以用来做成裘的毛皮。贡道是从积石山附近的黄河，到达龙门一带的黄河，与从渭水入河的船只相遇于黄河之处。

【原文】

导岍及岐①，至于荆山②；逾于河③，壶口、雷首④，至于太岳⑤；厎柱、析城⑥，至于王屋⑦；太行、恒山⑧，至于碣石，入于海⑨；西倾、朱圉、鸟鼠⑩，至于太华；熊耳、外方、桐柏⑪，至于陪尾⑫。导嶓冢，至于荆山；内方⑬，至于大别⑭。岷山之阳，至于衡山，过九江，至于敷浅原⑮。

【注释】

①导：循行。岍（qiān）：山名，两汉志中都说岍山是陕西省陇县西南的吴山。岐：岐山，现位于陕西岐山县东北地区。

②荆山：并非是荆州的荆山，而是北荆山，现位于陕西大荔东南朝邑西。

③逾在这里指的是山阻断了河水，自导山从雍州境越河到冀州境内。与上文所说的舍弃船只登陆的意思正好相反。

④壶口：山名。位于今山西省吉县。雷首：山名。位于今山西省永济县东南，在《汉书·地理志》中记载称：“（河东郡）蒲反，……雷首山在南。”

⑤太岳：山名，现位于山西省霍县东。

⑥底柱：山名，也称为三门山，位于今山西平陆县东五十里的黄河中，

南临河南三门峡市。析城：山名，位于今山西阳城县西南地区。

⑦王屋：指的是王屋山，南跨河南济源市，西跨山西垣曲县，北临河北，山有三重，看上去像屋，因此而得名。

⑧太行：指的是太行山。恒山：山名，五岳中的北岳。

⑨入于海：指的是山势尽于海。

⑩西倾：山名。位于甘肃、青海交界处。朱圉（yǔ）：山名，位于今甘肃甘谷。

⑪熊耳：山名。位于今河南卢氏。外方：山名，指的是现在位于河南登封境内的嵩山，五岳中的中岳。桐柏：山名，位于河南省桐柏。

⑫陪尾：山名，指的是今位于湖北安陆的横山。

⑬内方：山名，今位于湖北钟祥西南。

⑭大别：山名，现位于安徽省、湖北省、河南省三省交界处。

⑮敷浅原：指的是现在江西庐山东南部的高地。

【译文】

循行九州的诸山，首先顺着渭水北岸，自岍山、岐山，一直抵达黄河西岸的北条荆山；越过大河，从户口山，途经雷首山，抵达太岳山；南面从底柱善，东经析城山，直抵王屋山；东北从太行山、横山，直抵碣石山，从这里能够进入渤海。从西倾山，朱圉山、鸟鼠同穴山一直到华山；顺着大海的南面，循行熊耳山、外方山、桐柏山，一直到陪尾山。再顺着汉水，自嶓冢山，一直抵达南条荆山；然后从内方山，一直抵达大别山；又再次沿顺江而行，自岷山的南面蜿蜒抵达衡山；然后越过九江，一直到敷浅原。

【原文】

导弱水①，至于合黎②，馀波入于流沙③。

导黑水，至于三危，入于南海④。

导河、积石，至于龙门，南至于华阴⑤，东至于厎柱，又东至于孟津⑥，东过洛汭⑦，至于大伾⑧；北过降水⑨，至于大陆⑩，又北，播为九河⑪，同为逆河⑫，入于海。

【注释】

①导：按照水系对各水进行记录。弱水：指的是张掖河，发源地为今甘肃山丹，向西流入居延海。

②合黎：马融、郑玄均认为是山名。《孔传》中认为是水名。以上三处地点都在今甘肃境内。

③馀波：指河的下游。流沙：也就是阿拉善沙漠。

④南海：历来说法不一，大多认为是青海。

⑤华阴：华山的北面。

⑥孟津：古时黄河的渡口，现位于河南孟津一带。

⑦洛汭（ruì）：洛水汇入黄河的地方，现位于河南巩义东北。

⑧大伾（pī）：大伾山，现位于河南浚县。

⑨降水：也写为“洚”，发源地在现在的山西省屯留方山。

⑩大陆：湖泽的名字，也被称为钜鹿泽。

⑪播：分布，分散。

⑫逆河：海水涨潮的时候会倒流入河。逆：迎。

【译文】

对九州各个水系循行，弱水，向西流到合黎山下，它的下游向北流入沙漠之中。

对九州各个水系循行，黑水，流到三危山，最后流入南海。

河水，流到了积石山，到达龙门，向南流到了华山北面，向东流到了底柱山，之后又向东流到了孟津，东过洛水入河的地方，再往前流入大陆泽，又从大陆泽的东北流出，分散为了九条河道，各个河道下游进入海口河段都会在海水涨潮的时候倒流入河，最后都进入渤海。

【原文】

嶓冢导漾[①]，东流为汉，又东为沧浪之水[②]，过三澨[③]，至于大别，南入于江[④]。东，汇泽为彭蠡，东，为北江[⑤]，入于海。

岷山导江，东别为沱[⑥]，又东至于澧[⑦]；过九江，至于东陵[⑧]，东迆北[⑨]，会于汇；东为中江，入于海。

【注释】

①漾：漾水，汉水的上游。

②沧浪之水：指的是原楚国境内的汉水的名字。在《楚辞·渔父》中歌曰：“沧浪之水清兮，可以濯我缨。”由此处可知是从湖北丹江口到三澨所在地襄樊之间的汉水。

③三澨（shì）：在胡渭所写的《禹贡锥指》中写道：“三澨当在清水入汉处。以在襄城北，即大堤。一在樊城南，以在三洲口东，皆襄阳县地。”可取。

④南入于江：汉水经过湖北襄樊之后，向东南流，经过大别山西南麓后，向南流入长江。

⑤北江：长江的下游，彭蠡向东的一段流域，并非指的是汉水。

⑥沱：长江支流都被称为沱。这里特指四川境内岷江东一带的水域。

⑦澧：指的是今川东诸水以下，江西九江以上的长江河道所要经过的一段湖沼泽。

⑧东陵：地名。位于今安徽安庆、枞（zōng）阳、彭蠡以西

的地区。

⑨池（yí）：斜行。汇：水流众多，回旋停蓄潴而形成湖泽。

【译文】

漾水的疏导要从嶓冢山开始，向东流称为汉水。再向东流称为沧浪之水，向前南流经过三澨，汇入大别山，再向南流进入长江，又向东汇入彭蠡泽，彭蠡泽以东的长江流域称为北江，汇入东海。

长江的疏导从岷山开始，又从东面分出了支流统称为沱江，江水的主河道径自折向东流，一直抵达澧水流域，之后经由九江，抵达东陵；再从东陵向东流去，绵延北流，在彭蠡泽交汇，之后再从彭蠡泽中部以东的流域称为中江，最后汇入东海。

【原文】

导沇水[①]，东流为济[②]，入于河[③]，溢为荥[④]；东出于陶丘北[⑤]，又东至于菏，又东北，会于汶，又北，东入于海。

导淮自桐柏[⑥]，东会于泗、沂，东入于海。

导渭自鸟鼠同穴，东会于沣，又东会于泾，又东过漆沮[⑦]，入于河。

导洛自熊耳[⑧]，东北会于涧、瀍；又东会于伊，又东北入于河[⑨]。

【注释】

①沇（yǎn）水：发源地为王屋山，来到河南武陟进入黄河。

②东流为济：伪《孔传》说："泉源为沇，流去为济。"

③入于河：源于王屋山的济水向南汇入黄河。

④溢：黄河水涨满外溢，形成了荥泽。荥：荥泽，位于今河南荥阳，汉代的时候已经淤平。

⑤陶丘：现位于山东省定陶。

⑥淮：淮河。桐柏：桐柏山，现位于河南桐柏。

⑦漆、沮：两条水的名字。

⑧洛：洛水，源出自现在的陕西洛阳。熊耳：山名，位于陕西洛南西南，与上文所说的"熊耳、外方、桐柏"中的"熊耳"并非指的是同一座山。

⑨东北入于河：洛水向东与伊水交汇后，向东经过河南巩县南，又向东北流入洛口进入黄河。

【译文】

疏导沇水，向东流的水域叫作济水，汇入黄河，然后跨过黄河向南溢出形成荥泽，再向东穿过陶丘的北面，又向东汇于菏泽，继续向东北流和汶水相交，再往北流，最后转向东，汇入大海。

疏导淮河，从桐柏山开始，向东流与泗水与沂水汇合，向东汇入大海。

疏导渭水，从鸟鼠同穴山开始，向东与沣水汇合，再往东流到达泾水汇入渭水的地方，继续向东流经过漆水、沮水汇入渭水的地方，最终注入黄河。

疏通洛水从熊耳山开始，向东流与涧水、瀍水汇合之后，又向东流与伊水汇合，再向东北汇入黄河。

【原文】

九州攸同[①]，四隩既宅[②]，九山刊旅[③]，九川涤源[④]，九泽既陂，四海会同[⑤]。六府孔修[⑥]，庶土交正[⑦]，厎慎财赋[⑧]，咸则三壤[⑨]，成赋中邦[⑩]。锡土姓[⑪]，祗台德先，不距朕行。

【注释】

①九州：也就是上文所提到的冀州、兖州、青州、徐州、扬州、荆州、豫州、梁州和雍州这九个州。攸：所。

②四隩（ào）：四方。四隩既宅：也就是说四方均能成为可以居住的地方。

③九山：与下文的“九川”“九泽”都泛指的是九州的山川林泽。

④涤：清除，疏通到达。

⑤四海会同：天下统一。

⑥六府：负责贡赋税收的六个府库。孔：很。修：整备。

⑦庶：众。庶土：泛指九州众多的土地。交正：指的是通过考察，了解各地的土地质量等级。

⑧厎（dǐ）：获取，得到。

⑨咸：都。则：发，可引申为可以依据的标准。三壤：可以将土壤分为上中下三品，细分为九等。

⑩成赋：缴纳赋税。

⑪中邦：指的是九州，《实际·夏本纪》中作“中国”，是相对四海、四夷而言。

【译文】

九州的疏导山水的工程已经顺利竣工，四方都已经可以居住了。九州的山川大多都已经砍伐开通了道路，九州的大河也都已经疏通，九州的胡泽大部分都修建了堤防，四海统一了。负责贡赋税收的六府运作通畅，九州的土地都能够征收赋税了，但是一定要严谨地规定财货贡赋的征收标准到底是多少，九州之内的赋税应当根据土壤的情况按照标准来确定。之后分土赐姓，建立诸侯国，诸侯们应当成为我提倡的道德的表率，不违背我倡导的德行。

【原文】

五百里甸服[①]：百里赋纳总[②]，二百里纳铚[③]，三百里纳秸服[④]，四百里粟，五百里米。五百里侯服[⑤]：百里采[⑥]，二百里男邦[⑦]，三百里诸侯[⑧]。五百里绥服[⑨]：三百里揆文教[⑩]，二百里奋武卫[⑪]。五百里要服[⑫]：三百里夷，二百里蔡。五百里荒服[⑬]：三百里蛮[⑭]，二百里流[⑮]。东渐于海，西被于流沙，朔南暨声教讫于四海。禹锡玄圭，告厥成功。

【注释】

①甸服：在天子的领地服役。甸：王田，天子的领地。本文将大禹时期国都之外划分了五个等级，每一等四方各相距五百里，国都之外第一等称为甸服。《国语·周语上》：“夫先王之制，邦内甸服，邦外侯服，侯卫宾服，夷蛮要服，戎狄荒服。”

②百里赋纳总：将庄稼连根拔起连带着穗子与禾茎捆成捆交付给官府。总：就是将禾束成一捆。

③纳铚（zhì）：入贡禾穗。铚：农具，短镰刀。割下的禾苗要将穗子用短镰刀削去，因此用铚来代表穗子。

④秸服：“服”疑为衍文。马融说：“秸，去其颖。”颖：指的是禾茎的尖端。

⑤侯服：在甸服以外的五百里范围，为五服中的第二等，距离王都有一千里。

⑥采：这里指的是卿大夫的邑地。

⑦男邦：南、任在古时通用，任，是负担的意思。在《书集传》中国，蔡沈认为：“男邦，男爵小国也。”要比卿大夫的等级稍微高一些。

⑧诸侯，蔡沈认为：“诸侯之爵大国。”乃是比男的封国要大一些。

⑨绥服：侯服以外的五百里，距离王都一千五百里。绥：就是安的意思。

⑩揆文教：主持文教事宜的官员。揆：官，这里为动词，是管理，负责的意思。

⑪奋武卫：振兴武力，保家卫国。

⑫要服：绥服以外的五百里，距离王都两千里。要：在《书集传》中，蔡沈提到说：“要者取要约之义，特羁縻之而已。”

⑬荒服：要服以外的五百里，距离王都两千五百里，是距离最远的衣服。取其地荒远：政教荒废的意思。

⑭蛮：与上文的“夷”为对文，按照蛮夷之习对待。

⑮流：与上文的“蔡”为对文，也就是流放、放任的意思。

【译文】

天子国都之外五百里的区域称为甸服：相距国都一百里之内的要缴纳连带着秸穗的成捆的禾；两百里之内的要缴纳穗头作为赋税；相距三百里的要缴纳去了秸芒的穗作为赋税；四百里的要缴纳谷粒作为赋税；五百里之内的要缴纳细谷作为赋税。

甸服之外五百里的区域称为侯服：距离侯服百里区域内的大夫采邑，百姓为天子服役；距离二百里区域的为男爵地，为天子担负着一定的差役；距离三百里区域之外的诸侯国的百姓，为天子警戒放哨。

侯服之外的五百里区域称为绥服：距离绥服三百里范围之内设有主持文教的官员来推广文教；另外二百里区域内的百姓都武装起来，保家卫国。

绥服之外的五百里区域称为要服：距离要服三百里区域内的百姓要逐渐改变自己的风俗；另外二百里区域的百姓能够减免对他们的赋税。

要服之外五百里的区域称为荒服，距离荒服三百里区域内的百姓根据风俗来治理，简化理解；另外两百里范围内的百姓可以让其自由迁徙，不去规定他们是否需要缴纳贡赋。

甘　誓

【题解】

甘，地名，经考证，应位于今河南洛阳西南一带。誓，古代战争开始之前，主帅常常会将将士召集起来，进行誓师大会，宣告纪律，激发士气。《甘誓》就是这种告诫将士的言辞。

在书序中写道："启与有扈战于甘之野，作《甘誓》。"

《甘誓》文字虽然简短，但是其所记载的战争却意义非凡。这次战争发生在从原始社会进入到奴隶社会的转变之际，尧、舜时期的禅让制度已经逐步被世袭制度所代替，旧势力因为不甘心这种权力的转移，随即发动反击，但是由于启拥有强大的武力，致使世袭制度得以确立。本篇对于研究我国奴隶制度的建立有着重大的作用。

值得注意的是，《墨子·明鬼》中也引用了一篇《禹誓》，内容同样是关于讨伐有扈氏的，不过训誓的人并非启，而是禹。如此差异表明讨伐有扈氏极有可能是一种传说。

《甘誓》也是后世的史官根据流传的一些言语记录所作，具体成书年份也无从考证。

【原文】

大战于甘，乃召六卿①。

王曰："嗟！六事之人②，予誓告汝。有扈氏威侮五行③，怠弃三正④，天用剿绝其命⑤，今予惟恭行天之罚⑥。左不攻于左⑦，汝不恭命；右不攻于右，汝不恭命；御非其马之正⑧，汝不恭命。用命，赏于祖⑨；弗用命，戮于社。予则孥戮汝⑩。"

【注释】

①六卿：六军的将领。古时天子拥有六军。

②六事：六军的将士。

③威侮：轻慢，轻视。五行：金、木、水、火、土五种物质。

④怠：懈怠。三正：指建子、建丑、建寅，意思是指历法。

⑤用：因此。剿：灭绝。

⑥恭行：奉行。

⑦左：战车左边。古时战车载三人，分左中有，左边的人负责射箭，中间的人驾车，右边的人用矛刺杀。攻：善。

⑧御：驾车的人，即处在战车中间位置上的人。

⑨赏于祖：古时天子亲征，随军带着祖庙的神主和社神的神主。有功的，就在祖庙神主之前赏赐，惩罚则在社神神主前进行，表示不敢自己专行。

⑩孥：奴，降为奴隶。戮：刑戮，惩罚。

【译文】

甘地即将发生大战，夏王启将六军的首领都召集过来。

夏王说："啊！各位将军，我宣布誓词告诫你们。有扈氏轻蔑侮辱五行，逆天而行，舍弃了天地人三者的正道。因此，上天想要灭绝他的享国大命。现在我要奉天地的命令来对他实施惩罚。战车左边的战士，如果不能好好射箭，你们就没有恭顺地听从我的命令；战车右边的战士如果没有利用自己手中的长矛，你们就没有恭顺地听从我的命令；战车中间的战士如果没有好好驾驭马匹，你们就没有恭顺地听从我的命令。执行命令的战士，胜利之后可以到祖庙领取赏赐；没有好好执行命令的，将会在神社中受到惩罚，我将让你们沦为奴隶，或者用刑法来杀掉。"

五子之歌

【题解】

传闻夏朝开国君王夏启除了太康之外，还有五个儿子，他们均是太康的兄弟，具体姓名不详，一说为五观，或以音讹而写为五子之歌。

《书序》中记载称："太康失邦，昆弟五人须于洛汭，作《五子之歌》。"

《五子之歌》主要表达了太康的五位兄弟对太康不注重德行沉迷于玩乐而有失帝位的指责与怨恨之情。本篇《古文尚书》中有，《今文尚书》中没有。

【原文】

太康尸位[1]，以逸豫灭厥德，黎民咸贰[2]，乃盘游无度，畋于有洛之表，

十旬弗反[3]。有穷后羿因民弗忍[4]，距于河，厥弟五人御其母以从[5]，徯于洛之汭[6]。五子咸怨，述大禹之戒以作歌[7]。

【注释】

①太康：夏启王的儿子。尸，据《孔传》："主也，主以尊位。"蔡沈在《书集传》中这样写道："如祭祀之尸。"也就是说，古代祭祀的时候，鬼神的代表叫作尸。尸位，蔡沈说："谓居其位而不为其事，如古人所谓尸禄尸官也。"

②豫：乐。贰：贰心。

③盘：这里为享乐的意思。游：游逸，闲适。畋（tián）：打猎。洛之表：指洛水的南面。十旬：百天。反：作"返"。

④有穷：古时的国名，位于东方。

⑤厥：其。御：侍奉，服侍。

⑥徯（xī）：等待。汭：河水的转弯处，这里是指洛水的转弯处。

⑦述：追述。

【译文】

夏王太康身居帝位却不料理朝政，因为放纵玩乐而德行丧失，百姓都对其怀有二心。太康只知道游玩寻乐，而没有节制。到了洛水南岸去狩猎，百日都不知道返回。有穷国的君王后羿趁着夏朝百姓不堪其苦的时机，占据了黄河岸边阻止太康返回。太康的五位兄弟伺候他们的母亲跟随其打猎，在洛河的转弯地带等待太康。五名兄弟因为对太康积怨已深，追述大禹的训诫而写下了诗歌。

【原文】

其一曰："皇祖有训，民可近，不可下，民惟邦本，本固邦宁①。予视天下愚夫愚妇一能胜予②，一人三失，怨岂在明，不见是图③。予临兆民，懔乎若朽索之驭六马④，为人上者，奈何不敬？"

其二曰："训有之，内作色荒，外作禽荒。甘酒嗜音⑤，峻宇雕墙。有一于此，未或不亡。"

其三曰："惟彼陶唐，有此冀方⑥。今失厥道，乱其纪纲，乃底灭亡。"

其四曰："明明我祖，万邦之君。有典有则，贻厥子孙。关石和钧，王府则有⑦。荒坠厥绪，覆宗绝祀⑧！"

其五曰："呜呼曷归⑨？予怀之悲。万姓仇予⑩，予将畴依？郁陶乎予心⑪，颜厚有忸怩⑫。弗慎厥德，虽悔可追？"

【注释】

①皇：大。皇祖：代指大禹，太康及其五子的祖父，启的父亲，夏王朝的实际建立者。训：训诫。近：亲近。下：卑微，卑下，引申为疏远。

②予：大禹自称。一：都，全部。

③三失：三是一个虚指，代表多的意思。明：彰显。见：显现。图：图度。

④临：面临。懔（lǐn）：畏惧，害怕，恐惧。朽索：腐烂的绳索。驭：驾驭，指挥。

⑤甘酒嗜音：意为爱好音乐和美酒，不知道满足，毫无节制。甘、嗜：均为爱好、嗜好之意。

⑥冀方：即古代冀州。

⑦关石和钧，王府则有：在《国语·周语下》中这样写道："《夏书》有之曰：'关石和钧，王府则有。'"韦昭注："关，门关之征也。石，今之斛也。言征赋调钧，则王之府藏常有也。一曰关，衡也。"蔡沈在《书集传》中说："百二十斤为石，三十斤为钧。钧与石，五权之最重要者也。"又说："又按法度之制，始于权，权与物钧而生衡，衡运生规，规圆生矩，矩方生绳，绳直生准。是权衡者，又法度之所出也，故以钧石言之。"这句话的本意

是指关征和赋税计算平均，王府则实有，因此引申为让关门通畅，民众平和。蔡沈的说法可供参考。

⑧荒：荒废。坠：坠落。绪：前人的功绩。覆：覆灭。

⑨曷（hé）：何。曷归，即归向何方的意思。

⑩万姓：此处泛指天下百姓。仇：怨。畴：谁。

⑪郁陶：忧愁、哀思、悲苦。

⑫颜厚：羞愧之色。忸怩：内疚之心。

【译文】

第一首歌唱道："伟大的先祖大禹有告诫：百姓只能够亲近，不能疏远。百姓是国家的根本，只有基础坚固，国家才能安定。我看尽天下之事，平民百姓都能够超越我。一个人有诸多过失，百姓的怨恨难道只有到了特别突出的程度才会去思索解决的办法吗？应该在还没有显现的时候就进行考虑。我们面对亿万黎民百姓，就像是用腐烂的绳子去驾驭六匹马一般，让人惊恐不已；在黎民百姓之上的君王，如何能够不谨慎呢？"

第二首歌中唱道："大禹的告诫中有这样的话语：对内所谓沉迷于女色之中，对外所谓沉迷于游猎，沉湎于美酒、音乐，居住在高大的宫宇之中，还要装饰宫墙。"

第三首歌唱道："那个陶唐帝尧，占据冀方地区。如今太康已经没有了尧的治道，扰乱了尧的法纪，才导致最终的灭亡。"

第四首歌唱道："我们万分英明的先祖大禹，乃天下四海的共同君主。制定了常典、法则，留给了他后世的子孙。关征赋税，计算平均；百姓和谐共处，朝廷也很充实。现在太康荒废了祖先留下来的事业，覆灭了宗庙，断了祭祀。"

第五首歌唱道："哎呀，该到哪里去呢？我们眷顾家乡，感到忧伤。天下的黎民百姓都憎恶我们，我们将要去投奔谁呢？我的神情抑郁，十分惭愧，也十分内疚。平日不小心注意自己的德行，虽然后悔了可还能够挽救吗？"

胤征

【题解】

胤，夏方郭明；阴后，夏王仲康的大臣，胤国的国君。还有种说法是，胤，担任大司马一职，掌管着六师。当时主管天文历法的羲、和因为醉酒失职，他按照夏王的命令对其进行征讨。征，蔡沈的《书集传》一书中记载称：“《孟子》曰：‘征者上伐下也。’此以征名，实即誓也。”

《胤征》是胤侯出征之前的誓词。书序中写道：“羲和湎淫，废时乱日，胤往征之，作《胤征》。”今本中《竹书纪年》认为此次征讨在仲康五年的说法并不可取。《今文尚书》中并无此篇。

【原文】

惟仲康肇位四海①，胤侯命掌六师②。羲和废厥职③，酒荒于厥邑④，胤后承王命徂征⑤。

【注释】

①仲康：夏启的儿子，太康的弟弟。肇（zhào）：开始。位：治理。

②掌六师：《周官》中有“统六师”一说，这里的意思大致相同。不过夏朝可能还没有师这种军事编制，因此可能是掺入了后世的制度。

③羲和：可能是部落联盟中善于观测天象立法的部落或者部落首领的姓名，尧之前就掌管着天文历法的事务。

④邑：所居住的邑。

⑤徂：往。

【译文】

仲康开始整治天下的时候，胤侯奉命掌管六师。羲氏与和氏因为荒废自己的职位，在所居之地沉迷于酒乐。胤侯遵照夏王仲康的命令，前往对他们

进行征讨。

【原文】

告于众曰："嗟予有众，圣有谟训，明征定保[1]，先王克谨天戒[2]，臣人克有常宪，百官修辅，厥后惟明明，每岁孟春，遒人以木铎徇于路[3]，官师相规，工执艺事以谏，其或不恭，邦有常刑。"

"惟时羲和颠覆厥德，沉乱于酒[4]，畔官离次，俶扰天纪[5]，遐弃厥司，乃季秋月朔，辰弗集于房，瞽奏鼓[6]，啬夫驰，庶人走，羲和尸厥官罔闻知[7]，昏迷于天象，以干先王之诛，《政典》曰：'先时者杀无赦，不及时者杀无赦。'今予以尔有众，奉将天罚。尔众士同力王室，尚弼予钦承天子威命[8]。火炎昆冈[9]，玉石俱焚。天吏逸德[10]，烈于猛火。歼厥渠魁，胁从罔治，旧染污俗，咸与惟新。呜呼！威克厥爱，允济[11]；爱克厥威，允罔功。其尔众士懋戒哉[12]！"

【注释】

①谟：计谋。训：训诫。征（zhēng）：验证。保：案。定保：安定。

②克：可以。谨：恭敬的意思。天戒：上天的训诫。古人认为日蚀等特殊的天象乃是上天对自己的训诫。

③遒（qiú）人：指的是古代的宣令官员。木铎：指的是一种铃。徇：巡行。

④沉：亦作“沈”，沉痛，沉湎。乱：迷乱。沉乱于酒即沉迷于酒的意思。

⑤俶（chù）：始。

⑥瞽（gǔ）：这里指乐官。由于盲人辨音能力胜过常人，所以古时的乐官通常是由盲人来担任。

⑦尸：主管。

⑧尚：庶几。是表示希望、祈求、命令的副词。

⑨昆：山名，古时著名的出产玉石的山。冈：山脊。

⑩天吏：掌管天文历法的官员。逸德：《孔传》中解释为“过恶之德”。

⑪威：威严。克：胜利。爱，这里是姑息的意思。济：成功。

⑫懋：勉力。戒：戒惧。

【译文】

胤侯对众将士宣告说：“啊！我的众将士们。圣人有谋略、有训诫，这些谋略训诫都已经被清楚地证明能够用来安定天下。先王能够恭敬地遵从上天的训诫，臣子能够奉公执法，百官可以恪尽职守，尽心尽力辅佐君王。如此，他们的君王才能够贤明。每年的孟春三月，宣令官沿途摇铃巡幸，颁布教令，各位官员相互劝诫，工匠们用包含于工艺中的道理来警醒全家，如若他们无法对君王沉迷于玩乐之事进行劝诫，国家将会对他们予以刑罚处置。

“那时羲氏、和氏败坏了自己的德行，沉迷于饮酒作乐之中，扰乱了所负责的政务，玩忽职守。开始扰乱天文历法，背离了自己所肩负的职责。因此，在九月初一这一天，太阳没有在房宿相遇，而是出现了异常行，太阳被掩盖，发生了日食现象。乐官击鼓，农夫驱赶，百姓奔走，救助太阳。羲氏与和氏身在此位，却不料理政务，对此竟然一无所知，让天象昏乱迷惑，因此而触犯了先王所制定的诛杀刑法。先王的政典中规定：对于违反制度玩忽职守的人，如所定历法早于天时出现之前，将其诛杀不可赦免；所定历法晚于天时出现，也应当诛杀不能赦免。现在我率领众位将士，遵从上天的旨意对其进行处罚。你们诸位将士要为夏王朝齐心协力，希望能够帮助我遵照天子的指令对其进行处罚。烈火烧昆山的山脊，导致玉石俱焚。掌管天文历法的官员的失职行为要比凶猛的烈火所带来的危害还要严重，歼灭那个大魁首羲氏与和氏，而对被迫跟随其作恶的人不予处罚，对在过去染上恶习的人，都可以赦免并准许其重新做人。哎呀！如果处罚战胜姑息，那么便能够确保可以取得成功；如果姑息战胜了威严，那么一定无法成功。你们各位将士，要努力，要警戒啊！”

商书

汤誓

【题解】

《史记·殷本纪》记载称："夏桀为虐政淫荒，而诸侯昆吾氏之乱，汤乃兴师率诸侯，伊尹从汤，汤自把钺以伐昆吾，遂伐桀。……以告令师，作《汤誓》。"《书序》中也提及："汤征诸侯，葛伯不祀，汤始征之，作《汤征》。"

本篇记录了著名的"汤征葛伯"的历史事件，重点叙述了商汤细数夏桀的罪行，并以"致天之罚"为口号誓师消灭夏桀的决心。本篇对于研究商汤伐灭夏桀的战争以及夏末商初的社会发展情况有着重要的意义。成书最晚不迟于战国早期。现仅存序，正文已经遗失。

【原文】

王曰："格尔众庶①，悉听朕言。非台小子敢行称乱②，有夏多罪③，天命殛之④。今尔有众，汝曰：'我后不恤我众，舍我穑事⑤，而割正夏⑥？'予惟闻汝众言，夏氏有罪。予畏上帝，不敢不正。今汝其曰：'夏罪其如台⑦？'夏王率遏众力⑧，率割夏邑⑨，有众率怠弗协⑩，曰：'时日曷丧⑪，予及汝皆亡！'夏德若兹，今朕必往。尔尚辅予一人，致天之罚，予其大赉汝⑫。尔无不信，朕不食言⑬。尔不从誓言，予则孥戮汝，罔有攸赦⑭。"

【注释】

①王：指商汤。格：来。众庶：众人，大家。

②台（yī）：我。小子：对自己的谦称。称：举，发动。称乱即为发难。

③有夏：也就是夏，有为语助词。

④殛（jí）：诛杀。

⑤穑（sè）事：农事。

⑥割：通“害”。《广雅·释言》：“害，割也。”正：与政通，代指征伐一类的事情。

⑦如台：如何。台：疑问代词。

⑧遏：竭，尽力，竭力。

⑨割：害。

⑩有众：这里指夏统治下的民众。率：大多，大都。怠：怠工。协：和。

⑪时：指示代词，这个。曷：什么时候。日：这里指夏桀。

⑫赉：赏赐。

⑬食：吞没。食言：指不讲信用。

⑭罔：无。攸：所。

【译文】

王说：“请在座的众位，认真听我讲话。不是我妄自尊大犯上作乱，着实是由于夏王的罪行太多，上天命我去诛杀他。现在你们中也许已经有人会说：‘我们的君主不体恤我们，废弃了农事，却要去征讨夏朝。’虽然我听了你们的言论，但是夏王确实有罪，我畏惧上天的威严，不敢不去征讨他。现在你们说：‘夏王到底犯了什么大罪？’夏王将民利搜刮殆尽，祸害夏国，让百姓陷入危难中而不愿意去拥护他。百姓都咒骂说：‘太阳什么时候灭亡啊，我恨不得与你一起灭亡。’夏王的德行已经如此败坏，现在我必须前去讨伐他。如果你们愿意辅佐我，让我去完成上天对夏桀的处罚，我将重奖你们。你们不要不相信我的话，我是不会食言的。如果你们不服从我的誓言，我会用刑法来处罚你们，绝对不轻饶一个。”

仲虺之诰

【题解】

在《今文尚书》中并没有此篇，本篇收录于梅赜的《古文尚书》中。

仲虺（huǐ），乃商朝大臣，《孔传》中认为他是商汤时期的左相溪仲的后人。据《史记·殷本纪》中认为：商汤灭夏之后，诸侯臣服于商汤，商汤成为天子之后，平定天下。汤回到泰卷陶之后，仲虺写了这篇文章。《书序》中写道：“汤归自夏，至于大坰，仲虺作诰。”

本篇最早作于商汤灭夏之后。根据现在的诰文，成汤灭夏之后，将夏桀流放到南巢，自认为自己的行为比不上古时的帝王，仲虺为劝说商汤写了这篇诰文，认为殷商灭夏乃是天意，不用自惭形秽。

【原文】

成汤放桀于南巢①，惟有惭德。曰：“予恐来世以台为口实②。”

仲虺乃作诰，曰：“呜呼！惟天生民有欲，无主乃乱，惟天生聪明时乂③，有夏昏德，民坠涂炭④，天乃锡王勇智⑤，表正万邦，缵禹旧服⑥。兹率厥典⑦，奉若天命。”

【注释】

①放：放逐，流放。南巢：古时的地名，今所在地说法有异，通常认为是在安徽巢县东北。

②口实：话柄，借口。

③时：通“是”，代词。乂：治理。

④坠：陷入。

⑤锡：通“赐”。王：指的是商王汤。

⑥表正：楷模，表率。

⑦率：遵循。典：常法。

【译文】

成汤灭亡夏朝之后，将夏桀流放到了南巢，认真思量一下觉得心中有愧。说：“我担心后世会将我的行为用作话柄。”

于是仲虺写了篇诰文，说：“啊！百姓从生下来那一刻就有了七情六欲。如果没有君王，社会就会混乱，因此上天又生出了聪慧之人来管理百姓。夏王桀败坏德行，让百姓陷入水深火热之中，上天因此赐予了大王您胆量与智慧，让您可以成为天下的楷模，继承从大禹过来的功业。遵循大禹的法典常规，遵从上天的号令。”

【原文】

“夏王有罪，矫诬上天[①]，以布命于下。帝用不臧[②]，式商受命[③]，用爽厥师[④]。简贤附势，寔繁有徒[⑤]。肇我邦于有夏[⑥]，若苗之有莠[⑦]，若粟之有秕[⑧]。小大战战，罔不惧于非辜[⑨]；矧予之德，言足听闻[⑩]？

“惟王不迩声色，不殖货利[⑪]；德懋懋官，功懋懋赏[⑫]；用人惟己，改过不吝[⑬]；克宽克仁，彰信兆民[⑭]。乃葛伯仇饷，初征自葛[⑮]。东征西夷怨，南征北狄怨，曰：‘奚独后予[⑯]？’攸徂之民，室家相庆[⑰]，曰：‘徯予后，后来其苏[⑱]。’民之戴商，厥惟旧哉[⑲]！

【注释】

①夏王：指夏桀，史上有名的暴君。矫：矫制、假托。诬：欺骗。蔡沈《书集传》说：“桀知民心不从，矫诈诬罔，托天以惑其众。”

②用：因此。臧：善，可引申为喜欢。

③式：旧说认为是用的意思，现认为是代的意思。曾运乾《尚书正读》说：“（式）读为代。”式商受命，《立政》有“式商受命”一句，完全相同，可互参。

④爽：旧说认为是明，昭明的意思，非也。《墨子·非命上》引作丧。

爽、丧音近而误。师：众。

⑤简：略，含有忽略、轻慢的意思。附：依附。势：有势力的人。寔一作实。繁：繁多。

⑥肇：开始。我邦：商人自称。灭夏之前，商是夏朝统治下的方国。

⑦莠（yǒu）：长在农作物中间的杂草。

⑧秕（bǐ）：空壳的谷物。

⑨战战：恐惧忧虑的样子。非辜：无辜，无罪。

⑩矧（shěn）：况、何况。足：能够。蔡沈说："况汤之德，言则足人之听闻，尤桀所忌疾者乎！"

⑪迩：近。殖：聚、聚敛。

⑫德懋懋官：第一个懋，是茂盛，繁多的意思。第二个懋是勉励的意思。

⑬吝：吝惜。《孔传》："用人之言，若自己出，有过则改，无所吝惜，所以能成王业。"蔡沈："用人惟己，而人之有善者无不容；改过不吝，而己之不善者无不改。不忌能于人，不吝过于己。"

⑭克：能够。彰：昭明。

⑮葛伯：葛国之君。葛：夏朝的属国。

⑯奚：何。后：先后之后。

⑰攸：所。徂：往。室家：妻室儿女。

⑱徯：待、等待。后：君、王，指成汤。苏：复苏。

⑲戴，拥戴、爱戴。旧：久、非一日。

【译文】

"夏桀有罪，假借着上天的名义来发布旨意，欺瞒大众。所以上天不喜欢他，让商人来顶替他承受天命，让他失去自己的百姓。轻待贤人，依附权势，这样的人着实有很多。自我们商人在夏朝的统治之下建立方国开始，就被认为是禾苗中的杂草、粟米中的秕壳。我们上上下下都十分恐慌，没有不担心无辜受到处罚的，更何况我们商人的美德，如果讲出来足够打动聆听的人呢！

"大王您不痴迷于音律美色，不搜刮财货；德高望重的人就用官职来鼓励他，建立功劳大的人就用赏赐来鼓励他；采纳他人的意见，就如同是自己的

意见一般，改正自己的过失也是毫不介意；能够宽容与仁爱，像百姓彰显自己的诚信。葛伯对我们给他耕种送粮颇有敌意，我们在征讨夏桀的时候就从征讨葛伯开始。您征讨东方的时候，西方的戎族颇有怨言，您征讨南方的时候，北方的狄族就开始抱怨，都说："为什么独独将我们这里放在后面讨伐呢？"所征讨地区的百姓，举家欢庆。都说："等候我们的君王吧，君王到来之后我们就死而复生了。"百姓拥护商王，已经很长时间了。

【原文】

"佑贤辅德，显忠遂良①，兼弱攻昧②，取乱侮亡，推亡固存，邦乃其昌③。

"德日新，万邦惟怀④；志自满，九族乃离⑤。王懋昭大德，建中于民⑥，以义制事，以礼制心，垂裕后昆⑦。予闻曰：'能自得师者王，谓人莫已若者亡。好问则裕⑧，自用则小'。

"呜呼！慎厥终，惟其始。殖有礼，覆昏暴。钦崇天道，永保天命。"

【注释】

①佑、辅：都是辅佐，帮助的意思。显：彰显。遂：进用。

②兼：坚冰。弱：指的是弱小的诸侯。攻：攻击。

③推亡固存，邦乃其昌：《书集传》中记载称："推亡者，兼攻取侮也；固存者，佑辅显遂也。推彼之所以亡，固我之所以存，邦国乃其昌矣。"大意

就是这样。

④德日新：德行每日更新。万邦：泛指天下。怀：怀念，归来。

⑤志自满：容易骄傲自满。离：分离。

⑥建：里。中：中道。

⑦制：制裁，裁定。

⑧裕：宽裕。

【译文】

“辅助贤能的诸侯，帮助仁德的诸侯，彰显忠诚的诸侯，任用善良的诸侯，兼并那些弱小的诸侯，讨伐昏乱的诸侯，夺取混乱的诸侯，鄙视那些将要灭亡的诸侯。应当消亡的就应当加速他们的消亡，应当存在的就帮助稳定他们的根基，这样国家才能兴旺昌盛。

“德行每日都要更新，天下的诸侯才会过来归顺；容易骄傲自满，那么氏族们就会出现分离。大王您努力彰显仁德，在百姓心中树立了公道，用义来裁定事务，用礼制来约束自己的心志，以此来传给后代，绰绰有余。我听闻：‘能够找到老师的人，就能够成为君主；认为别人比不上自己的人，就会消亡。谦虚好学的人，所获得的就会增多；刚愎自用的人，所获得的就会减少’。

“啊！只有从开始就小心谨慎的人，才能获得好的成果。扶植礼仪明君，消灭昏乱的残暴之君。恭敬地遵循上天的大命，才能永久地保有上天赐予的大命。”

汤　诰

【题解】

《书序》中记载称：“汤既黜夏命，复归亳，作《汤诰》。”此为《古文尚书》，《今文尚书》中并未收录。

在《史记·殷本纪》中写道："既绌夏命，还亳，作《汤诰》……以令诸侯。"并引用了诰文，但是文章内容与《古文尚书·汤诰》有所差异。

《史记》所阐述的《汤诰》的意思是成汤要告诫天下的诸侯要能够像大禹、皋陶、后稷那样勤于政务，关爱百姓，不然就会亡国。

【原文】

王归自克夏，至于亳[①]，诞告万方[②]。

王曰："嗟！尔万方有众，明听予一人诰[③]。惟皇上帝[④]，降衷于下民[⑤]。若有恒性[⑥]，克绥厥猷惟后[⑦]。夏王灭德作威，以敷虐于尔万方百姓[⑧]。尔万方百姓，罹其凶害[⑨]，弗忍荼毒[⑩]，并告无辜于上下神祇[⑪]。天道福善祸淫，降灾于夏，以彰厥罪。肆台小子[⑫]，将天命明威，不敢赦，敢用玄牡[⑬]，敢昭告于上天神后，请罪有夏。聿求元圣[⑭]，与之戮力，以与尔有众请命。"

【注释】

①亳（bó）：成汤的国都。其地众说纷纭，现已难以考证。《集传》："汤所都在宋州谷熟县（按：当即西亳，今河南偃师境内）……'汤即位都南亳（今河南商丘附近），后徙西亳。'盖汤未伐桀居南亳，后自南亳迁西亳。"此说可供参考。

②诞：《集传》："诞，大也。"

③予一人：秦以前之古代帝王自称。

④皇：伟大。

⑤衷：指美德。

⑥恒性：意思是说要长久地保持美德。承上文"衷"而言。

⑦克：能够。绥：安。猷：教导，教育。后：帝王，天子。

⑧敷：施行。

⑨罹（lí）：遭受。

⑩荼毒：残害。

⑪神祇（qí）：天神与地神。祇：地神。

⑫肆：故，因此。台小子：同"予一人"，均为秦以前古代帝王的自称。

⑬敢：谦词，犹言冒昧。玄牡：黑色公牛，谓以此为祭品。夏尚黑，殷商尚白，说明商初建，未变夏礼。

⑭聿（yù）：助词，用于句首或句中。元圣：大圣人，指伊尹。

【译文】

商王成汤灭亡夏朝之后返回，来到亳邑，大告天下。

汤王说："啊！你们天下的将士们，要听清楚我的教诰。天帝降下祥福给四海的百姓。顺应人的自然天性，找到让他们安定下来的方法的人就是君王。夏桀灭亡了道德，制定了残忍的刑罚，并借此来对天下的百姓实施暴政。你们四海的百姓惨遭他凶狠的残害，无法忍受荼毒之苦，开始像天地神灵诉说自己的冤情。上天的法则就是赐福给善良的人，惩处邪恶淫乱之人。（因此上天）给夏朝降下了灾祸，揭发了夏桀的罪行。如今我听从上帝的命令公开对夏桀进行处罚，不敢宽恕她。我斗胆用黑色的公牛进行祭祀，明确地向天地神灵祈祷，请求对夏桀的罪行予以处罚，并请求大圣人（伊尹），跟我们一同努力，为你们的百姓请命铲除恶人。"

【原文】

上天孚佑下民[①]，罪人黜伏[②]，天命弗僭[③]，贲若草木[④]，兆民允殖[⑤]。俾予一人辑宁尔邦家[⑥]，兹朕未知获戾于上下[⑦]，栗栗危惧[⑧]，若将陨于深渊。凡我造邦，无从匪彝[⑨]，无即慆淫[⑩]，各守尔典，以承天休[⑪]。尔有善，朕弗敢蔽；罪当朕躬，弗敢自赦，惟简在上帝之心[⑫]。其尔万方有罪，在予一人；予一人有罪，无以尔万方。

呜呼！尚克时忱[⑬]，乃亦有终。

【注释】

①孚：信，相信。佑：帮助。

②罪人：指的是夏桀。黜伏：流放，斥退。

③僭（jiàn）：差错。

④贲（bì）：文饰，装饰。

⑤允殖：生息繁衍。

⑥俾（bǐ）：使。辑宁：治理让其安定。

⑦获戾（lì）：获罪，得罪。戾：罪。上下：指天地神灵。

⑧栗栗：颤抖，形容恐惧。栗：通“慄”。

⑨匪：同“非”。彝：法规，法度。

⑩无：通“毋”，不要。即：接近。慆（tāo）淫：怠惰纵乐。

⑪天休：是说上帝的福佑。休：美，指福佑。

⑫简：检验核实。

⑬时：通“是”，此。忱：诚心诚意。

【译文】

上天确实真心想要庇护天下的百姓，将罪人夏桀废黜流放了。上天的大命是不会出错的，自此，天下安澜，就像是茂盛的草木一般，亿万百姓真正安居乐业。上天让我来让你们的方国与家庭变得和睦安定。这次讨伐夏桀我不知是否存在冒犯了天地神灵的地方，因此十分惶恐不安，就如同坠入万丈深渊一般。只要是归顺我商王朝的方国，都不准许非法无度，不能肆意享乐，各自要遵守好自己的常法，来承接上天赐予的天命。如果你们有所善行，我不会隐瞒掩盖；如果我自己有了罪行，不敢自我宽恕，都是由于上天对这些十分了然。

如果你们四方的诸侯犯下过错，这就是我的过失；如果我有罪行，也不会牵连到你们四方的诸侯。

啊！期望能够如此真诚相待，会获取最终的胜利。

伊训

【题解】

《书序》中记载：“成汤既没，太甲元年，伊尹作《伊训》《肆命》《徂后》。”《史记·殷本纪》中也写道：“帝太甲元年，伊尹作《伊训》，作《肆命》，作《徂后》。”目前文中所提到的这三篇，只有《伊训》尚存正文。

本篇主要是殷商的老臣伊尹用汤之成德来训导刚刚继位的太甲时所说的言辞。文中劝诫太甲要能够将夏桀的灭亡作为教训，施行德政，积极听取朝臣的劝谏等。《今文尚书》中并无此篇，《古文尚书》中有此篇。

【原文】

惟元祀十有二月乙丑[①]，伊尹祠于先王[②]。奉嗣王祗见厥祖[③]，侯甸群后咸在[④]，百官总己以听冢宰[⑤]。伊尹乃明言烈祖之成德[⑥]，以训于王。

曰：“呜呼！古有夏先后，方懋厥德[⑦]，罔有天灾[⑧]。山川鬼神，亦莫不宁，暨鸟兽鱼鳖成若[⑨]。于其子孙弗率[⑩]，皇天降灾，假手于我有命[⑪]。造攻自鸣条[⑫]，朕哉自亳[⑬]。惟我商王，布昭圣武[⑭]，代虐以宽，兆民允怀[⑮]。今王嗣厥德，罔不在初[⑯]，立爱惟亲，立敬惟长，始于家邦，终于四海[⑰]。”

【注释】

①元祀：古代帝王即位的那一年称为元年，这时举办的祭祀大典称为元祀。十有二月乙丑：《书集传》中写道：“商以建丑为正，故以十二月为正

也。乙丑，日也。”

②祠（cí）：祭祠，指在祖庙前举行祭奠。

③嗣王：指太甲。《孔传》：“太甲，太丁子，汤孙也。太丁未立而卒，及汤没而太甲立称元年。”《史记·殷本纪》记载与此异，恐误。祗：恭敬。厥：其，指太甲。祖：主要指先祖成汤的神位。

④侯甸群后：泛指远近诸侯部落首领。咸：都。

⑤冢宰：百官之长，指伊尹。

⑥烈祖：指成汤。孔颖达《疏》：“烈训业也。汤有定天下之功业为商家一代之大祖，故以烈祖称焉。”

⑦懋：勉励，努力。

⑧罔有：没有。

⑨暨：及。若：如此，这样。王肯堂说：“幽远而至难格者莫如山川鬼神；微而至无知者莫如鸟兽鱼鳖。今皆得所，则形容极治之象，俨然在目矣。”

⑩率：遵循，仿效。

⑪假：借。

⑫鸣条：地名。在今山西运城境内。

⑬朕：先秦以前古人自称之词，此处当谓我们。哉：开始。亳：地名。在河南商丘境内，当指南亳而言。汤伐夏自伐葛始。葛与南亳相邻。灭葛后，再伐韦、伐顾、伐昆吾，然后渡伊水、洛水，挥师西上在鸣条与夏桀决战并取得胜利，一举灭夏。

⑭布：遍布，广布。昭：显示。

⑮允：信，相信。怀：念，怀念，引申为感戴。

⑯初：开初，开始。此句含告诫太甲慎始慎终之意。

⑰“立爱惟亲”四句：《孔传》：“言立爱敬之道始于亲长，则家国并化，终至四海。”

【译文】

太甲元年十二月乙丑日这一天，伊尹对先王成汤进行祭祀，侍奉刚刚继任王位的商王太甲恭敬地对着祖先的神位进行了叩拜。四方的诸侯都参加了这次祭祀，群臣率领自己的属官，听候冢宰伊尹的命令。伊尹于是宣告了功业盖世的高祖成汤的大德，用此来训导商王太甲。

伊尹说："啊！古时夏的先王禹，勤奋地致力于实行德政，因此上天并没有降下灾祸。山川神灵以及鸟兽虫鱼都十分安静。到了他的子孙夏桀的时候，由于不遵循禹的德政，神圣的上天便降下了灾祸，辅助我们商人，将大命赏赐给我们，从鸣条开始发起攻击，从亳邑开始施行德政。我商王成汤，播撒神圣的德行，用包容的统治来替代暴政，亿万百姓都信赖他，怀念他。如今我王继承了成汤的德政，不可不从开始就反省考察自己。建立友善的形象要从亲近人开始，树立恭敬的形象要从尊重长者做起，要能够先从家族、族邦开始，最后推及四海。"

【原文】

"呜呼！先王肇修人纪①，从谏弗咈②，先民时若③；居上克明，为下克忠；与人不求备，检身若不及，以至于有万邦，兹惟艰哉！

"敷求哲人④，俾辅于尔后嗣⑤。制官刑⑥，儆于有位⑦。曰：'敢有恒舞于宫⑧、酣歌于室⑨，时谓巫风⑩；敢有殉于货色、恒于游畋⑪，时谓淫风。敢有侮圣言、逆忠直、远耆德⑫、比顽童⑬，时谓乱风。惟兹三风十愆⑭，卿士有一于身，家必丧；邦君有一于身，国必亡。臣下不匡，其刑墨，具训于蒙士。'

"呜呼！嗣王祗厥身⑮，念哉！圣谟洋洋，嘉言孔彰！惟上帝不常，作善，降之百祥；作不善，降之百殃⑯。尔惟德罔小，万邦惟庆；尔惟不德罔大，坠厥宗。"

【注释】

①肇：创始，创立。人纪：人伦纲纪，指人们应当遵守的纪律及道德规范。《孔传》："言汤始修为人纲纪。"

②咈（fú）：违背。

③时：通"是"，此，这。若：顺，顺从。

④敷：通“溥”，普遍，广泛。哲人：才德识见超常之人。

⑤俾：使。

⑥官刑：治理官吏的刑法。

⑦儆：警告，警示。有位：指在位的官吏。

⑧恒：经常。

⑨酣歌：沉湎于饮酒歌乐。

⑩巫风：孔颖达疏：“废弃德义专为歌舞，似巫者事鬼神然，言其无政也。”

⑪游畋：游乐，打猎。

⑫耆（qí）德：德高望重的年事已高之人。

⑬比：亲近，勾结。顽童：愚昧顽劣而不知德义的小人。

⑭三风：指上述巫风、淫风、乱风。十愆（qiān）：上述巫风、淫风各二，乱风四相加共十条过错，因称十愆。愆：过错。

⑮祗：恭敬，恭谨。

⑯殃：祸害，灾难。

【译文】

“啊！先王成汤开始创立为人的纲纪，从善如流，听从长辈贤者的建议；身处帝王之位却能够明察善断，作为臣子的人也能够忠心不二；与人交往不苛刻，约束自己恐怕自己赶不上别人，因此能够坐拥天下，这是十分困难的。

“汤王大范围地选取德才兼备的能人，让他们能够帮助你们的后人，制定了管理官员的刑罚，警示百官。他说：‘敢沉迷于宫廷歌舞、酗酒的，可以被叫作巫风；敢贪图钱物与美色的，沉浸于游乐田猎的，可以被称为淫风；胆敢侮辱轻慢圣人之言，拒绝忠言规劝，疏远德高望重的人，亲近愚昧无知的人，被叫作乱风。这三种风俗有十种过失，卿士大夫如果身上有其中一种，必然会丢失家室；诸侯国君如果身上有其中一种，国家必定败亡。身为臣子不能匡扶正义的，要以墨刑论处。这些都是从孩童时期就要开始详加教导的。’

“啊！关于这些，继任王位的君主要能够从自身做起，时刻牢记啊！圣人的谋略十分完备，留下的箴言也颇为清楚。上天是否会赏赐福命没有定论，但是对于做好事的，便会赐予各种祥瑞；对于做坏事的，一定会降下各种灾害。您的德行不管多么微不足道，天下都会觉得庆幸，您的恶行即使并不算大，也会导致国家败亡。”

太　甲（上）

【题解】

太甲是商朝的第五代君主。子姓，也写为大甲，帝太甲。成汤的长子太丁的儿子。继任王位三年，不遵从汤法，违法乱纪，放纵淫乐，因此伊尹将太甲放逐于桐宫。《史记·殷本纪》中记载称：“帝太甲居桐宫三年，悔过自责，反善，于是伊尹乃迎帝太甲而授之政。帝太甲修德，诸侯咸归殷，百姓以宁。伊尹嘉之，乃作《太甲训》三篇，褒帝太甲，称太宗。”

《书序》中也写道：“太甲既立，不明，伊尹放诸桐。三年复归于亳，思庸，伊尹作《太甲》三篇。”这些都交代了创作的缘由。

《太甲》已经丢失，《古文尚书》中以《太甲》三篇代之。

本篇主要记述了伊尹释放太甲的始末，以及伊尹对太甲的训导与规劝。

【原文】

惟嗣王不惠于阿衡[①]，伊尹作书曰：“先王顾諟天之明命[②]，以承上下神祇，社稷宗庙，罔不祗肃。天监厥德，用集大命，抚绥万方[③]。惟尹躬克，左右厥辟[④]，宅师[⑤]，肆嗣王丕承基绪[⑥]。惟尹躬先见于西邑夏[⑦]，自周有终[⑧]，相亦惟终；其后嗣王罔克有终[⑨]，相亦罔终。嗣王戒哉[⑩]！祗尔厥辟，辟不辟，忝厥祖[⑪]。”

【注释】

①惠：顺，顺从。阿衡：指伊尹。伊尹功勋卓著，尊称为“阿衡”。一

说，商官名或谓伊尹之号。

②顾：瞻望，注视。諟（shì）：同“是”，此。

③抚绥：安定。

④惟：发语词，用于句首。尹：伊尹自指。躬：自身，亲自。左右：相帮，相助。厥：其。辟：君主，此指成汤。

⑤宅：安定。师：众，指百姓。

⑥肆：故，因此。丕：大。基绪：犹言基业，指国家政权。

⑦西邑夏：指夏王朝。

⑧周：忠信。《孔传》：“周，忠信也。”此解甚确，当从。《国语·晋语五》：“夫周以举事。”韦昭注：“忠信曰周。”《论语·为政》：“君子周而不比，小人比而不周。”何晏集解引孔安国曰：“忠信为周，阿党为比。”

⑨后嗣王：指的是夏桀这类的夏王。

⑩嗣王：这里指的是太甲。

⑪忝：辱，愧对。《孔传》：“辱其祖。”

【译文】

继位的商王太甲不听从伊尹的劝说，伊尹写文章说：“先王成汤对上天赐下的天命十分重视，所以侍奉天地神灵，社稷宗庙，没有不恭敬小心的。上天了解了其所实施的德政，所以降下天命，使四方安定。我伊尹亲自辅佐自己的君主，让百姓安居乐业，因此后来继承王位的君主才能够承接先王的基业。我伊尹曾经亲眼看到西方的夏王，由于讲求忠信而得到善终，辅佐他的臣子也得到了善终；夏朝后来继承王位的君主夏桀却没有得到善终，辅佐他的臣子也没有得到善终。我们后来继任王位的君王要以此为鉴啊！恭敬地恪守本位，君主如果不行君主的德行，就是在侮辱自己的祖先。”

【原文】

王惟庸罔念闻[1]。伊尹乃言曰：“先王昧爽丕显[2]，坐以待旦[3]。旁求俊彦[4]，启迪后人[5]。无越厥命以自覆。慎乃俭德，惟怀永图[6]。若虞机张[7]，往省括于度则释[8]。钦厥止[9]，率乃祖攸行[10]。惟朕以怿[11]，万世有辞[12]。”

王未克变[13]。伊尹曰：“兹乃不义，习与性成[14]。予弗狎于弗顺[15]，营于桐宫[16]，密迩先王其训[17]，无俾世迷[18]。”王徂桐宫居忧[19]，克终允德[20]。

【注释】

①庸：平常。罔：不。

②昧爽：天即将要亮的时候，也就是黎明。丕显：大明，指的是大明其德。

③旦：早晨。

④旁求：广泛地访求。俊彦：才智过人之人。

⑤启迪：开导，启发。

⑥永图：深谋远虑。

⑦若：如同。虞：虞人，古时掌管山泽苑囿之官。机：指发射箭弩的机关。

⑧省（xǐng）：察看，检查。括：通“栝”，箭之末端扣弓弦处。度：规范，引申为要领。释：放。

⑨钦：严肃恭谨。止：仪态举止。《诗·大雅·抑》：“淑慎尔玄笺：‘止，容止也。’”

⑩率：循，遵循。攸：所。

⑪以：因。怿（yì）：喜悦。

⑫辞：谓赞美之词。

⑬未克：不能。

⑭习：习惯。性：性情，品性。

⑮弗：不。狎：亲近。弗顺：谓不遵顺义理。

⑯桐宫：离宫，地处商汤墓地的旁边，在今河南偃师附近。

⑰密迩：亲近，指的是亲近成汤之墓。

⑱无：不。俾：使。世：一生，一辈子。

⑲徂：往。居忧：孔颖达疏："谓服治丧礼也。"

⑳允德：《孔传》："言能思念其祖，终其信德。"

【译文】

商王太甲置若罔闻，伊尹于是说："先王在尚未破晓之时，就开始起来思考国家大事，一直等到天亮。广泛地招纳才能杰出的人才，教导后人，避免遗忘了祖先的教诲而自取灭亡。您要能够严谨地将勤俭节约作为美德，深思远虑。就如同虞人射箭，弩机已经开启，一定要去察验一下箭矢的末端是否符合标准，之后再发射；重视自己的志向，遵行您先辈的作为！如此我满心欢喜，世代对您称赞。"

商王太甲并没有改变自己的恶习。伊尹说："这是你不义，骄纵成性，我不会看轻那些不符合理义的行为。在商汤的墓地附近建造了离宫，让您可以亲近先王，接受他的训导，不要让自己终身迷误。"

商王太甲赶去了桐宫，居住在忧伤之所，反省自己，希望能够具备诚信的美德。

太　甲（中）

【原文】

惟三祀十有二月朔[①]，伊尹以冕服奉嗣王归于亳[②]。

作书曰："民非后[③]，罔克胥匡以生[④]；后非民，罔以辟四方[⑤]。皇天眷佑有商[6]，俾嗣王克终厥德，实万世无疆之休[7]。”

【注释】

①三祀：殷商称年为祀，三祀，指太甲继位的第三年。朔：阴历每月初一。

②冕服：天子所穿戴的礼帽、礼服。奉：进献。

③后：指君主。

④罔克：不能。胥：相，互相。匡：帮助，扶持。

⑤辟：治理。

⑥眷佑：爱护帮助。

⑦休：美，美事。

【译文】

（太甲放逐桐宫的）第三年十二月初一，伊尹带着君王的礼帽礼服，迎接在位的太甲返回亳都，写文章说：“百姓如果没有君主，就不能互相扶持而生存下去，君主没有百姓，则无法统领天下。伟大的天帝牵挂护佑着商朝，让继承王位的您能够成就美德，这着实是世代称颂的好事啊！”

【原文】

王拜手稽首曰：“予小子不明于德，自厎不类[1]。欲败度，纵败礼，以速戾于厥躬[2]。天作孽，犹可违；自作孽，不可逭[3]。既往背师保之训[4]，弗克于厥初[5]，尚赖匡救之德[6]，图惟厥终。”

伊尹拜手稽首曰：“修厥身，允德协于下[7]，惟明后[8]。先王子惠困穷[9]，民服厥命，罔有不悦。并其有邦厥邻，乃曰：‘徯我后[10]，后来无罚[11]。’王懋乃德[12]，视乃厥祖，无时豫怠[13]。奉先思孝，接下思恭。视远惟明，听德惟聪。朕承王之休无斁。”

【注释】

①厎：止，到。不类：不善。类，善。《诗·大雅·瞻印》：“威仪不类。”毛传：“类，善。”

②戾：罪。躬：自身。

③逭（huàn）：逃避。

④师保：古时负责教导贵族子弟的官职，有“师”，有“保”，统称“师保”。此处指伊尹。

⑤弗克：不能。初：谓继位之初。

⑥尚：还，犹。赖：依。

⑦允德：诚心诚意的实德。协：和谐。

⑧明后：英明的君主。

⑨子惠：蔡沈《书集传》：“困穷之民，若已子而惠爱之。惠之若子，则心之爱者诚矣。未有诚而不动者也，故民服其命。”

⑩徯：等待。

⑪后：君主，此指成汤。罚：谓夏桀时刑罚之痛。

⑫懋：勉力，努力。

⑬豫怠：安逸怠惰。

【译文】

太甲跪拜扣头之后说：“我小子不懂得君德，致使自己步入歧途。贪欲败坏了法度，放纵破坏了礼仪，因此给自身招致了罪行。上天降下了大祸还能够避开，自己造成的祸端则无法逃避。过去背离了师保您的教诲，初始时不能自我反省其中的利害，期望能够依赖于您来扶植恩德，为我谋求好的结果。”

伊尹跪拜叩头，说：“修养自己的德行，又使用诚信来让群臣和睦，这就是贤明的君主、先王成汤慈爱穷困潦倒的百姓，因此人民服从他的教导，没有不满心欢喜的。就连他的友邦与邻国都如此说：等待我们的君主吧，我们的君主来了，就没有祸患了。大王要增进你的德行，效法你的先祖，不能有片刻的安逸懈怠。侍奉先人，应当孝顺；接见臣子，应当考虑恭敬。观察远方，眼睛要明亮，顺从有德耳朵要灵敏。如果您做到了这些，我就可以承接王的美德，永没有止境。”

太 甲（下）

【原文】

伊尹申诰于王曰[①]：“呜呼！惟天无亲，克敬惟亲。民罔常怀，怀于有仁。鬼神无常享，享于克诚。天位艰哉[②]！

德惟治，否德乱[③]。与治同道，罔不兴；与乱同事，罔不亡。终始慎厥与，惟明明后。

先王惟时懋敬厥德，克配上帝。今王嗣有令绪[④]，尚监兹哉[⑤]。

若升高，必自下，若陟遐[⑥]，必自迩[⑦]。无轻民事，惟难；无安厥位，惟危[⑧]。慎终于始。有言逆于汝心，必求诸道；有言逊于汝志[⑨]，必求诸非道。呜呼！弗虑胡获？弗为胡成？一人元良[⑩]，万邦以贞[⑪]。君罔以辩言乱旧政[⑫]，臣罔以宠利居成功，邦其永孚于休[⑬]。”

“呜呼！七世之庙[⑭]，可以观德。万夫之长，可以观政[⑮]。后非民罔使，民非后罔事？无自广以狭人[⑯]。匹夫匹妇，不获自尽[⑰]，民主罔与成厥功[⑱]？”

【注释】

①申：重复，一再。

②天位：指上天所赐予的君主之位。

③否德：不实施德政。否：通“不”。德：指德政，其内涵为上文所说的“敬”“仁”“诚”。

④令绪：美好的传统。令：美。绪：统系，世系。犹言传统。

⑤监：通“鉴”，借鉴。

⑥陟：远行，长途跋涉。遐：远。

⑦迩：近。

⑧惟：思，想到。

⑨逊：顺。

⑩元良：大善，大贤。谓德行达到最高程度。

⑪贞：通“正”，谓君主。《尔雅》：“正，长也。”《广雅》：“正，君也。”

⑫旧政：谓先王成汤的理政之法。

⑬孚：信。休：美好。

⑭七世之庙：蔡沈《书集传》：“天子七庙，三昭三穆与太祖之庙七。七庙亲尽则迁，必有德之主，则不祧毁。故曰：‘七世之庙，可以观德。’”

⑮“万夫”二句：蔡沈《书集传》：“天子居万民之上，必政教有以深服乎人，而后万民悦服。故曰：‘万夫之长，可以观政。’”万夫之长，指君主。

⑯自广：自大。狭：小看，轻视。

⑰自尽：自尽其力。

⑱民主：指君主。

【译文】

伊尹反复告诫商王太甲说：“啊！上天不会一成不变地去偏爱某个人，只会去偏爱那些恭敬他的人；百姓不会长久去归顺于某位君主，只会去归顺有德行的君主；鬼神不会一直庇佑某个人，只会去保佑那些心诚的人。上天赏赐的君主之位并不好坐啊！

施行德政，天下得到了治理，不然，就会天下大乱。采用了跟治理天下一样的方法，没有不兴盛的；采用与致使天下大乱一样的方法，没有不灭亡的。从始至终要严谨地处理各种问题，就是十分贤明的君主了。

“先王成汤就是如此致力于修行自己的德行，因此才能遵循上天的旨意。王斌您如今继续享有这份美好的基业，希望能够留意这一点啊！”

“就像是登高，一定要从下面开始；就像是远行，就一定要从近处开始。不要瞧不起百姓的辛劳，要考虑到他们的艰辛；不要安然地待在自己的王位上，要考虑到它的危险。从始至终都要倍加小心啊！

“如果有些话违背了你的心意，必须要能够从符合道义上来判定；如果有些话恰恰迎合了你的心意，必须要从未必符合道义上来判定。

“啊！不去顾虑怎么会拥有收获？不做事怎么能够拥有成就？君王一个人特别优秀，天下四方才能纯正无邪。君王不用花言巧语来破坏先王的旧政，朝臣们不要依靠恩宠利禄来成就自己的功名。只有这样，国家才能长久地保持兴盛的局面。”

咸有一德

【题解】

《书序》中写道：“伊尹作《咸有一德》。”并没有明确说明本篇作于何时。《史记·殷本纪》中写道：“伊尹作《咸有一德》，咎单作《明居》。”由此认为本篇作于成汤灭夏之后。《史记索隐》中写道：“按，《尚书》伊尹作《咸有一德》在太甲时，太史公记之于斯，谓成汤之日，其言又失次序。”司马贞所依据的《咸有一德》的内容，极有可能与我们现在所看到的《古文尚书》中的内容相同，讲的是太甲回到亳都之后，伊尹还政于他。这时候伊尹准备告老还乡，回到自己的私邑，担心太甲旧病复发，便一再劝说其保持纯正的德行。史官对这件事进行了记录，便产生了本篇。因此，司马贞会批判司马迁记叙失序。如本文确为伪造，说明司马迁所见的内容早已遗失。

《古文尚书》中有本篇，《今文尚书》中无此篇。

【原文】

伊尹既复政厥辟①，将告归②，乃陈戒于德③。

曰："呜呼！天难谌④，命靡常⑤。常厥德⑥，保厥位⑦；厥德匪常⑧，九有以亡⑨。夏王弗克庸德⑩，慢神虐民⑪，皇天弗保⑫。监于万方⑬，启迪有命⑭，眷求一德⑮，俾作神主。惟尹躬暨汤，咸有一德，克享天心，受天明命，以有九有之师，爰革夏正。"

【注释】

①既：已经。复政：归还政权。辟：君主。

②告归：告老还乡。

③德：德政。

④难谌（chén）：难以辨明其真实面目。谌：通"愖"，诚信。

⑤命靡常：是说天命并非是一成不变的。靡常：无常。靡：无。

⑥常厥德：一以贯之地来施行德政。常：长久。

⑦保厥位：上天护佑他的王位。保：护佑，保全。

⑧厥德匪常：不能一以贯之地施行德政。匪：非也；习于不正之行为曰匪。

⑨九有以亡：丢失了天下。九有：九州。

⑩夏王：夏桀。弗：不。克：能够。庸德：使用德政。庸：通"用"。

⑪慢神：亵慢神灵。慢：轻忽、轻视、轻慢。虐民：采用残酷的手段来对待天下的黎民百姓。虐：苛酷残暴。

⑫皇天：上天，大天。皇：大。

⑬监：视。万方：泛指天下。

⑭启迪：指的是教化百姓，让其意志得以开化。迪：开导。

⑮眷求：寻求。眷：顾，回视。

【译文】

伊尹将政权归还给他的君王太甲，打算告老回乡，于是陈述了纯一之德，来告诫太甲。

伊尹说："唉！上天是难以审视其真实面目的，天命也并非是一成不变的。经常地实行德政，才能保全您的君位；如果不能经常实行德政，那么天下就会从您的手中失去。夏桀不能长久地实行德政，亵渎了神明，用残酷严苛的手段来对待百姓。因此，皇天不再庇佑他，览尽天下之事，开导享有天命的人，寻找具有纯一之德的明君，让他成为了天下人拥护的贤明君主。只有我伊尹与先帝成汤，都有纯一之德，能够享受天帝之心，能够承受上天的福命，因此才能拥有天下万民的拥戴，于是我们君臣同心，取代了夏朝的统治。"

【原文】

非天私我有商[①]，惟天佑于一德[②]；非商求于下民[③]，惟民归于一德。德惟一[④]，动罔不吉[⑤]；德二三[⑥]，动罔不凶[⑦]。惟吉凶不僭在人[⑧]，惟天降灾祥在德[⑨]。

【注释】

①私：相对于"公"而言，乃是一人所有的东西。这里当偏爱讲。

②佑：辅助，帮助。

③下民：指的是百姓。

④德惟一：纯一之德的人。

⑤动：行为。罔：无。吉：善，利。

⑥二三：指的是不转移。《孔传》中写道："二三，言不以。"

⑦凶：咎，与"吉"相反。

⑧僭（jiàn）：假，蔡沈认为是差的意思。

⑨祥：福，善。德：有德，有德之君。

【译文】

并不是上天偏爱我们国家，而是由于上天只会对那些拥有纯一之德的人提供帮助；并不是商朝求助于天下的百姓，而是天下的百姓只归附那些有纯一之德的人。德行如果纯一，那么行动起来就没有不吉利的；德如果杂乱不纯，那么行动起来就没有不凶险的。是吉利还是凶险不会出现偏差，问题在于人的本身；上天降下灾祸还是吉祥，问题在于德。

【原文】

今嗣王新服厥命①，惟新厥德②。终始惟一③，时乃日新④。任官惟贤材⑤，左右惟其人⑥。臣为上为德⑦，为下为民⑧。其难其慎⑨，惟和惟一⑩。德无常师⑪，主善为师⑫。善无常主，协于克一⑬。俾万姓咸曰‘大哉王言’⑭。又曰‘一哉王心’。克绥先王之禄⑮，永厎烝民之生。

【注释】

①新服：初服。是说太甲第一次接受他的教化。新：初，凡开始皆曰新。厥：其。命：天命，指的是恢复继承王位的大事。

②惟：思，谋。

③惟一：专一。终始惟一：这里指的是始终有常，没有间断。

④时：是。

⑤任：用。贤：多才也，有善行也。

⑥左右：辅翼之义。与“佐佑”同。

⑦为上：助上。为：助。为德：施行德政。为：作，造。

⑧为下：治理百姓。为：治。为民：指的是为民请命。为：为命。

⑨其难其慎：说的是当君王的不易，要注意留意各种细节小事，也就是谨小慎微的意思。

⑩惟和惟一：指的是构筑社会和谐，全心全意地谋求发展。和：顺，和谐，不刚不柔。

⑪德无常师：施行德政，没有不懂变通的老师。常：长久，恒。师：老师。这里指的是法则的意思。

⑫主善为师：主张善道，“有猷有为有守”者，皆可尊为老师。主：意旨所向曰主。如主张、主意。

⑬协于克一：协调各诸侯国，一心一意地为百姓造福。协：合，和。

⑭俾：使。万姓：指的是百姓。咸：全部，都，皆。大哉王言：君言伟大，天子有宏图大略。王：君也，主也，天下归往谓之王，三代时，惟有天下者称王。

⑮克：能。绥：安也。《诗》“福履绥之”。禄：福也，善也。

【译文】

现在大王您承接上天赐给的天命的时间并不长，应该不断更新自己的德行；始终如一，这样您的德行才能长期得以保持更新。任用有贤德和才能的人担任官职，左右辅佐的大臣更是要选择忠良之人。做臣子的要帮助君主实行德政，治理属官，让其可以帮助百姓。这在选择上是十分困难的，要谨小慎微，要构筑社会和谐，全心全意地谋求发展。施行德政，不存在一成不变的法则，关键在于能够拥有纯正之德。让天下老百姓都说‘伟大啊，我们君王的话！’又称‘我们的国君有赤子之心’。只有做好了这些，才能够保有先王传承下来的福禄，才能够长久地稳定天下万民的生计。

【原文】

呜呼！七世之庙[①]，可以观德[②]；万夫之长[③]，可以观政[④]。后非民罔使[⑤]，民非后罔事[⑥]。无自广以狭人[⑦]，匹夫匹妇不获自尽[⑧]，民主罔与成厥功[⑨]。

【注释】

①七世之庙：天子的宗庙。古代的天子祭祀其先人的地方称为宗庙。宗：是祖宗的意思。《孔传》中写道：“天子立七庙，有德之王则我祖宗，其庙不毁，故可观德。”

②观德：观察德业。德：指君德。业：指祖业，即祖宗的功业。

③万夫之长：万人以上的首领。

④观政：观德政。德政：善政，仁政。《孔传》中认为："能整齐万夫，其政可知。"蔡沈认为："天子居万民之上，必政教有以深服乎人，而后万民悦服，故曰：万夫之长，可以观政。"

⑤后：君王。罔：无。使：令，让。

⑥事：侍奉。

⑦无：勿。自广：指的是自高自大。

⑧匹夫匹妇：普通的男女百姓。《论语》"岂若匹夫匹妇之为谅也"。不获：不劳而获。自尽：自毕其命，犹言自暴自弃。谓自剿绝其道德上之地位，使至不可收拾也。《孟子》"自爆者不可与有言也，自弃者不可与有为也"。

⑨民主：指的是天子、君王。罔：无。与：帮助。

【译文】

啊！能够保持供奉七世祖宗的宗庙，就能够看出功德；从居天下、掌管百姓的天子那里，就能够了解到他的德教情况。君王没有百姓就没有人可以驱使，百姓没有君王就无处发挥自己的能力。不要自高自大看轻百姓，普通的百姓如果不竭心尽力，也就没有人来帮助万民之上的君主成就自己的功业了。

盘 庚（上）

【题解】

盘庚，乃商王之名，是商汤的第十世孙。《书序》中写道："盘庚五迁，将治亳殷，民咨胥怨。作《盘庚》三篇。"可以看出本篇重点讲述的是"盘庚迁都"的事情。

在周人看来，盘庚最大的贡献就是迁都，挽救了商王朝。《史记·殷本纪》中记载称：“帝盘庚之时，殷已都河北，盘庚渡河南，复居成汤之故居，乃五迁，无定处。殷民咨胥怨，不欲徙。……乃遂涉河南，治亳，行汤之政，然后百姓由宁，殷道复兴。”可见，《盘庚》主要应当是记载的周人灭商之后，为了安抚和绥靖被迁的殷民所制作的一篇迄今所见过的中国古代最早、最长的历史文献。

《盘庚》共分为上、中、下三篇，主要记录了盘庚在迁都时对臣民的三次讲话。关于三篇的次序，说法各异。通常认为有所颠倒，可能是错简所导致，亦有学者认为并未颠倒。本篇是研究殷商时期政治状况的重要文献，但是由于时代久远，十分诘屈聱牙，晦涩难懂。

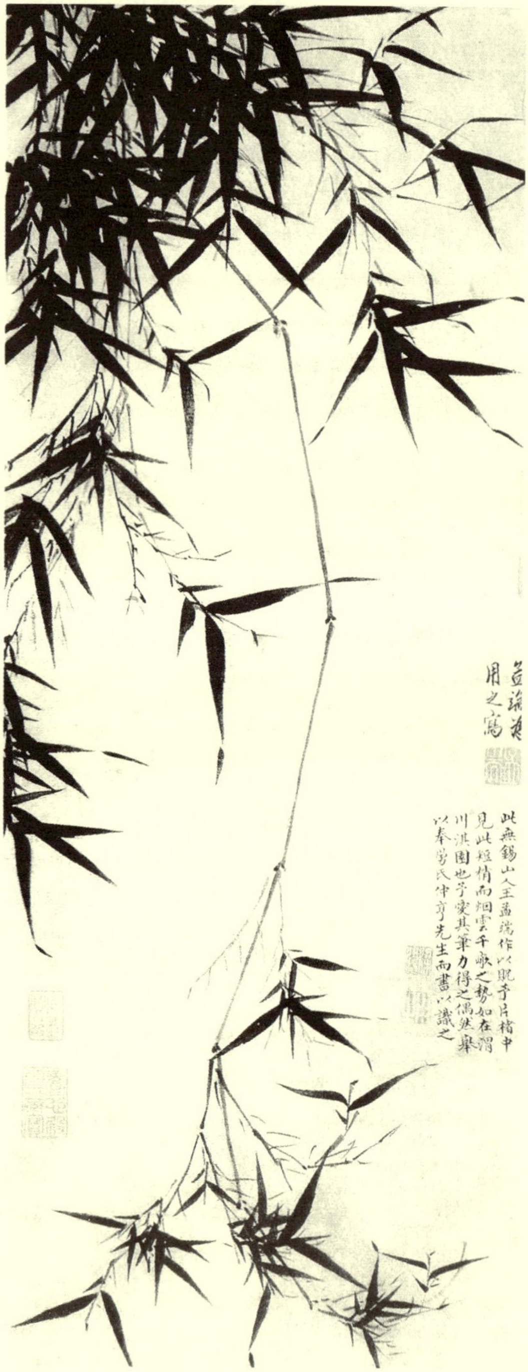

【原文】

盘庚迁于殷[1]，民不适有居[2]。率吁众戚出矢言。曰：“我王来，即爰宅于兹[3]，重我民，无尽刘[4]。不能胥匡以生[5]，卜稽曰其如台[6]？先王有服，恪谨天命，兹犹不常宁；不常厥邑[7]，于今五邦。今不承于古，罔知天之断命[8]，矧曰其克从先王之烈[9]？若颠木之有由蘖[10]，天其永我命于兹新邑，绍复先王之大业，底绥四方。”

【注释】

①殷：地名，现位于河南安阳小屯殷墟。

②适：满足。有：语气助词。居：都。

③爰（yuán）：助词，并无实际意义。宅：居住。兹：此，这里指殷。

④刘：杀害，这里引申为死。

⑤胥：相互。匡：救助的意思。

⑥卜：占卜。稽：考、问。其如台（yí）：那又如何，将如何。

⑦不常厥邑：此乃倒装句，即“厥邑不常”。邑：国都。

⑧罔知天之断命：杨树达的《积微居小学金石论丛》中提到：“罔只者，古人成语，犹今人言‘不保’、‘难保’。此文意义今不承于古，则不保天之将断绝其命。”

⑨矧（shěn）：何况。烈：光，这里指的是先王的功业。

⑩颠：仆倒，自己向前跌倒。由蘖（niè）：砍伐的数目重新生长出来再萌芽。由：是指枯木再次生长出新芽。蘖：指的是伐木砍断的地方再次萌芽。

【译文】

盘庚将都城迁到殷地之后，臣民们并不喜欢这个地方。于是他将众位贵戚大臣召集过来，让他们将誓言传达给民众知晓，说：“我们的君主来到这个地方，让大家安心居住在这样一个好地方，都是对你们的重视，不让你们死在旧都。如果大家不能互相救助以求生存，就按照占卜的说法去做，结果又会如何呢？先王有老规矩，就是恭顺地遵循天命，却不能长期安定；不能长期居住在一个地方，建国以来已经迁都五次。现在如果不按照先王的前例，那就难保上天会断绝我们的天命，如何谈得上继续先王的功业呢！就像是砍断的树木重新发出嫩芽一样，老天让我们迁到新都，是为了让我们可以长期生活在这里，从这里开始复兴先王的伟业，将天下安定下来。”

【原文】

盘庚敩于民由乃在位①，以常旧服正法度②。曰：“无或敢伏小人之攸箴③！”王命众，悉至于庭④。

【注释】

①敩（xiào）：觉察到。在位：指的是贵戚大臣。

②旧服：旧的制服。正：整顿。

③无：毋，不要。或：有。伏：隐匿。小人：指的是平民。攸：所。箴：规诫。

④众：众多的官员。悉：全部，都。庭：中廷。

【译文】

盘庚觉察到了百姓的厌烦情绪都是因为官员的煽动而引发的，因此决定用旧的法制去整顿法度，就对贵戚大臣说：“谁也不能对我规诫百姓的话有所隐瞒！”之后又命令众位官员全部都到朝廷上来。

【原文】

王若曰①：“格汝众，予告汝训汝，猷黜乃心②，无傲从康③。

“古我先王亦惟图任旧人共政④。王播告之，修不匿厥指⑤。王用丕钦；罔有逸言，民用丕变。今汝聒聒⑥，起信险肤⑦，予弗知乃所讼！

“非予自荒兹德，惟汝含德，不惕予一人。予若观火⑧，予亦拙谋作乃逸。”

【注释】

①王若曰：王如此说。这种句式是殷周史臣记载王讲话的时候会用到的开头用语。

②猷（yóu）：通“由”，用，以。乃：你们的。

③从：通“纵”，放纵。康：安逸。

④图：考虑。旧人：世袭做官的贵戚。

⑤修：通“攸”，用，因此。匿：爽忒，差失。厥：代指先王。指：通“旨”。

⑥聒聒（kuò）：自以为是，不听正确意见。

⑦起：造，兴。信：通“伸”，申说。肤：古“胪”字，传。

⑧观火：热火。观：通“爟”，热的意思。

【译文】

王如此说：“来吧，诸位，我要告诉你们，我要警戒你们，应当废除自己的私心；不要太过狂妄自大，放纵享乐。

“从前先王总是会考虑任用世袭的贵戚，让他们一同参与政务的处理。先王向他们宣告政令的时候，他们绝对不敢曲解或者变更先王的指令，因此先王也很器重他们。他们从来没有蛊惑百姓的谬论，所以百姓能够令出禁止。如今你们自以为是，编造了诸多邪恶的话加以传播，我真不懂你们在闹什么！”

【原文】

若网在纲[1]，有条而不紊。若农服田力穑[2]，乃亦有秋。汝克黜乃心，施实德于民，至于婚友，丕乃敢大言[3]，汝有积德。乃不畏戎毒于远迩[4]，惰农自安，不昏作劳[5]，不服田亩，越其罔有黍稷[6]。

【注释】

①纲：网的大绳。《说文》中云：“维纮绳也。”

②服田：在田地里劳作。服：从事。力穑（sè）：勤于农事。穑：农业生产。

③丕乃：于是。

④乃：如果。戎：大。毒：害。迩：近。

⑤昏：勤奋。

⑥越：于是。其：将。罔：没有，无。黍稷：原是粮食的一种，这里代指农作物。

【译文】

就如同网结在绳子上，才能够做到有条不紊。就像是农民辛勤地从事农事，才能获取丰收。你们如果能够将自己的私心摒除，将真实的德政给予百

姓，并惠泽你们的亲戚好友，那么你们才能够放胆直言说，你们是积了德的。如果你们不担心远近的百姓因为你们而受到连累，贪图一时的安逸而懒于耕种，不愿意辛勤劳作，不愿意努力做劳苦的工作，那么就不要指望丰收了。

【原文】

汝不和吉言于百姓①，惟汝自生毒②，乃败祸奸宄③，以自灾于厥身。乃既先恶于民，乃奉其恫④，汝悔身何及！相时憸民⑤，犹胥顾于箴言，其发有逸口⑥；矧予制乃短长之命⑦！汝曷弗告朕而胥动以浮言⑧，恐沈于众⑨？若火之燎于原，不可向迩⑩，其犹可扑灭。则惟汝众自作弗靖，非予有咎！

【注释】

①和：宣布。百姓：百官。

②自生毒：相当于“自作孽”的意思。

③败祸：灾祸，灾难。奸宄（guǐ）：恶行。

④奉：承受。恫（tōng）：痛苦，悲伤。

⑤相：看。时：通“是”，这。憸（xiān）：小。

⑥逸口：说错话。逸：过错。

⑦矧（shěn）：况且。制：掌握，掌控。短长之命：生死知名。

⑧曷弗：何不。

⑨恐沈：恐吓。

⑩向迩：接近，靠近。

【译文】

你们不将我的良言告知百姓，这是你们在自作孽，招致祸患恶行，以至于自取灾祸，殃及自身。你们带头率领民众做坏事，自然应该让你们自己去承受痛苦，你们后悔懊恼也来不及了！看那些小民还懂得听从告诫的话，担心祸从口出；我又掌握着你们的生杀大权。你们有什么话为什么不先来告诉我，却敢散播谣言、妖言惑众。要知道，就算你们说的话可以像野火一样蔓延，让人们无法接近我，但是我最终还是会将其扑灭，到那时候，就是你们咎由自取，不要怪我错怪你们。

【原文】

迟任有言曰[1]："人惟求旧[2]；器非求旧，惟新。"古我先王暨乃祖乃父胥及逸勤[3]，予敢动用非罚[4]？世选尔劳[5]，予不掩尔善。兹予大享于先王，尔祖其从与享之。作福作灾，予亦不敢动用非德[6]。

【注释】

①迟任：传说是古代的贤人。

②旧：旧臣，世代为官的贵族。

③暨：和，与。乃：你们的，你的。胥及逸勤：指当时君臣同心促成迁徙事宜。逸：通"肄"，劳。

④动：动辄。非罚：没有罪过却妄加处罚。

⑤选：继。劳：劳苦。

⑥非德：不符合法度的赏赐或者处罚。

【译文】

古时的贤人迟任曾经说："用人应当选用旧臣；不能像使用器具那样，不要旧的，只要新的。"从前先王与你们的祖先上下一心共同促成迁徙事宜，我怎么敢轻易对你们妄加处罚呢？你们如果能够世代继承先辈的勤劳，我绝对不会掩盖你们的优点。如今我声势浩大地祭祀先王，你们的祖先也一同接受祭礼。你们为善为恶都交由先王与你们的祖先来处理，我不敢妄加赏罚。

【原文】

予告汝于难[1]，若射之有志[2]。汝无侮老成人[3]，无弱孤有幼[4]。各长于厥居[5]。勉出乃力，听予一人之作猷[6]。无有远迩，用罪伐厥死[7]，用德彰厥善。邦之臧，惟汝众；邦之不臧，惟予一人有佚罚[8]。凡尔众，其惟致告：自今至于后日，各恭尔事，齐乃位，度乃口。罚及尔身，弗可悔。

【注释】

①于：以。

②志：古时练习射箭时所使用的骨矢。

③侮：欺负侮辱。老成人：指的是年纪大的德高望重的贤人。

④弱孤：这里为动词，是欺凌，轻视的意思。有幼：即“幼”。

⑤长：统帅。

⑥猷（yóu）：计划，谋划。

⑦伐：惩处。厥死：他的死罪。

⑧佚罚：履行刑法有所疏漏偏失。

【译文】

我告诉你们，处理事情并不容易，就像是射箭一般，要先练习射箭所使用的骨矢，你们不准轻视欺负贤德之人，也不能欺凌弱小，应当统率所属，努力出力，听取我的打算。不管亲疏远近，我都会同等对待：用刑法来处置罪行，用爵赏来赞扬善行。国家兴亡，都是因为大家的功劳；要是不好，只是因为我在行使刑罚的时候有所疏漏偏失。你们所有人，都要将我的话广泛地传播出去；从今之后，各自在自己的岗位上勤于公务，整饬政治，慎言慎行。如果办不到，就等着惩罚的到来，到时候后悔就来不及了。

盘 庚（中）

【原文】

盘庚作[1]，惟涉河以民迁[2]，乃话民之弗率[3]，诞告用亶[4]。其有众咸造[5]，勿亵在王庭[6]。

【注释】

①作：兴起，登位。

②惟：打算，谋划。涉：渡。盘庚从奄迁都到殷，需要渡过黄河。

③话：告知。率：遵循。

④诞：语首助词，并无意义。亶（dǎn）：诚实。

⑤其：那些。有众：指那些违命不愿意迁都的人。造：至。

⑥亵（xiè）：轻慢，轻待。

【译文】

盘庚登上帝位之后，决定渡过黄河，带领民众迁徙过去。于是，将那些反对迁都的人召集过来，打算耐心规劝他们。这些人来到王庭，恭敬地等着。

【原文】

盘庚乃登进厥民[①]，曰："明听朕言[②]，无荒失朕命[③]！呜呼！古我前后罔不惟民之承保[④]。后胥戚鲜[⑤]，以不浮于天时。殷降大虐[⑥]，先王不怀厥攸作[⑦]，视民利用迁。汝曷弗念我古后之闻[⑧]？承汝俾汝惟喜康共[⑨]；非汝有咎，比于罚。予若吁怀兹新邑[⑩]，亦惟汝故，以丕从厥志。

【注释】

①登进：走上前，升近。

②明：通"勉"，努力，尽力。

③荒失：轻视，忽视，不重视。荒：忘记。失：通"佚"，轻视的意思。

④前后：先王。承保：保护，拯救。承：应。

⑤后：厚。胥：相。戚：惠。鲜：善。

⑥殷：通"慇"，痛。大虐：大的灾害。旧注多认为是水患，也有说是政治、军事危机。

⑦怀：留恋。厥：其。攸：所。作：为，这里指的是建造建筑。

⑧曷：如何。古后：指的是先王。闻：勤勉，勤恳。

⑨康：安定，安乐。共：巩固。

⑩若：句中助词，没有意义。吁：呼喊，叫唤。新邑：新的殷邑，在如今的河南安阳地区。

【译文】

盘庚于是将他们召到自己的跟前，说道："你们认真听我讲话，不要忽视我的命令。哎呀！过去我们的先王没有一个是不顾全百姓的，先王那般关心民众，因此能够不违背天时。每当上天降下灾祸，先王从来不留恋他们亲手建造的宗庙都邑，总是能够根据百姓的利益来迁都。你们为何不去考虑一下先王这种勤勉呢？我也是为了保护众人的利益，让百姓可以过得更好，并不是像处罚罪人那样来对待你们！我之所以倡导大家到新的都城去，也正是由于考虑了你们的利益，是为了服从于满足大家普遍的心愿。

【原文】

今予将试以汝迁，安定厥邦。汝不忧朕心之攸困①，乃咸大不宣②，乃心钦，念以忱动予一人③。尔惟自鞠自苦④，若乘舟，汝弗济，臭厥载⑤。尔忱不属，惟胥以沈⑥。不其或稽⑦，自怒曷瘳⑧？汝不谋长，以思乃灾，汝诞劝忧。今其有今罔后，汝何生在上？

【注释】

①攸：所。

②宣：明白。

③念：思念。忱：忧惧。

④惟：只。鞠：穷困。

⑤臭：腐朽。载：指旅行所乘坐的工具。这里指的是船。

⑥胥："通"，都。

⑦不其或稽：一点也没有顾虑到。

⑧瘳（chōu）：病好了，可引申为好处。

【译文】

现在我将你们迁过去，让国家安定。但是由于你们不体恤我的苦衷，却反而更加糊涂地惊慌起来，打算用你们的私心来转变我的决定。你们这是在自己走向穷困，自取烦恼。就像是在乘船，你们坐上去之后就一动不动，就只等着船慢慢腐朽。如果这样，不仅你们自己将会被淹死，我们也会因此而一同丧命。你们根本就没有顾虑到这一点，只是一味地抱怨，能够得到什么好处呢？你们不做长远的打算，不去考虑一下不迁都可能会带来的灾害，简直是在制造麻烦。你们只想着得过且过，却不去考虑明天要怎么办，上天怎么会给你们留下生存的活路呢？

【原文】

今予命汝，一无起秽以自臭[①]，恐人倚乃身[②]，迂乃心。予迓续乃命于天[③]，予岂汝威[④]，用奉畜汝众。

予念我先神后之劳尔先[⑤]，予丕克羞尔[⑥]，用怀尔。然！失于政，陈于兹，高后丕乃崇降罪疾[⑦]，曰："曷虐朕民？"汝万民乃不生生[⑧]，暨予一人猷同心[⑨]，先后丕降与汝罪疾，曰："曷不暨朕幼孙有比，故有爽德？"自上其罚汝，汝罔能迪。

【注释】

①一：都。无：不要。秽：脏东西。臭：嗅。

②倚：同"掎"，偏邪。

③迓（yà）：迎接。

④汝威：宾语前置，也就是"威汝"。威：威胁。

⑤先神后：先后、先王。神：是美称。劳：动。

⑥丕：大。克：能够。羞：进献食物。这里可以理解为养。

⑦高后：先王。丕乃：于是。丕：语气词，并无实际意义。乃：如果。

崇：重。

⑧生生：竭心尽力搞好谋生之事。前一个“生”用作动词，后一个“生”乃是名词。

⑨暨：与。猷（yóu）：有。

【译文】

现在我要告知你们，一点谣言也不可散布，自寻麻烦，将自己的声名搞臭，避免恶人侵袭你们，让你们的身心受到污染。我是将你们的生命从上天那里承接过来，怎么会是在用权威来胁迫你们呢？我所做的不过是为了能够帮助、养育你们。

我想到我们的先王曾经劳烦过你们的祖先，我应当好好养育你们，时刻惦记你们，应当是这样的！但是由于没有处理好政务，到如今还住在灾害频出的地方，先王因此降下祸端来惩罚我们，责备道：“你为什么要如此虐待我的百姓？”如果是你们都不愿意去追求美好的生活，跟我上下一心，先王也将会重重地降下灾害来惩罚你们，责备说：“你们为何不跟我的幼孙同心同德，要对他存有异心呢？”因此你们一旦出了差错，上天也绝对不会宽恕你们，你们根本无法逃避。

【原文】

古我先后既劳乃祖乃父，汝共作我畜民。汝有戕则在乃心①，我先后绥乃祖乃父②；乃祖乃父乃断弃汝，不救乃死！兹予有乱政同位③，具乃贝玉④，乃祖乃父丕乃告我高后曰⑤：“作丕刑于朕孙⑥！”迪高后丕乃崇降弗祥⑦。

【注释】

①戕（qiāng）：毁伤。则：通“贼”，祸害。

②绥：停止。

③乱政：扰乱朝政之人。同位：在位。

④具：具备，供置。乃：助词，并无实际意义。贝玉：泛指钱财。商朝多用贝壳来作为货币。

⑤高后：辈分较高的先王。

⑥丕刑：大刑。朕孙：这里指的是盘庚。

⑦迪：句首助词，并无实际意义。丕乃：于是。弗祥：不长，也就是灭顶之灾的意思。

【译文】

从前，我的先王曾经劳烦过你们的祖先，你们当然都应当是所蓄养下的臣民。如果你们心存恶念，我的先王必定会撤销对你们祖先在天上所供奉的职位，你们的祖先也必定会因此而舍弃你们，不去理会你们的死活。如今你们在朝中当官的人有祸乱朝政的人，只知道贪图钱财，你们的祖先因此才会竭力请求先王说："快对我的子孙使用刑法吧！"因此先王才会降下灾祸，让你们无法长期居住在这里。

【原文】

呜呼！今予告汝不易[1]！永敬大恤[2]，无胥绝远[3]！汝分猷念以相从[4]，各设中于乃心！乃有不吉不迪，颠越不恭[5]，暂遇奸宄[6]，我乃劓殄灭之[7]，无遗育[8]，无俾易种于兹新邑。

往哉！生生[9]！今予将试以汝迁，永建乃家。"

【注释】

①不易：迁都的计划不会更改。

②敬：重视。恤：担忧。

③无：不要。绝远：很远，可引申为疏远。

④分（fèn）：本分，应该如此的意思。猷念：心中的想法、打算。

⑤颠越：高低、横竖。颠：从上到下下坠。越：从上越过。

⑥暂：通"渐"，欺诈。遇：通"愚"，奸邪。

⑦劓（yì）：割除。

⑧育（zhòu）：古代帝王与贵族的后裔。

⑨生生：自营其生。

【译文】

啊呀，如今我告诉你们迁都的计划是绝对不会变更的！你们对我所烦忧的事情应当给予谅解，不能够疏远我。你们应该将自己的心态摆正，跟我同心协力！如果有奸人高低不愿意听命，欺诈奸邪，为非作歹，我就将他杀掉，不留后患，不让他们继续危害新都。

去吧，好好生存，如今我准备将你们迁徙过去，建立你们永久的家园。

盘　庚（下）

【原文】

盘庚既迁，奠厥攸居，乃正厥位[①]。

绥爰有众[②]，曰："无戏怠，懋建大命[③]！今予其敷心腹肾肠[④]，历告尔百姓于朕志。罔罪尔众，尔无共怒，协比谗言予一人[⑤]。

【注释】

①正：辨正（宗庙的方位）。

②绥：高。爰：于。有众：众人。

③懋（mào）：勉。

④其敷心腹肾肠：相当于今天所说的"掏心窝子"，也就是坦诚讲话。敷：公布。

⑤比：勾结在一起。

【译文】

盘庚已经迁到新都之后，安排臣民的居所，勘察好宗庙宫室。

而后告诫众官员说："不要贪图玩乐、懈怠公务，要努力继承天命，重新建立家园！现在我坦诚地跟你们说心里话，在我心中，已经不再怪罪你们了，你们也不要总是抓着以前的怨怒，勾搭起来诽谤我。

【原文】

"古我先王将多于前功，适于山用降我凶，德嘉绩于朕邦[①]。

“今我民用荡析离居[2]，罔有定极，尔谓朕：‘曷震动万民以迁？’肆上帝将复我高祖之德[3]，乱越我家。朕及笃敬恭承民命[4]，用永地于新邑。

【注释】

①德：当作“循”，遵循。

②用：则。荡析：动荡离析。

③肆上帝：相当于“老天爷”。肆：助词。高祖：与上文的“高后”一样，都是指辈分较高的先王。德：德业。

④笃：厚。承：“拯”，拯救。

【译文】

“过去我们先王要弘扬壮大先人的功业，搬到了高地去躲避灾祸，在都邑中遵循维持着过去的功业。

“最近我的臣民却在被洪水所困扰，仿佛没有穷尽。你们反而询问我说：‘为何要惊动百姓大举迁都呢？’这是由于上天要恢复祖宗的德业到了我们这一代，我真诚地奉行着上天的命令来救赎百姓，这样才能长期稳定地居住在新的都邑之中。

【原文】

“呜呼！邦伯、师长、百执事之人[1]，尚皆隐哉[2]！予其懋简相尔，念敬我众。朕不肩好货，敢恭生生。鞠人谋人之保居叙钦[3]。今我既羞告尔[4]，于朕志若否，罔有弗钦！无总于货宝，生生自庸。式敷民德[5]，永肩一心。”

【注释】

①邦伯：也叫方伯，指四方诸侯。师长：掌管武官之人。百执事之人：朝廷中的各个官吏。

②尚：心中所期望的。隐（yìn）：依靠占卜的灵验。

③鞠：养。叙钦：进用。

④羞告：告。

⑤式：语助词，并无实际意义。敷：散播。

【译文】

“哎呀，各国的诸侯、军事长官以及朝廷中的各位官员们，希望你们能够根据占卜来处理事情！我将会认真考核你们，观察一下你们中谁能够重视、照顾百姓。我不屑于那些聚敛财富、一心致力于自己事业的行为，只会尊重、任用那些养育百姓并为百姓谋划安居之所的人。如今我已经将这些告知你们，对我的想法，不管你们是否同意，都不得不遵从。你们不要聚敛财富，致力于增加自己的资产，要让老百姓得到实惠，永远保持着一颗纯洁之心。”

说　命（上）

【题解】

本篇属《古文尚书》，《今文尚书》中并无此篇。

《史记·殷本纪》中记载称：“帝武丁即位，思复兴殷，而未得其佐。三年不言，政事决定于冢宰，以观国风。武丁夜梦得圣人，名曰说。以梦所见视群臣百吏。皆非也。于是乃使百官营求之野，得说于傅险中。是时说为胥靡，筑于傅险。见于武丁，武丁曰是也。得而与之语，果圣人，举以为相，殷国大治。故遂以傅险姓之，号曰傅说。”

在《书序》中写道：“高宗梦得说，使百工营求诸野，得诸傅岩，作

《说命》三篇。"

本篇主要是武丁任命傅说为相的命词，同时也记录了傅说对武丁的劝谏，要求武丁要遵循天道，以旧法来治理国家，任用贤人为官等。

【原文】

王宅忧[①]，亮阴三祀[②]。既免丧[③]，其惟弗言。群臣咸谏于王曰："呜呼！知之曰明哲，明哲实作则[④]。天子惟君万邦[⑤]，百官承式[⑥]，王言惟作命，不言，臣下罔攸禀令[⑦]。"

王庸作书以诰曰[⑧]："以台正于四方[⑨]，台恐德弗类[⑩]，兹故弗言。恭默思道[⑪]，梦帝赉予良弼，其代予言。"乃审厥象[⑫]，俾以形旁求于天下[⑬]。说筑傅岩之野[⑭]，惟肖。爰立作相。王置诸其左右[⑮]。

【注释】

①王：这里指的是商王武丁。宅：居、守。宅忧：守父母之丧。在《史记·殷本纪》中记载称："帝小乙崩，子帝武丁立。"武丁居忧，后世认为是为了给小乙守丧之礼，不过守丧之礼在商朝是否存在，还存疑。

②亮阴：指的是三年不料理朝政。

③免丧：按照周朝的制度，父亲去世之后，儿子要守丧三年，期满可免除守孝之礼，称为免丧。

④明哲：明智。则：法则。

⑤君：统治。万邦：天下。

⑥承：遵从，奉行。式：法令。

⑦秉：秉受。令：通"命"，在《孔传》中曾经提及："令亦命也。"

⑧庸：用。

⑨台：代词，是武丁的自称。正：表正。

⑩类：善。《孔传》中解释称："类，善也。"

⑪恭：恭敬。默：安静，幽静。道：这里指的是治理国家的方法。

⑫审：详细。象：形象。

⑬俾：让，使。旁求：四处寻求，广求。

⑭说：任命，这就是傅说。筑：搅拌泥土让其变得坚硬结实。

⑮诸：在于。蔡沈在《书集传》中写道：“置诸左右，以冢宰兼师保也。”

【译文】

殷高宗武丁为其父小乙守丧，三年不料理朝政。直到守丧期满，依然没有亲理朝政，百官都向殷王武丁劝谏说：“啊！明白事理可以称为明智，明智就要能够制定法则。君主管理国家，百官奉行法令。君主的话就是命令，君主要是不说话，那么臣子就无法实行命令了。”

于是殷王武丁写了文章告诫臣子们说：“将我作为国家的楷模，担心我的德行尚未够上善的标准，因此我不说话，恭敬地静静地思索治理国家的方法。梦到上天赐予我贤臣良将，他将代替我讲话。”因此详细地阐述了贤臣的模样，派人按照画像到全国各地广泛地寻找。傅说在傅岩之野建筑城墙，特别像武丁梦中出现的贤臣。所以就推荐他做了宰相，殷王武丁将他放在了自己的身旁辅佐自己。

【原文】

命之曰[①]：“朝夕纳诲[②]，以辅台德[③]。若金[④]，用汝作砺；若济巨川[⑤]，用汝作舟楫；若岁大旱，用汝作霖雨[⑥]。启乃心[⑦]，沃朕心[⑧]，若药弗瞑眩[⑨]，厥疾弗瘳；若跣弗视地[⑩]，厥足用伤。惟暨乃僚，罔不同心以匡乃辟[⑪]。俾率先王[⑫]，迪我高后[⑬]，以康兆民。”

“呜呼！钦予时命，其惟有终。”

说复于王曰：“惟木从绳则正，后从谏则圣[⑭]。后克圣，臣不命其承，畴敢不祗若王之休命[⑮]？”

【注释】

①命之曰：蔡沈在《书集传》中解释说：“《说命》，记高宗命傅说之言，‘命之曰’以下是也，犹《蔡仲之命》《微子之命》。后世命官判词，其原盖出于此。”

②纳诲：进谏劝告的话。朝夕纳诲：指的是随时随刻都在采纳良言。

③台：人称代词，武丁的自称。

④若：例如，好像。金：古时多将铜认为是金，商朝时还没有出现人工冶铁，而铸造的大多是青铜器。

⑤济：渡过。

⑥霖：指的是持续下了多天不停的雨。在《孔传》中有记录称："霖，三日雨，霖以救旱。"

⑦启：开，敞开。乃：你的，指的是傅说。

⑧沃：蔡沈在《书集传》中写道："灌溉也。"

⑨瞑眩：眼花。

⑩跣（xiǎn）：光着脚。

⑪匡：匡正。辟：君王。

⑫俾：让，使。率：遵循。

⑬后：指的是成汤

⑭圣：圣明。

⑮休：美，好。

【译文】

武丁下令给傅说说："随时随刻都要进谏良言，辅佐我施行德政！就像是铜，你就相当于磨石；就像是渡过大河，你就相当于船和桨；就像是大旱之年，你要能够成为甘霖。敞开你的心怀，浇灌我的心田！如若吃了药没有头晕眼花的情况，那么这个病可能就治不好了；如若光着脚走路不看路面，那么脚就可能会受伤。跟你的下属官员一同，没有不同心同德来匡扶你的君主的错误，让君主能够遵循先王的教诲，顺着高祖成汤走过的道路，来安抚亿万百姓。”

“啊！谨慎恭敬地奉行我下达的命令，希望能够取得一些成效！”

傅说回答殷王武丁说：“木材用墨线来过就能变得正直，君王采纳谏言就是贤明。君主能够贤明，臣子不用奉行君主下达的命令承接心意而进谏，谁敢不恭敬地奉行君王正确的命令呢？”

说　命（中）

【题解】

惟说命总百官[①]，乃进于王曰[②]：“呜呼！明王奉若天道[③]，建邦设都[④]，树后王君公[⑤]，承以大夫师长[⑥]，不惟逸豫[⑦]，惟以乱民。惟天聪明，惟圣时宪[⑧]，惟臣钦若[⑨]，惟民从乂。惟口起羞[⑩]，惟甲胄起戎[⑪]，惟衣裳在笥[⑫]，惟干戈省厥躬。王惟戒兹，允兹克明[⑬]，乃罔不休。”

【注释】

①说：傅说。命：接受命令。总：统领。

②进：进言，劝谏。王：指的是商王武丁。

③明：贤明，明智。奉：奉承。若：顺应。天道：天子的大道。

④建邦设都：建立国家，设立都城。

⑤树：里。后王：指的是国君。君公：指的是诸侯。

⑥承：辅佐。大夫：卿大夫。师：众。师长：众官员。

⑦惟：只。逸豫：安逸享乐。

⑧圣：指的是君王，这里特指商王武丁。

⑨钦：敬。若：顺。

⑩口：言语政令之所出。本句的意思是王要谨言慎行，不可胡乱号令天下。

⑪甲胄（zhòu）：铠甲头盔。戎：用兵打仗。

⑫衣裳：这里指的是官服，代指任用、奖赏官员。笥（sì）：装衣服用到的方形的竹具。

⑬兹：这，此，指的是上文所说的口、甲胄、以上、干戈四个方面。

【译文】

傅说接受任命统领百官，于是向商王武丁进谏说："啊！圣明的君主要顺应天道，建立国家，设立都城，确立君主，分封诸侯，又任命辅佐自己的大夫师长，不只图安逸享乐，而是谋求如何管理百姓。只有上天聪慧，贤明的君主可以借此效法，臣子要恭敬顺从，百姓要服从统治。不能胡乱发布号令，因为言语不慎极可能会招致麻烦；不能轻易动用武力，不然会导致战乱；官服要放在竹箱之中，不能随意交给他人，不然会有人玩忽职守；干戈是讨伐有罪的兵刃，在使用的时候自己要调查清楚。君主从上面所讲的四个方面多加留心，要知道上面这些话都是慧言，也就没有什么不好的了。"

【原文】

"惟治乱在庶官①。官不及私昵，惟其能②；爵罔及恶德③，惟其贤。虑善以动④，动惟厥时。有其善⑤，丧厥善；矜其能⑥，丧厥功。惟事事⑦，乃其有备，有备无患。无启宠纳侮，无耻过作非⑧。惟厥攸居，政事惟醇。

"黩于祭祀⑨，时谓弗钦。礼烦则乱，事神则难⑩。"

【注释】

①治：管理，整顿，治理。乱：混乱。庶：众。

②及：摄入，加入。昵：亲切，亲近。能：蔡沈称"官以任事，故曰能"。

③爵：爵位。恶：凶恶。贤：蔡沈说"爵以命德，故曰贤"。

④虑：考虑。善：理。

⑤有：自有。

⑥矜：自夸。《孔疏》中云："自夸岂能，则人不以为能，故实能而丧其能。"

⑦惟事事：也就是任何一件事。《孔传》中云：“非一事。”蔡沈在《书集传》中认为是从事某件事的意思。

⑧耻过：将过失作为羞耻。

⑨黩：轻视，不敬。

⑩礼烦则乱，事神则难：蔡沈认为“礼不欲烦，皆非所以交鬼神之道也。商俗尚鬼，高宗或未能脱于流俗，事神之礼，必有过焉。”如今发现的甲骨总数有十几万片之多，其中大多数属于商王武丁时期的祭祀用品，涉及各个方面，可以证明武丁时期崇尚祭祀鬼神。

【译文】

国家得到整顿还是变得混乱，关键在于百官。官职不能授予跟自己亲近的人，要去思考他的能力；爵位不能赏赐给那些拥有恶劣德行的人，要考虑他是否贤明。考虑全面再采取行动，采取行动要选择恰当的时机。自认为自己不错，但是实际上并非如此，得不到别人的肯定，等于丢失了善德；自己夸耀自己能干，虽然实际上也是这样，但是并没有得到别人的肯定，等于丧失了自己的功绩。不管做什么事情，都应当事先有所准备，有备而无患。不要因为敞开了宠幸的大门，而受到小人的侮辱轻视，不要因为偶尔的过失感到耻辱而掩饰自己的错误，从而酿成大祸。如果行为举止都能做到上面所说的那样，王的政务就完美了。

轻视祭祀，这叫作不敬。礼仪烦琐就会变得混乱，侍奉鬼神也就变得尤为困难了。

【原文】

王曰："旨哉，说！乃言惟服[1]。乃不良于言[2]，予罔闻于行[3]。"

说拜稽首曰："非知之艰，行之惟艰。王忱不艰[4]，允协于先王成德[5]，惟说不言有厥咎[6]。"

【注释】

①乃言：你说的话。服：行。

②良：善。

③闻：听。《孔传》："汝若不善于所言，则我无闻于所行之事。"行：身体力行。

④忱：诚信。

⑤允：确实，的确。协：和。成：盛。

⑥咎：过失，过错，罪。

【译文】

王说："说得好，傅说！你的话很受用。如果你不善于进谏良言，我就无法听取并采取行动。"

傅说跪拜叩头说："不是弄懂这些道理困难，而是行动起来不易。王心诚则不困难，确实是符合先王的大德的。如果我傅说不劝谏，那么就有罪过了。"

说　命（下）

【原文】

王曰："来！汝说。台小子旧学于甘盘[1]，既乃遁于荒野[2]，入宅于河[3]。自河徂亳[4]，暨厥终罔显[5]。尔惟训于朕志[6]，若作酒醴[7]，尔惟麴糵[8]；若作和羹[9]，尔惟盐梅[10]。尔交修予[11]，罔予弃，予惟克迈乃训。"

【注释】

①台小子：就是我小子，是商王武丁的自谦。旧：以前，过去。甘盘：殷朝著名的贤臣，甘姓始祖之一。

②遁：躲避，退怯。

③宅：居。河：古代文献中出现的河通常都指的是黄河。商朝的都城在殷，位于现在的安阳，距离黄河并不远。

④徂：王。亳：商朝时经常将都城称为亳。

⑤暨：到。终：一直，始终。

⑥朕志：我的志向。

⑦若：像，如同。醴：甜酒。

⑧麴（qū）糵（niè）：酿酒所使用的发酵物，主要是由大麦、大豆等与霉菌制成。

⑨和：调和。和羹：就是调和了诸多味道的汤。

⑩梅：醋。

⑪交：有多方面的含义。修：治理。

【译文】

商王武丁说："过来，傅说！我以前曾经向甘盘学习，没过多久就逃到了荒郊野外，住在了黄河岸边，又从黄河边上赶到了亳邑，致使最后都没有明显的进步。你教导我要树立志向，就像是在酿制甜酒，你就是发酵要用的酒曲；就像是在熬制美味的汤，你就是食盐和醋。你屡次教导我，没有丢下我不管；我定能够按照你教导的去做。"

【原文】

说曰："王！人求多闻，时惟建事①。学于古训乃有获②。事不师古，以克永世，匪说攸闻③。惟学逊志④，务时敏⑤，厥修乃来⑥。允怀于兹⑦，道积于厥躬⑧。惟敩学半⑨，念终始典于学⑩，厥德修罔觉⑪。监于先王成宪，其永无愆。惟说式克钦承⑫，旁招俊乂，列于庶位。"

【注释】

①时：是，这。

②古训：蔡沈在《书集传》中写道："古训者，古先圣王之训，载修身治天下之道，二典三谟之类是也。"乃：才。

③师：效仿，效法。古：古训。克：可以。

④逊：《孔传》解释为顺，非的意思。蔡沈认为是谦逊的意思，今从蔡沈的说法。

⑤敏：努力。

⑥厥修乃来：蔡沈认为："虚以受人，勤以励己，则其所修，如泉始达，源源乎其来矣。"

⑦允：新。怀：念。

⑧躬：亲自，自身。

⑨斅（xiào）：教。

⑩典：常。

⑪罔觉：不知不觉。

⑫式：用，因此。

【译文】

傅说说："君王！每个人都追求博学多闻，这是想要有所作为。学习古时贤人的教诲才能有所收获；做事情没有效法古代贤人，却能够做到长治久安的，傅说我没有听到过这样的事情。只有学习，让心志变得谦逊，专心致志，才能拥有一定的学识。诚心诚意地记住这些，自己就不断积累了方法。教是学习的一半，学习在于始终都念念不忘，如此自己的德行才能在修行中不知不觉地不断提升。借鉴先王的旧法，将长久都不会出现过错。傅说我因此可以恭敬地奉行先王的旨意，广泛地招揽杰出的贤才，将他们安排到合适的岗位上去。”

【原文】

王曰：“呜呼，说！四海之内咸仰朕德[①]，时乃风[②]。股肱惟人[③]，良臣惟圣。昔先正保衡作我先王，乃曰：‘予弗克俾厥后惟尧舜[④]，其心愧耻，若挞于市。’一夫不获[⑤]，则曰：‘时予之辜[⑥]。’佑我烈祖[⑦]，格于皇天[⑧]。尔尚明保予[⑨]，罔俾阿衡专美有商[⑩]。惟后非贤不乂，惟贤非后不食[⑪]。其尔克绍乃辟于先王，永绥民[⑫]。”

说拜稽首曰：“敢对扬天子之休命[⑬]。”

【注释】

①四海之内：泛指天下。

②时：是。乃：你的。风：教化。

③股肱：指的是大腿与上臂，代指手足。

④后：君王，这里指的是成汤。

⑤不获：蔡沈认为：“不获，不得其所也。”

⑥辜：罪。

⑦佑：辅佐。烈祖：成就功业的先祖，这里指的是成汤。

⑧格：致。

⑨明：努力，勉励的意思。保：辅佐。

⑩阿衡：指的是伊尹。专：转移。这里含有仅仅、唯独的意思。

⑪食：任用，任命。

⑫绥：案。

⑬敢：蔡沈在《书集传》中解释说：“自信、无慊之辞。”可取。扬：赞扬，彰显。

【译文】

商王武丁说：“啊！傅说！天下人都敬仰我的德行。这是你教诲我的结果，四肢完备的才是正常的人，拥有忠臣良将的君王才能算得上是贤明的君王。过去统率百官的保衡伊尹让我的先王声名鹊起，他却说：‘我不能让自己的君王像尧舜那样，心中实在是惭愧，就如同在集市上挨了鞭子一样。’如若有一人没有得到安置，就说：‘这是我的过失。’他辅佐了先祖成汤成就了功业，功名直接呈现到上天那里。希望你也能努力辅佐我，不要只让阿衡一个人在商朝留下美名。君王如果没有贤臣，天下就得不到治理，贤臣没有君王，就无法被任用获得食禄。你要能让辅佐的君王可以承接先王功业，让百姓长治久安。”

傅说跪拜叩头说：“我正是为了能够彰显君主您美好的德教啊！”

高宗肜日

【题解】

高宗，即商王武丁，帝小乙子，在位五十余年，是商朝著名的君王，对外开拓疆土，对内变革新政，让商王朝逐步走向巅峰。高宗在商王朝的发展过程中，起着至关重要的作用。

《书序》中写道：“高宗祭为汤，遂作《高宗肜日》及《训》。”

根据《史记》中的相关记载，本篇为帝祖庚时祖己所作，因文字并没有《盘庚》那般诘屈聱牙，致使学者曾一度质疑其乃东周时期所作。郭沫若先生认为文中“王司敬民，罔非天胤”的民本观念，在当时是不可能出现的。又因“卜辞中没有见到民字以及从民的字”，所以“《高宗肜日》一篇也是不可信的”。不过，这些说法仅供参考。

文章中记载的主要是祖己的言论，言论中除了提出“敬民”之外，还提出了所谓“义”和“德”。“义”和“德”在此可以作为同义词看待。“德”字在《盘庚》中早已被多次提及，本文中再出现“德”字，也不足为奇了。

【原文】

高宗肜日①，越有雊雉②。

祖己曰："惟先格王③，正厥事。"

乃训于王，曰："惟天监下民④，典厥义⑤。降年有永有不永，非天夭民，民中绝命。民有不若德⑥，不听罪⑦，天既孚命正厥德⑧，乃曰其如台⑨！呜呼！王司敬民⑩，罔非天胤⑪，典祀无丰于昵⑫。"

【注释】

①肜（róng）：殷人祭祀先王的礼仪。

②越：于。雊（gòu）：雉鸣。古人认为是变异之兆。

③格王：指端正王的心思。格：格正，犹今语端正。

④监：视，考察。

⑤典厥义：考察他是否按照道理行事。典：主。义：按照道理行事曰义。

⑥若：顺。

⑦听：服。

⑧孚：曾运乾说："孚读为罚，《礼·投壶》：'毋怃毋傲，若是者浮。'注：'浮，罚也。'是'孚'、'罚'，声近义通之证。"

⑨如台（yí）：如何。台：何。

⑩司：《史记》作"嗣"，当从。孙星衍说："王司者，言王嗣位也。"敬

民：盖指不要对人民过分盘剥。

⑪罔非天胤：意指人民也是天的后代，对人民过分盘剥便是违背天意。天胤：天的后代。胤：后代。

⑫典：常。昵（nǐ）：通“祢”，父庙。

【译文】

肜祭高宗武丁的时候，有野鸡在鼎耳上鸣叫。

祖己说：“告知大王，不要惊慌，先将祭礼办好。”

接着又劝告王说：“上天要考察下界，掌管了一定的道理。它赐予人的寿命长短各异，并不是上天让人短命，让其中途夭折，而是有人不听天命，做错事情却不愿意认罪。上天已经发出了明确的指令，用来规范人们的道德，到那时有人竟然说那又能把我怎样。哎！君王，您继承着处理民事的大业，无一不是上天的厚待，祭祀大典之中，不能过分亲厚父庙而不按照正常的礼法来进行。”

西伯戡黎

【题解】

西伯，即周文王。在《史记·殷本纪》中记载：“纣……赐弓矢斧钺，使得征伐，为西伯。”戡黎，也就是征讨黎国的意思。《史记·周本纪》中记载了相关的情况，称：“明年，伐犬戎。明年，伐密须。明年，败耆国。殷之祖伊闻之，惧，以告帝纣。纣曰：‘不有天命乎？是何能为？’”这里所说的耆国也就是黎国，而败耆国指的就是戡黎之事。

《书序》中有言：“殷始咎周，周人乘黎。祖伊恐，奔高于受，作《西伯戡黎》。”书序言之有误，从整篇文章来看，此篇乃后人追述。

本篇主要记录了文王讨伐黎国，殷商贵族祖伊开始惶恐，跑到纣王面前发出警告的一番话。

【原文】

西伯既戡黎[①]，祖伊恐，奔告于王曰："天子！天既讫我殷命[②]，格人元龟[③]，罔敢知吉。非先王不相我后人[④]，惟王淫戏用自绝。故天弃我，不有康食[⑤]。不虞天性[⑥]，不迪率典[⑦]。今我民罔弗欲丧，曰：'天曷不降威？'大命不挚[⑧]，今王其如台？"

王曰："呜呼！我生不有命在天？"

祖伊反曰："呜呼！乃罪多参在上[⑨]，乃能责命于天[⑩]。殷之即丧，指乃功[⑪]，不无戮于尔邦[⑫]！"

【注释】

①西伯：指周文王。戡：战胜。黎是殷王朝的属国，在今天山西长治境内。全篇记述周文王战胜黎国之后，殷朝贤臣祖伊为殷朝安危担忧，向殷纣王进谏，规劝他改弦更张，但遭到了纣王的拒绝。

②讫：止。

③格人：能知天地吉凶的人。元龟：大龟，用于占卜的工具（按：周时代划分卜和占两种。卜：是以龟壳为工具，称为龟卜。筮：以蓍草为工具筮占）。

④相：帮助，辅佐。

⑤康食：安居饮食。

⑥虞：度，猜测。天性：指上天的性情。

⑦迪：由，遵循。率典：常法。

⑧大命：指天命。不挚：不再。

⑨参：到。上：上天。

⑩乃：难道。

⑪指乃功：这句话是说从他所做的事情上就可以看得出来。指：通"视"。乃：他。功：事、政事。

⑫戮：杀，消灭。尔邦：指周国。

【译文】

西周文王征讨黎国之后，祖伊惊恐万分，跑去告知商纣王说："陛下！上天将要终结我殷朝的天命了，了解天命的贤人以及能够传达天意的灵龟，都不敢称有吉兆了。这并不是祖宗不庇佑我们，而是由于陛下您太过荒淫无度而自绝天命，因此上天准备抛下我们，让我们得不到安稳，至于安于天命，遵循常法就更谈不上了。如今我们的百姓没有不盼望国家赶紧灭亡的，他们说：‘上天为何还不降下惩罚呢？’如此看来，天命已经远离我们，陛下，如今要作何打算呢？”

纣王说：“唉！我不是生下来就身负天命吗？”

祖伊反驳说：“哎！您的罪行太多，已经被上天罗列出来，还想向上天要什么天命呢？殷朝马上就要灭亡了，你继续这样做下去，如何能不让你的国家灭亡呢？”

微　子

【题解】

微子，名启，乃商纣王的庶兄，商朝末年的大臣。微子对商纣王荒淫无道的统治十分不满，多次进谏，纣王均未听取，想要将其处死，后逃亡。到了周武王灭商之后，微子肉袒兹缚，向武王请罪，武王予以宽待。

《书序》中云：“殷既错天命，微子作诰父师、少师。”这与《微子知名》中的时间有所差异。

本篇主要记载商朝灭亡之前，微子与王朝的太师、少师商量怎么应对的一番谈话。最终微子选择逃亡。

【原文】

微子若曰[①]：“父师、少师，殷其弗或乱正四方[②]？我祖底遂陈于上[③]，我用沈酗于酒[④]，用乱败厥德于下[⑤]。殷罔不小大好草窃奸宄[⑥]。卿士师师非度[⑦]。凡有辜罪，乃罔恒获。小民方兴，相为敌雠[⑧]。今殷其沦丧，若涉大水，其无津涯。殷遂丧越至于今？”

曰：“太师、少师，我其发出狂[9]，吾家耄逊于荒[10]。今尔无指告予[11]，颠隮若之何其[12]？”

父师若曰：“王子[13]！天毒降灾荒殷邦[14]，方兴沈酗于酒，乃罔畏畏[15]，咈其耇长，旧有位人[16]。今殷民乃攘窃神祇之牺牷牲用以容，将食无灾[17]。降监殷民，用乂雠敛[18]，召敌雠不怠[19]。罪合于一，多瘠罔诏[20]。

【注释】

①微子：纣王的哥哥，因为封在微，爵位属于子，所以叫微子。他为维护殷王朝的统治，曾多次规劝纣王改恶从善，但纣王充耳不闻。

②殷其弗或乱正四方：此为诘问句，句子中包含微子对于祖国即将灭亡的无限隐痛。乱：治理。

③我祖：指成汤。底：定，致。遂：成。陈：陈列。上：表示时间，指过去。

④用：因为，由于。酗于酒：表示喝酒没有节制。酗：发酒疯。

⑤乱：淫乱。厥德：指高祖成汤之德。下：后世。

⑥罔不小大：这句话是一个倒装句，应作“大小罔不”。小大：指群臣民众，中心词省略。罔不：无不。草窃：盗贼。奸宄（guǐ）：犯法作乱。

⑦师师：众官，其中前一“师”作众解，后一“师”指官长。度：法度。

⑧雠：同“仇”，仇敌。

⑨发：行。狂：往。

⑩耄（mào）逊于荒：孙兴衍说：“谓我年耄，将遁于荒远以终老。”近人曾运乾说：“云‘发出往吾家’，复云‘耄逊于荒’者，时未奉诏就国而私出，则貌为老耄阳狂而遁者。”两说均可通，译文从曾说。耄：年老。逊：逃走。荒：荒野。

⑪指：通“旨”，想法，打算。

⑫颠：最高处。隮（jī）：坠落。《史记·宋微子世家》：“微子度纣终不可谏，欲死之。及去，未能自决，乃问于太师、少师……”可作为这句话的注脚。孙兴衍说：“欲太师以己意告之，言若不以意告我，将仆坠于地。”窃意以为上文既说：“我其发出狂吾家。耄逊于荒。”此处又说：“颠隮，若之何其。”所以这句当是就出逃的正确与否与太师、少师商榷。

⑬王子：指微子。

⑭毒：厚，重。荒：亡。

⑮畏畏：惧怕天威。

⑯咈（fú）：违逆。耇（gǒu）：老年人。旧有位人：旧时在位的大臣。

⑰攘窃：盗窃。牺：纯毛牲畜。牷（quán）：健全的牲畜。牲：猪牛羊。用以容：从宽论处。

⑱乂（yì）：杀。雠：通“稠”，多。敛：聚敛。

⑲召：招致。怠：松懈，缓和。

⑳瘠：疾苦。诏：告诉。

【译文】

微子问道：“太师、少师，我们殷王朝难道不能统治天下了？我们的祖先成汤过去开创了那么多伟大的功业。如今，我们的君王却因为酗酒荒淫而将成汤创下的功业败坏殆尽。殷王朝上上下下没有不热衷于为非作歹、抢夺财物的。朝廷中卿士及众官员上行下效，争先搞违法活动。在外逃亡的人，也不会得到法律的制裁。百姓也相互斗殴。如今殷王朝将要灭亡了，就像是渡河找不到河岸。难道现在殷王朝的气数已尽吗？”

微子又说：“父师、少师，我要逃亡了，我们的殷商已经年老昏乱，现在你们可有需要嘱咐我的话？国家将要灭亡到底如何是好呢？”

父师说：“微子，上天重降灾祸将要颠覆殷国，但是沉溺于酒乐的纣王却不畏惧天威，不听从元老旧臣的劝告。如今我们殷国的百姓竟然偷盗祭祀神鬼用的祭品，并能够得到宽恕。对下面的百姓征收繁重的赋税，导致百姓产生了诸多不满情绪还不知道停止。诸多罪行都是纣王一人所造成的，百姓有诸多疾苦，却无从诉说。”

【原文】

“商今其有灾，我兴受其败①。商其沦丧，我罔为臣仆②。诏王子出，迪我旧云刻子③。王子弗出，我乃颠脐④。自靖⑤，人自献于先王。我不顾行遁⑥。”

【注释】

①兴：起。败：灾祸。

②臣仆：奴隶。

③迪：行，逃走。旧：久。刻子：箕子。

④我：指殷商。

⑤自靖：各自的打算。

⑥顾：顾虑。遁：逃走。

【译文】

“如今殷商将要面临灾祸，我们将一起承受；殷商将要颠覆，我不能成为亡国奴。我很早就对箕子说过，箕子应该已经告知了你，你还是出走吧！王子不逃亡的话，殷商的宗祀就灭亡了。您自己来决定吧，每个人做的是走还是留的决定，都是为了先王的利益，我不能太过瞻前顾后，要马上就走。”

周书

泰誓（上）

【题解】

《泰誓》分为上、中、下三篇，属《古文尚书》，《今文尚书》并无此篇。

泰是大的意思。在《史记》《国语》中都写为“太”，亦有说作大。武王伐纣，在孟津与其他诸侯会合，率领各路诸侯誓师，因此而得名。

在《史记·周本纪》中记载称：“十一年十二月戊午，师毕渡盟津，诸侯咸会。曰：‘孳孳无怠！’武王乃作《太誓》，告于众庶。”并引用了《太誓》文。《书序》中写道：“惟十有一年，武王伐殷。一月戊午，师渡孟津，作《泰誓》三篇。”这样的说法，与《史记》中记载相同。

先秦百篇尚书中，原本有《泰誓》一文。汉初伏生二十八篇中并没有收录。汉武帝时期，河内女子将《泰誓》呈献，后汉马融等大家认为其为伪作，因此并未传下。这三篇都是梅氏所写的伪古文。

【原文】

惟十有三年春①，大会于孟津②。

王曰③：“嗟！我友邦冢君④，越我御事庶士⑤，明听誓。惟天地万物父母，惟人万物之灵⑥。亶聪明作元后，元后作民父母⑦。今商王受弗敬上天⑧，降灾下民，沉湎冒色⑨，敢行暴虐，罪人以族，官人以世⑩。惟宫室、台榭、陂池、侈服⑪，以残害于尔万姓。焚炙忠良⑫，刳剔孕妇⑬。皇天震怒，命我文考肃将天威，大勋未集⑭。肆予小子发，以尔友邦冢君观政于商，惟受罔有悛心⑮，乃夷居⑯，弗事上帝神祇，遗厥先宗庙弗祀，牺牲粢盛⑰，既于凶盗。乃曰：‘吾有民有命！’罔惩其侮。”

【注释】

①有：又。十又三年，也就是十三年。蔡沈在《书集传》中解释说：“十

三年者，武王即位之十三年也。”又说：“按汉孔氏言虞芮质成为文王受命改元之年，凡九年而文王崩，武王立，二年而观兵，三年而讨伐，合为十有三年。此皆惑于伪书《泰誓》之文，而误解‘九年大统未集’与‘夫观政于商’之语也。古者人君即位，则称元年，以计在位之久近，常事也。”不过在《书序》与《史记》中都写的是十一年。今认为《书序》及《史记》可取。

②孟津：黄河知名渡口，武王伐纣从此处渡过黄河，现位于河南孟津县。

③王：这里指的是周武王姬发。

④冢：大。冢君：指的是那些跟随武王讨伐商朝的诸侯国的国君。

⑤越：与。庶：众。庶士：众官员。

⑥惟天地万物父母：《孔疏》中解释说：“万物皆天地生之，故谓天地为父母也。”只有人是万物之灵。灵是神的意思。《孔传》：“天地所生，惟人为贵。”

⑦亶：蔡沈解释称：“诚实无妄之谓。”元：大。后：君王。

⑧商王受：指的是商纣王，受为其名。

⑨沉湎：酗酒的意思。冒：被美色迷惑。《孔疏》中说：“冒训贪也。乱女色，荒也。”

⑩族：族诛。《孔传》中解释说：“一人有罪，刑及父母、兄弟、妻子。”官人：任用人当官。世：世袭的意思。官人以世：也就是官位世袭。

⑪台榭（xiè）：《孔传》中解释说："土高曰台，有木曰榭。"泛指楼台等建筑。

⑫焚炙：焚烧。《孔疏》中解释说："焚炙，俱烧也。"这里指的是炮烙这类的酷刑。忠良：指的是九侯、鄂侯、比干这类的忠臣。

⑬刳（kū）：割开的意思。《孔疏》中也解释说："谓割剥也。"传闻纣王曾经解刨孕妇的肚子来看胎儿。剔：除去人的肉露出骨头。

⑭文考：这里指的是周文王。肃：敬。天威：上天的惩罚。勋：功劳。集：成。

⑮悛（quān）：改过、悔改。

⑯夷：蔡沈在《书集传》中解释说："蹲踞也。"夷居：指的是傲慢无礼的样子。

⑰牺牲：祭祀的时候所要用到的牛羊之类的牲畜。粢（zī）：《孔传》中解释说："粢音咨，黍稷曰粢。盛音成，在器曰盛。"

【译文】

十三年春，周武王在孟津与诸侯会合。

周武王说："啊！我亲近的诸侯的国君们，以及我的近臣们，认真听取我的誓词。天地是万物的父母，人是万物的精灵。具有真才实学的人能够成为大君，大君就是百姓的父母。如今商王纣对上天不敬，导致上天给百姓降下灾祸，沉溺于酗酒，贪图美色，胆敢实行残暴的刑罚，用灭族的方法来惩治百姓，用世袭的方法来挑选官员，兴建宫室、楼阁、陂池，服装过于华丽，以此来残害你们这些民众。用炮烙之刑来焚杀忠良的臣子，用剖腹剔骨的方法来残害孕妇。上天为之震怒，派遣我的父王来执行上天的惩罚，可惜大功尚未达成，先父就去世了。于是我小子姬发，跟你们这些友善的诸侯国君观察商朝的政治情况。纣王并没有悔过之心，依然傲慢无礼，不承奉上天百神，废弃了祖先宗庙不进行祭祀。就连祭祀要用到的牲畜与要盛放在器物中的谷物，都被凶恶的强盗盗取吃掉了。他依然还在说什么：'我有臣民，有上天赐予的大命！'没有克制自己轻慢的行为的打算。"

【原文】

“天佑下民，作之君，作之师，惟其克相上帝，宠绥四方[①]。有罪无罪，予曷敢有越厥志[②]？同力度德，同德度义[③]。受有臣亿万，惟亿万心[④]；予有臣三千，惟一心[⑤]。商罪贯盈[⑥]，天命诛之；予弗顺天，厥罪惟钧[⑦]。

“予小子夙夜祗惧[⑧]。受命文考[⑨]，类于上帝[⑩]，宜于冢土[⑪]，以尔有众，底天之罚[⑫]。天矜于民[⑬]，民之所欲，天必从之。尔尚弼予一人[⑭]，永清四海。时哉，弗可失！”

【注释】

①佑：帮助。作：立。克：可以，能够。相：辅佐。宠：爱，此处是护佑、爱护的意思。绥：安定。

②有罪无罪：也就是有罪或者无罪。蔡沈认为：“则夫有罪之当讨，无罪之当赦，我何敢有过，用其心乎？言一听于天而已。”曷：何。越：超越，超过。《孔传》中解释说：“越，远也。”也可。

③同力度德：蔡沈在《书集传》中解释说：“度，量度也。德，得也，行道有得于心也。”

④亿：《孔传》中解释说：“十万曰亿。”蔡沈则认为：“百万曰亿。”亿万指的是虚数，表示极多的意思。指人多心杂，用来形容商纣王已经众叛亲离，人们离心离德。

⑤一心：即齐心协力。

⑥贯：通。盈：满。

⑦顺：顺从，顺应。钧：相同。

⑧夙：早。祗：敬。

⑨受命文考：指的是周武王继承了上天赐予文王的灭亡商朝的大命。

⑩类：《孔传》曾经指出是“以事类告天”的意思。也就是祭天。

⑪宜：《孔传》中解释为：“祭社日宜。冢土，社也。”

⑫底：致。

⑬矜：《孔传》解释为：“怜也。”

⑭尚：庶几，表示希望。弼：辅佐。予一人：这里是周武王的自称。

【译文】

“上天护佑天下百姓，为他们选择了君王，为他们选择了百官，是由于这些人能够辅佐上天，爱护并稳定天下。是否有罪，怎么处罚，我又怎么敢妄自猜测逾越上天的意志呢？一同行道，度量德行的所得；一同行德，度量道义之所宜。商纣王有亿万臣民，却有亿万条心；我只有三千臣子，却只有一条心。商纣王的罪行罄竹难书，上天下令灭亡他，我如果不顺应上天的意愿，我的罪行将与商纣王相同。

“我从早到晚都怀着敬慎畏惧的心情，承接先父文王消灭商朝的大命，祭祀上天，祭祀社稷，带领你们这些人，谨慎地履行上天的惩罚。天帝怜悯百姓，百姓的意愿，天地必然会顺行。期望你们能够帮助我，永远地清理天下。时机啊，万不可错失啊！”

泰 誓（中）

【原文】

惟戊午，王次于河朔①，群后以师毕会②。王乃徇师而誓③。

曰：“呜呼！西土有众④，咸听朕言。我闻吉人为善⑤，惟日不足；凶人为不善⑥，亦惟日不足。今商王受力行无度⑦，播弃犁老⑧，昵比罪人⑨，淫酗肆虐⑩。臣下化之，朋家作仇，胁权相灭⑪。无辜吁天，秽德彰闻⑫。”

【注释】

①次：停止，停留，这里是驻扎的意思。河朔：黄河北岸。

②群后：也就是跟随周武王讨伐商纣王的各路诸侯。毕：全部。会：聚集，会集。

③徇：遵循，《孔传》中解释称：“徇，循也。”指循行、巡视的意思。誓：盟约，盟誓。

④西土有众：西方的方国诸侯。

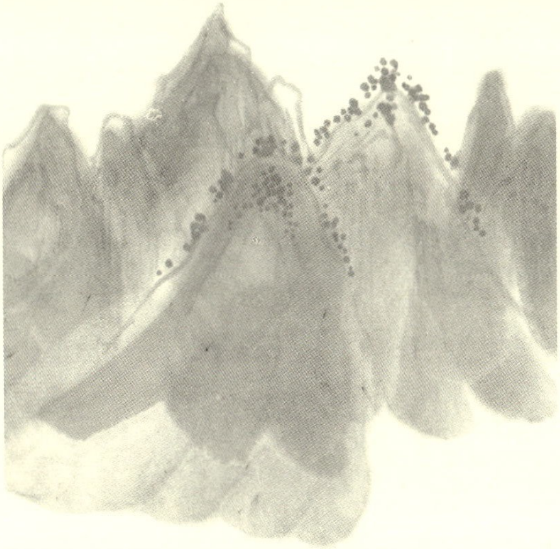

⑤吉人：带有福命的人，善良的人。《孔传》中解释说："言吉人竭日以为善。"

⑥凶人：凶狠之人，凶恶之人。《孔传》中解释说："凶人亦竭日以行恶。"

⑦力行无度：《孔传》中解释说："行无法度，竭日不足，故日力行。"

⑧播：《孔疏》中解释说："《传》以播为布，布者遍也。言遍弃之，不礼敬也。"蔡沈的《书集传》中解释说："播，放也。"两种说法均可取，今从《孔疏》之说。犁：也作黎。王引之在《经义述闻》中解释说："黎老者，耆老也，古字黎与耆通。"犁老：也就是老成之臣，指箕子等人。

⑨昵：亲近。比：亲近。

⑩淫：过度、过分。酗：沉溺于饮酒。肆：放纵、放肆，没有节制。

⑪胁：要挟，挟持。权：权命、权力。臣下化之三句，蔡沈解释说："臣下亦化讨恶，各立朋党，相为仇雠，胁上权命，以相诛灭，流毒天下。"

⑫秽：腥恶。彰：显著。蔡沈在《书集传》中解释说："无辜之人，呼天告冤，腥秽之德，显闻于上。"

【译文】

戊午这一天，军队在周武王的带领下在黄河北岸驻扎，各路诸侯带领军队在这里会合。周武王因此对各路军队进行了巡视并与他们盟誓。

他说："啊！西面的将士们，都来听取我誓言。我听闻好人做好事，每天都会感觉时间不够；坏人做坏事，也每天都感觉时间不够。如今商王做尽了坏事，目中无法，将德高望重的老臣全部遗弃，亲近那些奸邪的小人，沉溺于饮酒，毫无节制地施行暴虐。臣子们纷纷效法，各自结党营私，相互仇视，仗势欺人，彼此诛杀。无辜的人呼天告冤，纣王的腥恶行为开始彰显，被上天所知晓。"

【原文】

"惟天惠民[①]，惟辟奉天。有夏桀弗克若天，流毒下国[②]。天乃佑命成汤，降黜夏命[③]。惟受罪浮于桀[④]，剥丧元良[⑤]，贼虐谏辅[⑥]，谓已有天命，谓敬不足行[⑦]，谓祭无益，谓暴无伤。厥监惟不远[⑧]，在彼夏王。

"天其以予乂民[⑨]，朕梦协朕卜，袭于休祥[⑩]，戎商必克[⑪]。受有亿兆夷人[⑫]，离心离德；予有乱臣十人[⑬]，同心同德。虽有周亲[⑭]，不如仁人。

【注释】

①惠：慈爱，爱护。

②下国：天下各地。

③黜：废弃，废除。夏命：夏朝的福命、国运。

④浮：《孔传》中解释为："过也。"

⑤剥：《孔传》中解释说："伤害也。"元良：指的是微子这类的贤良之臣。

⑥贼：杀。虐：残害。谏辅：谏议的辅臣，指的是比干这类的以死相谏的辅臣。

⑦足：值得。这句话是商纣王回答祖伊的话。

⑧监：看，镜子，这里是借鉴的意思。

⑨其：表示揣测的语气副词。以：用。协：符合。卜：占卜。

⑩袭：重复。休：美。祥：吉、善。

⑪戎：士兵，这里指的是征讨。克：战胜。

⑫亿兆：虚数，形容极多，相当于现在的“亿万”。

⑬乱：治。十人，《孔传》中认为是：“周公旦，召公奭，太公望、毕公、荣公、太颠、闳夭、散宜生、南官括及文母。”蔡沈则解释说：“孔子曰：‘有妇人焉，九人而已。’”《论语·泰伯》中解释说：“武王曰：‘予有乱臣十人。’孔子曰：‘才难，不其然乎？唐、虞之际，于斯为盛。有妇人焉，九人而已。三分天下有其二，以服事殷。周之德，可谓至德也已矣。’”

⑭周亲：至亲。

【译文】

“天帝慈爱百姓，君王恭顺天帝。夏王桀不能顺应天帝，向天下散播邪恶。天帝因此辅佐赏赐福命给了成汤，降下了灭亡夏朝的命令。商纣王的罪行要比夏桀更加严重，他残害、驱逐最善良的臣子，残杀那些以死相谏的辅臣，还宣称自己享有天帝的福命，说天帝不值得敬奉，说祭祀没有任何用处，说残暴没有坏处。

“纣王的前车之鉴并没有过去多久，那个人就是夏王桀。上天让我来管理百姓，我的梦与我的占卜相符合，梦与卜兆都十分吉利。讨伐商纣王必然可以取得胜利。商纣王有亿万臣民，但是却离心离德；我只有治乱大臣十人，但是同心协力。商纣王虽然有至亲大臣，却比不上我拥有仁义之士。

【原文】

“天视自我民视[①]，天听自我民听。百姓有过[②]，在予一人，今朕必往。

“我武惟扬[③]，侵于之疆，取彼凶残；我伐用张[④]，于汤有光！

“勖哉夫子[⑤]！罔或无畏[⑥]，宁执非敌。百姓。懔懔，若崩厥角[⑦]。呜呼！乃一德一心[⑧]，立定厥功，惟克永世。”

【注释】

①自：来自，源于。

②过：《孔疏》中认为是罪过的意思。不过蔡沈则认为："过，《广韵》：责也。"含有抱怨、责备的意思。与上下文相结合，认为蔡沈之说可从。

③武：武力，指讨伐商纣王的军事行动。扬：在《孔传》中解释说："举也。言我举武事。"

④张：在《广雅·释诂》中解释说："张，施也。"也就是实施的意思。用张：也就是实施起来的意思。

⑤勖（xù）：勉励、努力。夫子：《孔传》中认为是将士的意思。

⑥罔：无。罔或无畏：《孔传》中解释说："无敢有无畏之心。"意思是不可存在无畏轻敌之心。

⑦懔懔：惶恐不安的样子。若：好像。崩：崩摧。角：指的是额头，额角。《孔传》中曾经写道："若崩摧其角无所容头。"蔡沈："懔懔若崩摧其头角然。"俞越在《古书疑义举例·倒句例》中认为应当读为厥角若崩，也就是叩头像是山崩一般，但是与前面的"百姓懔懔"的意思有异，因此只可参考。

⑧乃：你们。一德一心，也就是同心同德。

【译文】

“上天所看到的，源于百姓看到的；上天所听闻的，来自百姓所听闻的。百姓有责备的怨言，是我一个人的责任，如今我坚决地对商朝进行讨伐。

“我们要彰显自己的武力，进攻商王畿的领地，俘获那位残暴的商纣王；我们征讨的进行，也是在彰显商王成汤在讨伐夏桀时的光辉。

“奋斗吧！将士们！不能有丝毫骄傲而轻敌之心，要一直保持一种敌强我弱的念头。百姓惶恐不安，就如同崩石摧坏额角一般。啊！你们要同心协力，一起建立自己的功业，如此才能永垂不朽。”

泰　誓（下）

【原文】

时厥明[1]，王乃大巡六师[2]，明誓众士[3]。

王曰：“呜呼！我西土君子。天有显道，厥类惟彰[4]。今商王受狎侮五常[5]，荒怠弗敬，自绝于天，结怨于民，斮朝涉之胫[6]，剖贤人之心[7]，作威杀戮，毒痡四海[8]。崇信奸回[9]，放黜师保[10]，屏弃典刑[11]，囚奴正士[12]。郊社不修[13]，宗庙不享，作奇技淫巧以悦妇人[14]，上帝弗顺，祝降时丧。尔其孜孜奉予一人，恭行天罚！

【注释】

①时厥明：在《孔传》中解释说：“是其戊午明日。”也就是戊午日的第二天。

②六师：蔡沈在《书集传》中解释说：“古者天子六军，大国三军，是时武王未备六军，《牧誓》叙三卿可见，此日六师者，史臣之词也。”甲骨文中写有“王作三，右、中、左”。可知当时已经有了三师。西周建立之后有西六师，后来又在洛邑组建了殷八师。这里所说的六师指的是西六师。

③众士：《孔疏》中解释说：“《牧誓》王所呼者，从上而下至百夫长而

止，知此众士是百夫长以上也。”《史记·周本纪》也有相关记载，按照次序分别是冢君、司徒、司马、司空、亚旅、师氏、千夫长、百夫长。

④类：法则。彰：彰显，显扬。

⑤狎（xiá）侮：轻视怠慢、亵渎。五常：《孔疏》中解释说：“五常即五典，谓父义、母慈、兄友、弟恭、子孝五者。”

⑥斮（zhuó）：斫，砍。涉：徒步涉水。胫：小腿。《孔传》记载称：“冬月见朝涉水者，谓其胫耐寒，斫而视之。”

⑦剖贤人之心：《史记·殷本纪》中记载：比干“乃强谏纣。纣怒曰：‘吾闻圣人心有七窍。’剖比干，观其心”。这里指的应当是这件事。

⑧痡（pū）：病，这里是指祸害的意思。

⑨崇：推崇。回：在《孔传》中解释为：“邪也。”奸回之人应当指的是费仲、恶来这些人。

⑩放黜：放逐贬退。师保：官员的名字，具体不详。

⑪典：常。刑：法。指的是先王的常法。

⑫囚奴：幽禁奴役。正士：在《孔传》中曾记载称：“箕子正谏而以为囚奴。”《史记·殷本纪》中也写道：“箕子惧，乃佯狂为奴，纣乃囚之。”

⑬郊社：蔡沈：“郊，所以祭天；社，所以祭地。”不修：不治理。

⑭奇技淫巧：指的是炮烙之刑。

【译文】

到了戊午日的第二天，周武王声势浩大地巡视检阅了六师，跟众将士一同盟誓。

武王说：“啊！我西面的将士们，上天有明确的法则，他的法则应该被你们知晓。如今商纣王轻视亵渎五常之教，荒废懈怠而大为不敬，自取灭亡，与百姓结怨。他砍掉了早上徒步涉水的人的小腿，剖开了贤臣比干的心脏，设置了残酷的刑罚，杀害无辜，祸害天下。崇敬信任那些奸邪之人，流放师保，丢弃常法，幽禁奴役直言善谏之人。不祭祀天地，不给祖先宗庙贡献享物，制造了一些奇异淫巧的东西，来取悦妲己，上天开始厌恶他，断绝其命，降下了这些灾祸。你们应当努力辅助我，恭敬地履行上天的惩罚！

【原文】

“古人有言曰：‘抚我则后，虐我则雠[1]。’独夫受洪惟作威[2]，乃汝世雠[3]。树德务滋，除恶务本[4]，肆予小子诞以尔众士，殄歼乃雠[5]。尔众士其尚迪果毅以登乃辟[6]！功多有厚赏，不迪有显戮[7]。

“呜呼！惟我文考若日月之照临，光于四方，显于西土，惟我有周诞受多方[8]。予克受，非予武，惟朕文考无罪；受克予，非朕文考有罪，惟予小子无良。”

【注释】

①虐：残暴虐待。雠（chóu）：仇敌。

②独夫：《孔传》中解释为：“言独夫，失君道也。”蔡沈在《书集传》中解释为：“独夫，言天命已绝，人心已去，但一独夫耳。”孟子曰：“残贼之人，谓之一夫。”

③世雠：《孔传》认为是累世的仇敌。周秉钧在《白话尚书》中认为：“世雠，大仇。《左传·桓公九年》经注‘故使其子来朝’疏：‘古者世之与大，字义通也’。”

④务：致力。滋：滋长。除：除去，除绝。本：根本。

⑤肆：故。诞：助词。殄歼：绝灭。

⑥尚：庶几。迪：《孔传》中认为：“进也。”蔡沈：“蹈。”果毅：果敢坚毅。登：成就。以登乃辟：也即是用来成就你们君王的伟业的意思。

⑦显戮：蔡沈解释说：“谓之显戮，则必肆诸市朝以示众庶。”

⑧诞：其，助词。受：爱护。多方：指的是亲附于周的诸侯国。

【译文】

“古人曾经有过这样一句话：‘疼爱我的就是君王，残暴虐待我的就是仇敌。’无道的独夫商纣王大肆施行惩罚，就是你们世代的仇敌。树立德行要让其可以滋长，摒除罪恶要让其根除，因此我率领你们这些将士们，消灭你们的仇敌。你们这些将士要奋勇直前，用果敢坚毅的精神来成就君王的伟业！多立功的就有重赏，不前进的就公开论处。

“啊！我父王的德行像日月照耀，光辉遍布天下各地，在西面的国家尤为突出。我们周国很厚待归附的众方国。如果我们战胜了商纣王，不是因为我神武，而是因为我的父王没有犯下过失；如果商纣王战胜了我，也不是因为我的父王有过失，而是由于我们没有行善。”

牧　誓

【题解】

牧，位于商朝都城朝歌（今河南淇县）以南七十里。《史记·周本纪》中记载称：“武王朝至于商郊牧野，乃誓。”故，本篇应当是周武王伐商纣王，在与纣王决战前的誓师词。这次决战以周武王大胜、殷王朝覆灭告终。

《书序》中也写道：“武王戎车三百辆，虎贲三百人，与受战于牧野，作《牧誓》。”关于武王伐纣一事，史料繁多，现今在陕西临潼发现的《利簋铭文》也加以佐证，不过具体时间至今依然无定论。

这篇誓词主要是周武王勉励军士和助战的诸侯勇往直前的话。

【原文】

时甲子昧爽①，王朝至于商郊牧野②，乃誓。

王左杖黄钺③，右秉白旄以麾曰④：“逖矣⑤！西土之人！”

王曰：“嗟！我有邦冢君，御事、司徒、司马、司空、亚旅、师氏、千夫长、百夫长⑥，及庸、蜀、羌、髳、微、卢、彭、濮人⑦，称尔戈⑧，比尔干⑨，立尔矛，予其誓。”

【注释】

①甲子：甲子日。按周历计算，这一天是周武王即位后第十三年的二月五日。昧爽：太阳没有出来的时候，黎明时刻。

②王：指周武王。朝：早晨。商郊：商朝都城朝歌的远郊，按照古时距

离王城五十里为远郊。

③杖：拿着。黄钺（yuè）：铜制大斧。

④秉：持。旄（máo）：装饰着牛尾的旗。麾：同“挥”，指挥。

⑤逖（tì）：远。

⑥冢（zhǒng）：大。冢君：对邦国君主的尊称。御事：对于办理政务的大臣的泛称。司徒、司马、司空：古代官名。司徒管理臣民，司马管理军队，司空管理国土。亚旅：官名，上大夫。师氏：官名，中大夫。千夫长：官名，师帅。百夫长：官名，旅帅。

⑦庸：西南方诸侯国，在今天湖北房县境内。蜀：西南方诸侯国，在今天四川西部。羌：西南方诸侯国，在今天甘肃东南。髳（máo）：西南方诸侯国，在今天四川、甘肃交界地区。微：西南方诸侯国，在今天陕西郿县境内。卢：西南方诸侯国，在今天湖北南彰境内。彭：西南方诸侯国，在今天甘肃镇原东。濮：西南方诸侯国，在今天湖北郧县与河南邓县之间。

⑧称：举起。尔：你们。

⑨比：按照次序排列好。干：盾牌。

【译文】

甲子日这天的黎明时分，周武王带领着大军来到了商朝都城郊外的牧野，举行誓师大会。

吴王左手拿着黄金斧钺，右手拿着用旄牛尾作为装饰的小旗子，指挥军队。他说："路途多么遥远啊，从西方来的战士们。"

武王说："啊！我各个邦国的首领、管事大臣，司徒司马、司空、亚旅、师氏、千夫长、百夫长以及庸、蜀、羌、髳、微、卢、彭、濮诸国的百姓，举起你们手中的戈，排列好你们手中的盾，竖起你们的长矛，我要宣誓了。"

【原文】

王曰："古人有言曰：'牝鸡无晨；牝鸡之晨，惟家之索[1]。'今商王受惟妇言是用[2]，昏弃厥肆祀弗答[3]；昏弃厥遗王父母弟不迪[4]；乃惟四方之多罪逋逃是崇、是长、是信、是使[5]，是以为大夫卿士，俾暴虐于百姓[6]，以奸宄于商邑。今予发，惟恭行天之罚。今日之事，不愆于六步、七步[7]，乃止，齐焉。夫子勖哉！不愆于四伐、五伐、六伐、七伐[8]，乃止齐焉。勖哉夫子！尚桓桓如虎、如貔、如熊、如罴[9]，于商郊弗迓克奔，以役西土[10]，勖哉夫子！尔所弗勖，其于尔躬有戮！"

【注释】

①索：尽，空，衰落。

②妇：这里指妲己。

③昏弃：轻蔑，轻视。肆：祭祀祖先的祭名。答：问。

④迪：用，进用。

⑤逋逃：逃亡。崇：尊重。长：恭敬。信：信任。使：使用。

⑥俾：使。

⑦愆：超过。

⑧伐：刺杀，一击一刺称为一伐。

⑨貔（pí）：豹之类的猛兽。罴（pí）：熊的一种。

⑩役：帮助。西土：指周国。

【译文】

武王说："古人曾经说过：'母鸡不应当在早上打鸣。如果母鸡在早晨打鸣，那么这个家就要败亡了。'如今商纣王却只听取妲己的话，背弃了祖先宗庙，不再举行祭祀；轻蔑地抛下同宗的兄弟，不予以采用；却对那些因犯了罪而四处逃亡的奴隶们十分尊重、推崇，让他们担任大夫、卿士等重要官职，让他们荼毒百官，为恶商国。如今我姬发就要奉上天的旨意对其进行处罚。今天的征伐战斗，每前进不超过六七步就停下来，整理队形。战士们，要努力刺杀的时候，不超过六七步就停下来，整理队形。战士们，努力呀，应当威风凛凛，像虎豹、像貔、像熊、像罴一般，在商都的郊外举行这样弃车徒步的演习，来动员我来自西方的勇士们投入战斗，战士们要努力呀。如果你们不努力战斗，你们将面临杀身之祸！"

武　成

【题解】

武，指的是周武王讨伐商纣王立下的功绩。成，成就。武成也就是周武王成就了灭商建周的功绩。

在《史记·周本纪》中记载称，周武王灭商之后，采取了一系列措施，如周朝建立之后，商王朝的残余势力依然不小，为了维持社会的稳定，武王让商纣王的儿子禄父来统领，让管、蔡二叔相禄父治殷，以为三监，释箕子之囚，释百姓之囚，散鹿台之财，发钜桥之粟以振贫弱等一系列措施，然后"乃罢兵西归，行狩，记政事，作《武成》"。

《书序》中记载称："武王伐殷。往伐归兽，识其政事，作《武成》。"均认为本篇是作于武王伐商成功之后班师回镐京的途中。原本《武成》约遗失于东汉光武年间，现《史记·周本纪》《汉书·律历志》（约有八十余字）依然保存有《武成》的佚文。

【原文】

惟一月壬辰[①]，旁死魄[②]。越翼日癸巳，王朝步自周[③]，于征伐商[④]。厥四月哉生明[⑤]，王来自商，至于丰[⑥]。乃偃武修文[⑦]，归马于华山之阳[⑧]，放牛于桃林之野[⑨]，示天下弗服[⑩]。

丁未，祀于周庙，邦甸、侯卫骏奔走[⑪]，执豆、笾[⑫]。越三日庚戌，柴望[⑬]，大告武成。

【注释】

①一月：《孔传》中记载称："此本说始伐纣时，一月，周之正月。"蔡沈在《书集传》中写道："一月，建寅之月。不曰正而曰一者，商建丑，以十二月为正朔，故曰一月也。"

②旁死魄：旁，《孔传》中解释为"旁，近也"，死魄：也就是死霸，指的是农历每月的初一。

③朝：清晨，早晨。周：指的是周国。此处指的是武王所在的都城镐京，后来被称为宗周。

④于：前往，到。

⑤哉：《孔传》中解释为："哉，始也。"哉生明，指的是月亮开始发光。《孔传》中说："始生明，月三日，与死魄互言。"

⑥丰：周文王所都。《史记·周本纪》中记载称："（周文王）伐崇侯虎，而作丰邑。自岐下而徙都丰。"现位于今陕西省长安县西北沣水西岸，后武王从丰迁到了沣水东岸的镐。

⑦偃（yǎn）：停止。修：修治，致力于。偃武修文：在《孔传》中解释为"倒载干戈，包以虎皮，示不用；行礼射，设庠序，修文教"。

⑧华山：旧注认为是西岳华山。现有学者认为是现在商州雒南县东北的有阳华山，也就是武王归马的地方，与桃林之野南北相望，壤地相接。阳：也就是山的阳面，以山南为阳。

⑨桃林：《孔传》中解释说："桃林在华山东。"阎若璩认为："桃林塞为今灵宝县西至潼关广围三百里皆是。"

⑩弗服：不再使用。

⑪周庙：指的是周祖庙，在《孔传》中记载称："祭告后稷以下，文考文王以上七世之祖。"邦甸、侯卫这里泛指诸侯方国。骏，蔡沈解释说："《尔雅》曰：'速也'。"奔走：指奔走助祭。

⑫豆：古代祭祀用到的器物。蔡沈说："豆，木豆。"笾（biān）：古代祭祀用到的器具。蔡沈说："笾，竹豆。"

⑬柴和望都是祭祀的名称。

【译文】

一月壬辰日，初一刚过。到了第二天，癸巳日，周武王早晨就从都城镐京出发，前去征讨商朝。四月，月亮刚开始发光的那一天，周武王讨伐商朝凯旋，抵达丰邑。于是放下了一切武器装备，专心修治文教，将马匹放归到华山之南，将牛放归到桃林之野，向天下宣布不再驭使。

丁未日，周武王到周祖庙进行祭祀，邦甸、侯卫等诸侯匆忙赶来助祭，摆设了木豆、竹笾等祭器。又过了三日，庚戌日，举办了祭祀上天的柴祭，祭祀山川的望祭，向天下宣布讨伐商朝已经大功告成。

【原文】

既生魄[①]，庶邦冢君暨百工[②]，受命于周[③]。

王若曰："呜呼，群后！惟先王建邦启土[④]，公刘克笃前烈[⑤]。至于大王，肇基王迹[⑥]，王季其勤王家[⑦]。我文考文王，克成厥勋，诞膺天命[⑧]，以抚方夏[⑨]。大邦畏其力，小邦怀其德。惟九年，大统未集[⑩]，予小子其承厥志[⑪]。底商之罪，告于皇天后土[⑫]，所过名山大川[⑬]，曰：'惟有道曾孙周王发[⑭]，将有大正于商。今商王受无道，暴殄天物，害虐烝民。为天下逋逃主，萃渊薮[⑮]。予小子既获仁人，敢祇承上帝，以遏乱略。华夏蛮貊罔不率俾[⑯]。恭天成命，肆予东征，绥厥士女。惟其士女篚厥玄黄，昭我周王。天休震动，用附我大邑周！惟尔有神，尚克相予以济兆民[⑰]，无作神羞！'"

【注释】

①既生魄：《孔传》解释说："魄生明死，十五日之后。"也就是农历十六日。又《白虎通·日月》中曾经解释说："月三日成魄，八日成光。"王国维在《观堂集林》中的《生霸死霸考》一文，说："既生霸，谓自八九日以下降至十四五日也。"

②庶：众。冢君：大君。百工：这里指的是百官。

③受命于周：《史记·周本纪》中记载称："封诸侯，班赐宗彝，作《分殷之器物》。"蔡沈在《书集传》中记载称："四方诸侯及百官，皆于周受命。盖武王新即位，诸侯百官，皆朝见新君，所以正始也。"

④先王：这里指的是后稷。《孔传》中记载称："谓后稷也，尊祀，故称先王。"

⑤公刘：周先公的名字。后稷的曾孙。在《史记·周本纪》中记载称："公刘虽在戎狄之间，复修后稷之业，务耕种行地宜，自漆、沮度渭，取材用，行者有资，居者有畜积，民赖其庆。百姓怀之，多徙而保归焉。周道之兴自此始，故诗人歌思其德。"《诗·大雅·公刘》中有"笃公刘"句。克：能够。笃：厚，还有一种说法是理的意思。烈：业。

⑥大王：指的是太王，古公亶父，乃是王季的父亲，文王的祖父。在《史记·周本纪》中记载称："古公亶父复修后稷、公刘之业，积德行义，国

人皆戴之。”肇基：开始。肇基王迹：指的是古公亶父率领周朝百姓止于岐下，定都周原，“民皆歌乐之，颂其德”。

⑦王季：指的是文王的父亲，也被称为公季。《史记·周本纪》中记载称：“公季修古遗道，笃于行义，诸侯顺之。”王家指的是周国。

⑧勋：功绩。膺（yīng）：受。

⑨惟九年，大统未集：《孔传》中记载称：“言诸侯归之，九年而卒，故大统未就。”集：成功。蔡沈记载称：“自为西伯专征，而威德盖著于天下，凡九年崩。”

⑩志：这里指的是统一天下的遗志。

⑪皇：大。后：社。后土：《孔疏》中曾解释说：“《昭二十九年左传》称：‘句龙为后土。’后土为社是也。”皇天后土：指的是天神地祇。《孔疏》中说：“《僖十五年左传》云：‘戴皇天而履后土。’”

⑫名山大川：蔡沈记载称：“《周礼·大祝》云：‘王过大山川则用事焉。’孔氏曰：‘名山，谓华。大川，谓河。’盖自丰镐往朝歌，必道华山涉黄河也。”

⑬有道：《孔疏》中记载称：“自称有道者，圣人至公，为民除害，以纣无道言己有道，所以告神求助，不得饰以谦辞也。”

⑭正：《孔传》中记载称：“大正，以兵征之也。”也就是《汤誓》中“不反不正”的正。还有一种说法认为正指的是军事。

⑮萃：聚。渊薮（sǒu）：渊是水深的地方，就是鱼群聚集的地方。薮：无水之泽，是野兽聚集的地方。萃渊薮这里用来形容天下的有罪之人全都聚集在了纣王的周围。

⑯华夏：指的是中原地区。《孔传》中解释说：“冕服采章曰华，大国曰夏。”《孔疏》：“冕服采章对被发左衽则为有光华也。”蛮：泛指古代位于南方的少数民族。貊（mò）：泛指北方的少数民族。

⑰克：能够。相：相佐、帮助。济：渡。《孔传》中记载称：“渡民危害，无为神羞辱。”兆：形容极多。

【译文】

月亮刚刚散发光辉的一个日子里，诸多诸侯国的君主与百官，接受周天子的政命。

周武王这样说："啊！各位诸侯！我的父王后稷创建了国家，开拓了疆土，公刘能够增进先父的功业，到了太王古公亶父的时候开始奠定王者的基业，王季勤奋地料理王家的政事。我的父亲文王，可以成就先王的功绩，他承接了上天的大命，安抚四方。大国畏惧他的威力，小国怀念他的德政。在诸侯归顺的第九年，文王辞世，大业还没达成。我将要继续秉承他的遗志，将商纣王的罪行，汇报给皇天后土以及所路过的名川大山，说：'遵守履行天道的曾孙周王姬发，准备大举讨伐商朝。现在商纣王不遵循天道，残暴的清除天舞，祸害虐杀百姓，成为天下罪人的首领，商都成为罪人集合的地方。我获得了一些贤人的辅佐，愿意恭敬地侍奉天地，以消除动乱。中原与四夷没有不遵从的。恭敬地奉行上天下达的命令，于是我开始东征商纣王，安定了天下的男女百姓。这些男女百姓用竹筐装着黑、黄两种颜色的丝帛，前来拜见我。上天的美德感染了天下众人，因此愿意归顺我大周国，希望你们这些神灵，能够帮助我，救助天下亿万百姓，不让你们神灵蒙羞！'"

【原文】

"既戊午，师逾孟津[①]。癸亥，陈于商郊，俟天休命[②]。甲子昧爽，受率其旅若林[③]，会于牧野。罔有敌于我师[④]，前徒倒戈，攻于后以北，血流漂杵[⑤]。一戎衣[⑥]，天下大定。乃反商政，政由旧[⑦]。释箕子囚，封比干墓[⑧]，式商容闾[⑨]。散鹿台之财，发钜桥之粟，大赉于四海，而万姓悦服[⑩]。"

【注释】

①逾：渡过。孟津，也被称为盟津。周武王讨伐商纣王的时候，在这里与诸侯会合，并渡河。现位于河南省孟津县东北，是古时黄河的重要渡口之一。

②陈：摆阵，布阵。商郊：商都朝歌之郊。俟（sì）：等待。

③旅：这里指军队。甲骨文中也存有此字。若林：在《孔传》中的解释

为："言盛多。"《孔疏》中的解释为："《诗》亦云'其会如林'，言盛多也。"《史记·周本纪》中记载称："帝纣闻武王来，亦发兵七十万人距武王。"

④敌于我师，即以我师为敌：《史记·周本纪》中记载称："纣师虽众，皆无战之心，心欲武王亟入。纣师皆倒兵以战，以开武王。武王驰之，纣兵皆崩畔纣。"前徒：前行的军队。倒戈：掉转矛戈等武器。后：指的是后面的军队。北：败走，败逃。

⑤杵：舂杵。血流漂杵：相当于现在的血流成河。

⑥戎：兵。衣：服。指的是一次用兵。

⑦由：用。旧：指的是商先王的善政。《孔传》中记载称："反纣恶政，用商先王善政。"

⑧比干：传闻是商纣王的叔父，商朝著名的贤能之臣，以死相谏，被纣王剖开了胸膛。

⑨式：同"轼"，马车前面的横木。《孔疏》中解释为："式者，车上之横木，男子立乘，有所敬，则俯而凭式，遂以式为敬名。"商容：商代贤人。《史记·殷本纪》中记载称："商容贤者，百姓爱之，纣废之。"

⑩鹿：一作"廪"。鹿台：商朝的库名，用于存放钱币。《史记·周本纪》中记载称："命南宫括散鹿台之财，发钜桥之粟。"赉（lài）：赏赐，这里有施舍的意思。四海：泛指天下。悦服：心悦诚服。

【译文】

"不久就到了戊午日，我们的军队由孟津渡过了黄河。癸亥日，在商都的郊外排列好的军阵，等待天亮。甲子日天刚亮的时候，商纣王带领他那多如

林木的军队，在牧野交战。但是商朝的军队没有与我们的军队为敌的，前面的军队马上掉转了兵器，去攻击后面的军队，致使商纣王率领的军队溃败，血流成河，甚至能够漂浮舂杵。一次用兵，天下彻底稳定。于是废除了商纣王的暴政，恢复了之前商先王的德政。释放了被关押的箕子，修整了比干的墓地，礼敬商容居里。散播了鹿台府库搜刮来的财物，发放了钜桥粮仓中囤积的粟米，发放给了天下的百姓，百姓心悦诚服。”

【原文】

列爵惟五，分土惟三①。建官惟贤②，位事惟能。重民五教，惟食丧祭③。惇信明义，崇德报功④。垂拱而天下治⑤。

【注释】

①列爵：即设立爵位。惟：为。五：指的是公、侯、伯、子、男五等诸侯。《孔传》中解释说：“列地封国，公侯方百里，伯七十里，子男五十里，为三品。”

②建：设立，选拔。

③五教：指的是五常之教，也就是君臣、父子、夫妇、兄弟、长幼。

④惇：厚。惇信明义：也就是惇厚其信，显明其义。崇：尊。报：答。

⑤垂拱：垂衣拱手。《孔传》：“言武王所修皆是，所任得人，欲垂拱而天下治。”

【译文】

周武王设立了五个等级的爵位，分封的土地分为三品。选立官员只任用那些贤能之人。看重对百姓施行君臣、父子、夫妇、兄弟、长幼五典之教，重视民食、丧死、祭祀这三大事，谆厚诚信，显明义理，对有德之人十分尊重，答谢那些建立功勋之人。自此，周武王垂衣拱手，天下得到大治。

洪　范

【题解】

洪，乃大的意思。范，为法也。《史记·周本纪》中记载称："武王已克殷，后二年，问箕子殷所以忘。箕子不忍言殷恶，以存亡国宜告。武王亦臭，故问以天道。"《史记·宋微子世家》中也收录了此篇。

《书序》中说："武王胜殷，杀受，立武庚，以箕子归。作《洪范》" 本篇开篇有武王询问箕子的话，可能为周史臣所作，也可能为后人所加，具体不详。

《洪范》虽出自商朝末期，但是从西周到春秋战国期间，不断有人为其增加新的内容。被称为"统治大法"，在后世的文章中多次被引用，乃研究古代政治、文化、哲学等问题的重要上古文献。

【原文】

惟十有三祀[1]，王访于箕子。王乃言曰："呜呼！箕子，惟天阴骘下民[2]，相协厥居[3]，我不知其彝伦攸叙[4]。"

箕子乃言曰："我闻在昔，鲧陻洪水[5]，汩陈其五行[6]，帝乃震怒，不畀洪范九畴[7]，彝伦攸斁[8]。鲧则殛死[9]，禹乃嗣兴，天乃锡禹洪范九畴[10]，彝伦攸叙。

"初一，曰五行[11]。次二，曰敬用五事[12]；次三，曰农用八政[13]，次四，曰协用五纪[14]，次五，曰建用皇极[15]；次六，曰乂用三德[16]；次七，曰明用稽疑[17]；次八，曰念用庶征[18]；次九，曰向用五福[19]，威用六极[20]。"

【注释】

①惟：发语词。十有三祀：即十三年，这里指文王建国之后的第十三年，也是武王即位之后的第四年，也是殷商灭亡之后二年。有：又。祀：年。

②阴骘（zhì）：意思是庇护、保护。

③相：帮助。协：和。厥：他们，指臣民。

④彝伦：常理。攸：所。叙：顺序，这里的意思是制定、规定。

⑤鲧（gǔn）：人名，夏禹的父亲。陻（yīn）：堵塞。

⑥汩（gǔ）：乱。陈：列。行：用。五行：指水火木金土这五种被人利用的物质。

⑦畀（bí）：给予。畴：种类。九畴指治国的几种大法。

⑧斁（dù）：败坏。

⑨殛（jì）：诛，这里指流放。

⑩锡：赐，给予。

⑪初一：第一。无行：五种可以被人们所利用的物质，即下文所说的金木水火土。行：用。

⑫次：第。五事：貌、言、视、听、思五件事。

⑬农：努力。八政：八种政事。

⑭协：合。五纪：五种记时的方法与天时相合。

⑮建：建立。皇极：意思是指至高无上的法则。句中省略掉中心词，联系下文第五条对皇极的解释来看，中心词应该是“原则”。

⑯乂：治理，指治理臣民。

⑰稽：考察。疑：疑问

⑱念：考虑。庶：多。征：征兆。

⑲向：劝导。

⑳威：使之感到畏惧、警戒。

【译文】

周文王十三年，武王拜望箕子。武王说：“啊呀！箕子，上天庇佑着下界的臣民，让大家可以和睦共处，我不知道上天治理天下的常理究竟有哪些可以让所有事情都井然有序？”

箕子回答说：“我听说从前鲧采取用土堵塞的方法来治理洪水，结果将五行的次序打乱了。上天为之震怒，就没有将治国的九种大法传递给鲧，因而治邦安国的道理受到了破坏。后来，鲧在流放中死去了，大禹继承了他父亲的事业继续治水，上天因此将九种大法传授给了大禹，大禹按照这个常法将天下治理得井井有条。

“第一是五行，第二是毕恭毕敬地做好自身的五件事，第三是用心做好八项政务，第四是能够依据日月运行的情况来制定历法，第五是建立最高的法则，第六是推行三种管理臣民的方法，第七是用卜筮来排除疑惑进行决策，第八是认真地察觉研究各种征兆，第九是用五种幸福劝人为善，用六极惩戒罪恶。”

【原文】

“一，五行：一曰水，二曰火，三曰木，四曰金，五曰土。水曰润下，火曰炎上、木曰曲直[①]，金曰从革[②]，土爰稼穑[③]。润下作咸，炎上作苦，曲直作酸，从革作辛，稼穑作甘。

“二，五事：一曰貌，二曰言，三曰视，四曰听，五曰思。貌曰恭，言曰从[④]，视曰明，听曰聪，思曰睿[⑤]。恭作肃[⑥]，从作乂[⑦]，明作哲，聪作谋，睿作圣。

“三，八政：一曰食，二曰货，三曰祀，四曰司空，五曰司徒，六曰司寇，七曰宾，八曰师[⑧]。

“四，五纪：一曰岁，二曰月，三曰日，四曰星辰[⑨]，五曰历数[⑩]。”

【注释】

①曲直：可曲可直。

②从：顺从。革：变革。这句话的意思就是说金能够按照人的要求而改变。

③爰：作"曰"，助词，没有实义。稼穑：指庄稼。

④言：说话。从：顺从。这句话的意思是说讲话正当合理。

⑤睿：通达。

⑥作：则，就。肃：恭敬。

⑦乂：治。

⑧八政：八种政务官员。司空：掌管居民的官。司徒：掌管教育的官。司寇：掌管司法事务的官。宾：掌管诸侯朝见的官。师：即司马，掌管军事的官。

⑨星：指二十八宿。辰：指十二辰。

⑩历数：日月运行经历周天的度数。

【译文】

"第一章，五行：第一是水，第二是火，第三是木，第四是金，第五是土。水的特性是向下面浸湿，火的特性是往上面燃烧，木的特性是能够弯曲或者伸直，金的特性在熔化之后能够根据人的需求而变换各种形状，土的特性就是能够种植庄稼。向下浸湿的水产生咸味；往上燃烧的火能够产生苦味；可以弯曲也能够伸直的木，它能够产生酸味；能够改变形状的金属，它的味道是甜的。

"第二章，君王自身的五件事：一是态度，二是言谈，三是观察，四是听闻，五是思考。态度要恭敬，言谈好能够合乎情理，观察尧能够明察秋毫，闻听要聪颖，思考要能通达。态度恭敬了就能够形成严肃端庄的气场；言谈合乎情理，就能够得到广泛的辅佐；观察明察秋毫，就能够避免被蒙蔽；听闻聪颖，就能够善于谋断；思考通达，即可以达到圣明。

"第三章，要办好的八项政务：一是农业生产，二是管理财货，三是宗教的祭祀事宜，四是内务民政，五是教育教化，六是公安司法，七是接待宾客，八是军事行动。

“第四章，五种用于纪时的方法：一是年，二是月，三是日，四是观察星辰，五是推算历法。”

【原文】

“五，皇极：皇建其有极。

“敛时五福[1]，用敷锡厥庶民[2]；惟时厥庶民于汝极，锡汝保极[3]。凡厥庶民，无有淫朋[4]，人无有比德[5]，惟皇作极。凡厥庶民，有猷有为有守[6]，汝则念之。不协于极，不罹于咎[7]，皇则受之[8]。而康而色[9]，曰：‘予攸好德。’汝则锡之福，时人斯其惟皇之极[10]。无虐茕独，而畏高明[11]。人之有能有为。使羞其行[12]，而邦其昌。凡厥正人[13]，既富方谷；汝弗能使有好于而家[14]，时人斯其辜[15]。于其无好德，汝虽锡之福，其作汝用咎。

“无偏无陂[16]，遵王之义。无有作好[17]，遵王之道。无有作恶，遵王之路。无偏无党，王道荡荡[18]；无党无偏，王道平平；无反无侧[19]，王道正直。会其有极，归其有极！曰皇极之敷言，是彝是训，于帝其训。凡厥庶民极之敷言，是训是行，以近天子之光。曰天子作民父母，以为天下王。”

【注释】

①敛：集中。时：同“是”，指示代词，这。

②用：以。敷：普遍，布。锡：赐。厥：其，代指君王，作庶民的定语。

③保：保持，遵守。

④淫朋：通过交游结成的私下小集团。淫：游。朋：小集团。

⑤比：勾结，比德的意思是狼狈为奸。

⑥猷：计谋。句子中的三个“有”字都是副词，同“又”，表示几种要求应该同时做到。守：操守。

⑦罹：陷入。咎：罪过。

⑧皇：代指天子。受：宽容。

⑨而康而色：句子中有两个“而”字，前一个是假设连词，犹假如；后一个是人称代词，你。康：和悦。色：脸色温润。

⑩斯：将。维：想。

⑪茕（qióng）独：指鳏寡孤独、无依无靠的人。

⑫羞其行：进一步提高其德行。羞：进、贡献。

⑬正人：指做官的人。

⑭方：并。谷：禄位。这句话的意思是又富有贵。有好于而家：此句为倒装句，即“于而家有好”，意思是给你王室带来好处。而：是人称代词，意为你。

⑮辜：罪，怪罪。

⑯陂（pō）：不平。

⑰好：私好，偏好。

⑱荡荡：宽广的样子。

⑲平平（biàn）：平坦的样子。反：违反。侧：倾侧，指违反法度。

【译文】

“第五章，君王的统治原则：君王应当建立他的统治原则。

“第六章，将五种幸福之事聚集起来，赐给臣民。如此一来，臣民就会拥护这些原则，帮您巩固这些原则。只要是臣民都不能结党营私，为非作歹，不准许各级官员朋比为奸，只能遵循君主所制定的原则。只要是那些善于谋划，有才能、有操守的臣民，都注意留意他们。那些行为做法不符合原则，又还没有构成犯罪的人，要学会宽忍他们，而且应当亲切和蔼地宽恕他们。如果有人说：‘我要注意修行品行。’您要赐予他们一些好处。如此，人们就会完全遵守君王的准则，不去虐待那些没有依靠的百姓，而敬畏那些权贵官员了。那些有才能的官员，要晋升他们，这样才能让国家兴旺昌盛。那些高级官员，要给予他们丰厚的待遇，才能让他们做出好的政绩。如果您不能让百姓效力于王家，这都是官员的过失。那些品德差的人，您即便赐予他们好处，他们也只会为非作歹。不要不公平，也不要不公正，遵循君王的法则；不要有个人的私欲，要懂得遵循君王正道而前行。

“不要为非作歹，要遵循君王的正路；不要有所偏私，不可结党营私，君王的道路才能无比平坦。不要反复，不要倾侧，君王的道路才能正直。聚集了那些能够依照原则来处理事情的官员，官员也就归依于建立准则的君王。这就叫作君王统治原则的至理名言，要能够将这些言论作为师法、作为教训，才能够顺从上天的旨意！这就是百姓们所需要遵循的至理名言，应当顺从于它，奉行它，这样才能亲附于天子，蒙受他的光彩。如此，天子才能成为百姓的父母，成为天下的君主。”

【原文】

“六、三德：一曰正直，二曰刚克，三曰柔克①。平康，正直②，强弗友，刚克③；燮友，柔克④。沉潜，刚克⑤，高明，柔克⑥。惟辟作福，惟辟作威，惟辟玉食⑦。臣无有作福、作威、玉食。臣之有作福、作威、玉食，其害于而家，凶于而国，人用侧颇僻，民用僭忒⑧。”

【注释】

①正：端正。直：曲直。刚克：过于强硬。克：胜过。柔克：过于软弱。

②平康正直：是说想要求得国家的太平安康，就需要端正人的曲直。平康：中正平和，指国家。正直：与上文的正直意思相同。

③友：亲近。

④燮（xiè）：和，柔和。燮友：指柔和可亲的人。

⑤沉潜刚克：是说对于劳动人民应当镇压。沉潜：意思是抑制、压制，其中沉与潜都有在下的意思，当指劳动人民。

⑥高明：推崇，高扬。

⑦玉食：美食。

⑧僭（jiàn）：差。忒：作恶，指犯上作乱的念头。

【译文】

“第六章，三种管理百姓的方法：一是要用正直的手段来进行统治；二是要用强硬的手段来统治；三是要用柔和的手段来统治。对于中正平和之人，要采取正直的手段；对于倔强不容易亲近之人，可以采取强硬的手段；对于平和容易接近之人，可以采取柔和手段。对待百姓要懂得用强硬的手段来管理；对于高权政要可以采取柔和的手段来拉拢。只有君王才有权赏赐幸福，

只有君王才有权处罚罪恶，也只有君王才能享用美食。如果臣子擅自使用权利，给予百姓幸福、处罚罪恶、享受美食，就会危及王室，颠覆国家，百官也会因此而步入邪道，百姓也会犯上作乱。”

【原文】

“七、稽疑：择建立卜筮人，乃命卜筮。曰雨，曰霁，曰蒙，曰驿，曰克，曰贞[①]，曰悔[②]，凡七。卜五，占用二，衍忒[③]。立时人作卜筮[④]。三人占，则从二人之言。

“汝则有大疑，谋及乃心，谋及卿士，谋及庶人，谋及卜筮。汝则从，龟从、筮从，卿士从，庶民从，是之谓大同。身其康强，子孙其逢，吉[⑤]。汝则从，龟从，筮从，卿士逆，庶民逆，吉。卿士从、龟从、筮从、汝则逆、庶民逆，吉。庶民从，龟从，筮从、汝则逆，卿士逆，吉。汝则从，龟从，筮逆，卿上逆，庶民逆，作内，吉，作外，凶[⑥]。龟筮共违于人，用静，吉；用作，凶[⑦]。”

【注释】

①贞：内卦。

②悔：外卦。

③衍：推演。忒：变化。

④时人：这种人，指卜筮官员。

⑤逢：打，昌盛。

⑥内：指国内。外：指国外。

⑦作：举事。

【译文】

“第七章，占卜解疑的方法：选择善于占卜的人，用龟甲进行占卜、蓍草筮卦，测算出雨、霁、蒙、驿等天气状况，事情成功与否，以及内卦、外卦诸多的变化，一共七种。其中，用龟甲进行占卜五项，用蓍草筮卦两项，都是推算并研究兆卦的变化。让善于占卜的人占卜时，三个人占问，可以听信其中两个人的结果。

“如果您有什么疑难的重要事情，首先要自己再三思考，然后再询问臣子，之后再与庶民商议，最后再去查看占卜的结果。如果您自己赞成，龟卜赞成，蓍卦赞成，臣子赞成，百姓也赞成，这就叫大同。如此，您的身体强健了，后世的子孙也兴旺了，这就叫大吉。如果您自己赞成，龟卜赞成，蓍卦赞成，可是大臣们反对，百姓也反对，这也能算是吉利。如果大臣们赞成，龟卜赞成，蓍卦赞成，您自己却反对，百姓也反对，这也还算是吉利。如果百姓们赞成，龟卜赞成，蓍卦赞成，您自己却反对，大臣们也反对，也还算吉利。如果您赞成，龟卜赞成，蓍卦却反对，大臣们也反对，百姓也反对，如果遇到这样的情形，如果是对内的事宜，依然是吉利；如果是对外的事宜，则可能带来凶灾。如果龟卜和蓍卦都不合人意，那就搁置一下，先不采取任何行动，这样才能取得吉利的结果；如果轻易采取行动，必然会招致祸端。”

【原文】

“八、庶征：曰雨，曰旸[①]，曰燠[②]，曰寒，曰风，曰时。五者来备，各以其叙[③]，庶草蕃庑[④]，一极备[⑤]，凶；一级无，凶。

“曰休征[⑥]：曰肃，时雨若[⑦]；曰乂，时旸若；曰哲，时燠若；曰谋，时寒若；曰圣，时风若。曰咎征：曰狂[⑧]，恒雨若；曰僭，恒旸若；曰豫，恒燠若；曰急，恒寒若；曰蒙，恒风若。

"曰：王省惟岁[9]，卿士惟月，师尹惟日。岁月日时无易[10]，百谷用成[11]，乂用明，俊民用章[12]，家用平康。日月岁时既易，百谷用不成，乂用昏不明，俊民用微[13]，家用不宁。庶民惟星[14]：星有好风[15]，星有好雨[16]。日月之行，则有冬有夏；月之从星，则以风雨[17]。"

【注释】

①曰：为。以下数句中的"曰"同此。旸（yáng）：日出，这里指晴天。

②燠（yù）：温暖，炎热，暖和。

③时：通"是"，指示代词，指的是上面所说的五种现象。叙：次序，这里指时序，时令。

④蕃：茂盛。庑：通"芜"，形容草木丰盛。

⑤一：指雨、旸、燠、寒、风五种现象中的一种。极：过甚。

⑥休：美好。征：征兆。

⑦若：像。

⑧狂：狂妄，傲慢。

⑨省：通"眚（shěng）"，过失。

⑩无易：不发生异常的变化。易，改变。

⑪用：因。

⑫俊：有才能的人。章：彰，显明，这里指提拔任用。

⑬微：隐没，这里指不提拔任用。

⑭庶民惟星：这一句将众民比为众星。庶：众。

⑮好：喜好。

⑯"箕"与"毕"都是星名。

⑰月之从星，则以风雨：以上数句都是比方，用众星比作百姓，是说百姓应该如众星被日月所统率一样，臣服于统治者的统治。"星有好风，星有好雨"是说百姓喜好无常，不可信从；"月之从星，则以风雨"是说政教发生改变，顺从了人们的心愿，就会大乱。

【译文】

"第八章，各类征兆：雨、晴、暖、寒、风。要是这五种全部都有了，各

自按照正常的规律发生，就能够让草木生长茂盛，庄稼丰收。如果其中的某一项太多，就将不利；某一项欠缺，也是不利的。美好行为的征兆：君主表现端正，雨水降得恰到好处；君主政治清明，太阳能够按时普照大地；君主表现明哲，气候适宜温暖；君主能够深谋远虑，天气会在恰当的时节转寒；君主能够明察秋毫，天气能够定时到来。

“恶劣行为的征兆：君王行为过于放肆荒诞，会引发大雨；君王行为时常出现差错，那么将经常干旱；君王办事拖拉不着急，天气就会变得炎热；君主办事冲动冒失，天气将会经常寒冷；君主办事昏暗无道，那么将会经常刮风。

“君王、卿士、师尹来统治管理事情，分别就像是岁、月、日一般。岁、月、日自然有序地变化而没有错乱，庄稼才能获得丰收，政治就会因此而治理清明，贤人被提拔重用，国家才能安定。如果日、月、岁的顺序错乱，庄稼就难以有所收成，政治也会变得混乱不堪，贤能的人士只能沉沦，国家当然也无法安定。百姓就如同星星，能够影响着风调雨顺。日、月按照一定的规律进行，就会产生冬夏。如果月亮在运行的时候，遵从星星的偏好，就会引发风雨。”

【原文】

“九、五福：一曰寿，二曰富，三曰康宁，四曰攸好德[①]，五曰考终命[②]。六极：一曰凶、短、折[③]，二曰疾，三曰忧，四曰贫，五曰恶，六曰弱。”

【注释】

①攸：所。

②考：老。终命：善终。

③凶：没有到换牙就死去。短：不到二十岁就死去。折：没有结婚就死去。

【译文】

“第九章，五种幸福：一是长寿，二是富有，三是健康安宁，四是喜欢美德，五是老而善终。六种处罚，一是枉死，二是疾病，三是忧患，四是穷困，五是凶恶，六是懦弱。”

旅　獒

【题解】

《今文尚书》中并无此篇，属梅赜《古文尚书》。

《书序》中提到：“西旅献獒，太保作《旅獒》。”西旅指的是西方的方国，当时极有可能已经归附了西周。獒，大犬。西旅与西周交通，因此献上了其当地的特产獒。太保，指的是召公奭。太保召公认为不能接受西旅所献上的獒，因此劝诫武王要勤于政务，谨慎德行，以免因为沉迷玩乐，耽误了政事。因此写了这篇训政之文。

本篇除了史官的说明之外，主要是召公的诰词。劝诫武王要谨慎德行，不能骄奢淫逸，要注重细行。

【原文】

惟克商①，遂通道于九夷八蛮②。西旅厎贡厥獒③，太保乃作《旅獒》，用训于王④。

【注释】

①克商：指的是周武王灭商。

②通道：开辟道路的意思。蔡沈在《书集传》中解释为："曰'通道'云者，盖蛮夷来王，则道路自通，非武王有意于开四夷而斥大境土也。"九夷：是对古代东方少数民族的泛称。《后汉书·东夷传》中记载称："夷有九种，曰：畎夷、于夷、方夷、黄夷、白夷、赤夷、玄夷、风夷、阳夷。"八蛮，是对古代南方少数民族的泛称，也就是南蛮。这泛指周王朝周围的少数民族，后来通称为东夷、南蛮、西戎、北狄。《左传·昭公九年》中曾经这样解释说："我自夏以后稷，魏、骀、芮、岐、毕，吾西土也。及武王克商，蒲姑、商奄，吾东土也。巴、濮、楚、邓，吾南土也。肃慎、燕、亳，吾北土也。"

③西旅：西面的方国，应当是西戎一支。厎：至、来。

④太保：即召公奭。训：训戒、劝导。

【译文】

周武王灭亡商朝之后，便开辟了可以通往周围少数民族的道路。西面的旅国进献了獒，太保召公奭因此写了一篇诰文《旅獒》，用来劝诫周武王。

【原文】

曰："呜呼！明王慎德，四夷咸宾①。无有远迩，毕献方物②，惟服食器用③。王乃昭德之致于异姓之邦，无替厥服④；分宝玉于伯叔之国⑤，时庸展亲。人不易物，惟德其物⑥。

【注释】

①四夷：指的是四方的少数民族。咸：全部，都。宾：归附，宾服，归顺，服从。

②方物：《孔传》中解释为："方土所生之物。"

③惟：只、仅。

④昭：昭示，表明。德之致：蔡沈解释说："谓上文所贡方物也。"异姓之邦：周王姓姬，周王消灭商朝之前，三分天下有其二，有很多异姓的方国来归顺。灭亡商朝之后，又分封了一些异姓诸侯。

⑤伯叔之国：指的是同姓的诸侯国。《左传·襄公九年》中记载称："文、武、成、康之建母弟，以蕃屏周。"周武王灭亡商朝之后，分封了大批同姓诸侯，大多是文王的子嗣、武王的兄弟。

⑥易：轻易。蔡沈："王者以其德所致方物，分赐诸侯，故诸侯亦不敢轻易其物，而以德视其物也。"

【译文】

召公说："啊！贤明的君主要谨慎自己的德行，四方的少数民族才会来归附。不管距离远近，全都会呈上当地的特产，只要吃穿日常用品就够了，君王因此分别赐予那些异姓的诸侯贡物，来表明自己的圣德，让他们不荒废自己所要承担的义务。分别赐予珠宝给那些同姓的诸侯，来表明骨肉之情。人们不亵渎贡品，而是看这些贡品是否符合了德的标准。

【原文】

"德盛不狎侮①。狎侮君子②，罔以尽人心；狎侮小人③，罔以尽其力。不役耳目，百度惟贞④。玩人丧德，玩物丧志。志以道宁⑤，言以道接⑥。不作无益害有益⑦，功乃成；不贵异物贱用物，民乃足⑧。犬马非其土性不畜⑨，珍禽奇兽，不育于国⑩。不宝远物，则远人格⑪；所宝惟贤，则迩人安⑫。

【注释】

①狎（xiá）侮：轻慢，侮辱。

②君子：这里指的是拥有一定地位的人，也就是统治者。

③小人：下层的百姓，也就是被统治者。

④耳目：指的是通过感官获取声色。百度：指的是百事。《左传·昭公元年》中写道："兹心不爽，而昏乱百度。"杜预注："兹，此也。爽，明也。百度，百事之节也。"贞是正的意思。《孔传》中记载称："言不以声色自役则

百度正。”

⑤志：《孔传》中认为：“在心为志。”言，《孔传》中认为：“发气为言。”道：蔡沈认为：“道者，所当由之理也。”宁：安定。

⑥接：接受，接纳。又有《朱子语类》中认为：“接者，酬应之谓。言当以道酬应也。”又曰：“志，我之志；言，人之言。”可备一说。蔡沈认为：“己之志，以道而宁，则不至于妄发；人之言，以道而接，则不至于妄受。”

⑦无益：《孔传》中认为：“游观为无益。”

⑧异物：《孔传》中认为：“奇巧为异物。”

⑨土性：指的是土生土长。畜：豢养，畜养。《孔传》中写道：“非此土生不畜，以不习其用。”

⑩不育于国：《孔传》中写道：“皆非所用，有损害故。”

⑪格：到，来。

⑫迩：近。

【译文】

“德行盛大不能被轻视。轻慢官员，就不能让他们尽心尽力。轻慢百姓，就不能让他们竭尽全力。不沉溺于歌舞女色，各种事物都办得妥当。玩弄百姓丧失君德，玩弄东西容易丧失志向。自己的志向要贴合道理才能安定，言语要符合道理才能被人所接受。不去做无益的事情，事情就能成功；不看重那些精巧的东西，不轻视那些实用的东西，百姓就会富有。犬马这些牲畜并不是土生土长的不要去养，珍奇异兽更不可蓄养在国内。不将远方献上的贡品当作宝贝，那么远方的人就会过来归附；所尊重的只有身旁贤能的人才，那么身边的人就安定了。

【原文】

“呜呼！夙夜罔或不勤。不矜细行[①]，终累大德[②]，为山九仞[③]，功亏一篑[④]。允迪兹[⑤]，生民保厥居，惟乃世王[⑥]。”

【注释】

①不矜：《孔传》中解释为“轻忽”。蔡沈认为是矜持的意思。细行：小举动，细微行为。

②累：牵连，连累、损害。

③九仞：《孔传》中认为：“八尺曰仞。”

④篑（kuì）：盛土用的竹筐。

⑤允：信。迪：施行。兹：此，指的是上面的训言。

⑥乃：你，指周武王。世王：即世世为王、世代为王。

【译文】

“啊！从早到晚无时无刻都不能不勤奋。不留意自己的小举动，最终会损失大的德行。就像是堆起九仞高的土山，就算是只缺一竹筐的土，也不能说是大功告成。要是真的做到这一点，百姓就能安居乐业，您就能够世代为王了。”

金　縢

【题解】

“金縢之匮”，相当于现在的“铁柜子”，用于存放王室的机密文件。本篇疑点颇多，争议相对较大，关于其制作时间有所争论，《书序》中说：“武王有疾，周公作《金縢》。”可以看出此篇乃周公本人所作，但也有说法认为是作于周公去世之后，也有说是后代的史官所作。《书序》之说不可信，因为周公生前并不可能知晓自己死后的事情。据学者推测，《金縢》的完成时间，应当在战国时期。

本篇主要叙述了武王灭商之后两年，身患重病，周公旦祈求先王在天有灵，让自己可以代替武王去死，并将祝告的册书放置在了“金縢之匮”中，不久，武王病愈。武王去世之后，成王继位，由于其年幼，由周公摄政。管、蔡二人妖言惑众，导致成王对周公多加猜忌，上天降下警示，成王打开金匮，知道了前因后果，消除了疑惑，迎回了周公。

【原文】

既克商二年[①]，王有疾，弗豫[②]。二公曰[③]：“我其为王穆卜[④]？”周公曰：“未可以戚我先王[⑤]。”公乃自以为功[⑥]，为三坛，同墠[⑦]；为坛于南方，北面，周公立焉，植璧秉珪[⑧]，乃告大王、王季、文王[⑨]。

史乃册祝曰[⑩]：“惟尔元孙某遘厉虐疾[⑪]；若尔三王是有丕子之责于天[⑫]，以旦代某之身。予仁若考[⑬]，能多材多艺，能事鬼神。乃元孙不若旦多材多艺，不能事鬼神。乃命于帝庭[⑭]，敷佑四方[⑮]。用能定尔子孙于下地[⑯]，四方之民罔不祗畏[⑰]。呜呼！无坠天之降宝命，我先王亦永有依归。今我即命于元龟[⑱]，尔之许我，我其以璧与珪，归俟尔命；尔不许我，我乃屏璧与珪。”

【注释】

①既：时态副词，表示过去。克商：灭掉商朝。

②弗豫：古时天子生病的称谓。弗：否定副词，不。豫，《尔雅·释诂》：“豫，乐也。”

③二公：据《史记》，当指太公和召公。

④其：表示商量语气的副词。穆：恭敬。

⑤戚：忧虑。

⑥“公乃”句：这句话的意思是说，周公打算祷告先王让自己代替武王去死。乃：就。功：质，抵押品。

⑦三坛：《孔传》："因太王、王季、文王请命于天，故为三坛。"坛：祭坛。墠（shàn）：古代祭祀或盟会的场地。

⑧植：通"置"，放。秉：拿着。璧、珪：均美玉，珪的形状上圆下方。

⑨大王：即太王，武王的曾祖，是周王朝开创人之一。王季：武王的祖父，名季历。文王：武王父姬昌。

⑩史：《史记》作"内史"，即史官。册祝：典册上的祝词。

⑪元：长。遘（gòu）：遇。厉：病灾。虐疾：暴病。

⑫是有丕子之责于天：这一句疑点颇多。俞樾说："'丕'字，《史记》作'负'。负子者，诸侯疾病之名。《曲礼正义》引《白虎通》：'天子病曰不豫'，言不复豫政也。诸侯曰'负子'，诸侯子民，言忧民不复子之也，三王于殷为诸侯，故称其病为'负子'。"此说甚妥，从之。

⑬若：通"而"。考：通"巧"，乖巧。

⑭乃命于帝庭：意思是在天庭接受上天的任命。

⑮敷佑：即匍有。盂鼎："匍有四方。""敷"与"溥"古时通用。《诗·小雅·北山》："溥天之下，莫非王土。""敷佑四方"与此意同。

⑯用：因。

⑰罔：否定副词，不。祗（zhī）：敬。

⑱即：就。元龟：占卜用的大龟。

【译文】

（武王）灭商后第二年，武王身患重病，身体不适。太公、召公说："我们替武王占下卦吧？"周公说："这并不能打动我们的先王。"因此，周公准备用自己的声名作为筹码，在祭场上筑起了三座祭坛。祭坛放置在南面，朝向北方，周公站在上面，摆设好璧，手里捧着圭，向太王、王季、文王祷告。

史官拿着册子，读着上面的祝文说："你们的长孙姬发身患重症，如果你们三王在天有灵打算召子孙去服侍你们的话，那就让我姬旦来代替吧！我十分仁德且机灵乖巧，多才多艺，能够侍奉鬼神。你们的长孙并不能做到像我这样，不会侍奉鬼神。你们在天地的那里接任了天命，而拥有天下，能够让你们的子孙安定，四方的百姓都十分敬畏。哎！不能丢了上天赐予的宝贵天

命，先王的灵魂才能永远安享宗庙。现在我根据龟卜来接受你们的指令，如果你们同意了我的请求，我就将璧和珪献给你们，回去等候你们的指令；如果你们不同意，那么我就将璧和珪抛掉。”

【原文】

乃卜三龟①，一习吉②。启籥见书③，乃并是吉④。公曰：“体⑤！王其罔害⑥。予小子新命于三王，惟永终是图。兹攸俟⑦，能念予一人⑧。”

公归，乃纳册于金縢之匮中⑨。王翌日乃瘳⑩。

【注释】

①三龟：一说，“三龟”指在三王灵前各置一龟；一说，“三龟”指占卜三次（《洪范》中有三占从二之说）。两说均通，译文用前一说。

②一习吉：指占卜的均属吉兆。习：重。

③启：开。籥（yuè）：古时书写用的竹简。

④并：皆。

⑤体：俞樾认为是发语词，表示庆幸。一说，“体”指占卜时的卦兆，亦通。

⑥罔：无。

⑦兹：这。攸：所。俟（sì）：等。

⑧予一人：指武王。古时只有天子才可称“予一人”。

⑨縢（téng）：封缄。匮：匣。

⑩翼日：明日。翼，通“翌”。瘳（chōu）：病愈。

【译文】

于是，他在太王、王季、文王的灵位前各自摆放了一只龟，进行占卜，全部都得到了吉兆。周公说：“好啊！从占卜的情况来看，大王的病应当并无大碍。我从三王那里接受命令，也可以长期为国家谋划。现今我就等着这个命令下发吧！三王定然是不会忘记我的。”

周公回去之后，就将这篇祝文放到了密封的铁柜子里。第二天，武王的病体就痊愈了。

【原文】

武王既丧，管叔及其群弟乃流言于国曰[①]：“公将不利于孺子。”周公乃告二公曰：“我之弗辟[②]，我无以告我先王。”周公居东二年[③]，则罪人斯得[④]。于后，公乃为诗以贻王[⑤]，名之曰《鸱鸮》[⑥]，王亦未敢诮公[⑦]。

秋，大熟，未获，天大雷电以风，禾尽偃[⑧]，大木斯拔[⑨]，邦人大恐。王与大夫尽弁[⑩]，以启金縢之书，乃得周公所自以为功代武王之说。二公及王乃问诸史与百执事。对曰：“信。噫公命，我勿敢言。”王执书以泣，曰：“其勿穆卜。昔公勤劳王家，惟予冲人弗及知[⑪]。今天动威以彰周公之德，惟朕小子其新逆[⑫]，我国家礼亦宜之。”

王出郊，天乃雨，反风，禾则尽起。二公命邦人凡大木所偃，尽起而筑之。岁则大熟。

【注释】

①管叔及其群弟：在《史记·周本纪》中记载称，武王过世之后，由周公摄政，武王的弟弟管叔、蔡叔、霍叔等与武庚相互勾结发动叛乱，这次叛乱被周公镇压了下去。

②弗：不。辟：指君位，此处意指政权。

③周公居东二年：管叔等人在周初实行封建时，被分封在商的故土。周灭商后把商的故土分为三部分。管叔、蔡叔、霍叔各据一部分，监视殷人，

称为“三监”。殷商的故土在周的东面，因而周公向东进发，讨伐他们的叛乱。居东：指东征。

④罪人：指管叔集团中的人。斯：尽。

⑤诒（yí）：通“贻”，给。

⑥鸱鸮（chī xiāo）：鸟的名字，也就是猫头鹰。

⑦诮（qiào）：责备。

⑧偃（yǎn）：倒下。

⑨斯：尽。

⑩弁（biàn）：礼服。

⑪惟：只。予：我。冲人：年幼的人。

⑫惟：发语词。新：马融作“亲”，于义为长，可从。逆：迎。

【译文】

后来武王驾崩，管叔和他的几个弟弟在国内散布谣言说：“周公对小君主怀有二心！”周公对二公说：“如今我不逃避，我将无法向先王交代。”于是，他逃到了东边居住两年，几个造谣生事的人也被抓获。后来，周公赋了一首诗送给成王，诗的题目叫《鸱鸮》。成王也没怎么说他。

那一年秋天，庄稼长势喜人，尚未收割，却突降雷雨，还有大风，将很多粮食都吹倒了，大树都被连根拔起，国内的百姓十分恐慌。成王与诸位卿大夫穿着朝服准备占卜，打开了那个密封存有占卜祝册的铁柜子，于是看到了周公以自身作为筹码代替武王去死的祝词。二公与成王就这件事向祝史和各执事官员询问，他们回答说：“是有这么回事。但是这是周公的命令，我们也不敢多言。”成王手中拿着祝册，流着泪说：“不用占卜了！过去周公替王室做了这么多事情，我年幼无知。如今上天发出警告，彰显周公的德行，我应当亲自去迎接他，这才是符合国家礼制的。”

成王走出郊外，天忽然又下起了雨，风开始朝着相反的方向刮，那些被吹倒的庄稼便又重新立起来了。太公和召公便吩咐国内的百姓，将那些被风刮倒的大树，都重新扶起来，并且用土加固，这一年的收成特别好。

大　诰

【原文】

诰，告诫，劝勉的意思。“大诰”也就是普遍劝勉的意思。《史记·周本纪》中记载称：“初，管、蔡畔周，周公伐之，三年而毕定，故初作《大诰》，次作《微子之命》，次《归禾》，次《嘉禾》，次《康诰》、《酒诰》、《梓材》，其事在周公之篇。”可见，其成书于周公摄政、管蔡叛乱之后。《书序》中写道：“武王崩，三监及淮夷叛，周公相成王，将黜殷，作《大诰》。”与司马迁的说法并不相同，认为是周公东征之初所写。从本篇的内容来看，《书序》中所言可以采纳。

本篇主要讲述了周武王死后，成王年幼，由周公摄政。管叔、蔡叔由于嫉恨周公，与隐王武庚相勾结发起了叛乱。周公为了能够动员战士出征，发表了这番讲话，再三强调了平息叛乱、进行东征的意义。最终成功动员诸侯，平定叛乱，巩固了周王朝的统治。

由于本篇文字诘屈聱牙，晦涩难懂，释读不易，同时是一篇西周初期珍贵的作品，史料价值极高。

【原文】

王若曰[①]：“猷！大诰尔多邦，越尔御事[②]。弗吊！天降割于我家[③]，不少延！洪惟我幼冲人，嗣无疆大历服[④]，弗造哲[⑤]，迪民康[⑥]，矧曰其有能格知天命[⑦]？

【注释】

①王：指周公，武王死后，武王的儿子诵年幼，周公暂时代替诵执掌政权，因此这里的王应当指的是周公。若：因公暂时代理天子的职权，所以在谈话或发布命令时，加上“若”字，以表示是暂时代理。

②诰：周时，最高统治者对臣僚的训语称诰。尔：你，这里应当为你们。邦：指诸侯。越：连词，和。御事：指诸侯下面的官吏。

③弗：不。吊：善。割：《广雅·释诂》：“害也。”

④洪惟：周公诰词中，经常会用到的发语词。洪：通“鸿”。惟：语中助词。幼冲人：年幼的人，此处指成王。嗣：继续。无疆：谓永恒。疆：界限。大历服：指天子的职位。历：数。服：职位。

⑤弗：不。造：通“遭”。哲：明智。

⑥迪：道，此处作动词用，谓引导。康：安康。

⑦矧（shěn）：况，何况。格：推究。

【译文】

成王这样说：“下面我要告诉你们这些诸侯以及办事的官员们，现在上天正在给我们周王朝降下灾祸，最近一直没有停止过。年幼无知的我继承了千秋大业，可是还没有遇到贤能之人，带领我百姓过上安定的生活，更不要说什么知天命了！

【原文】

“已[1]！予惟小子若涉渊水，予惟往求朕攸济[2]。敷贲[3]，敷前人受命[4]，兹不忘大功！予不敢闭。于天降威，用宁王遗我大宝龟，绍天明[5]。即命曰[6]：‘有大艰于西土，西土人亦不静。越兹蠢殷小腆[7]，诞敢纪其叙[8]。’天降威，知我国有疵[9]，民不康，曰：‘予复！’反鄙我周邦。今蠢今翼[10]，日民献有十夫予翼[11]，以于敉宁、武图功[12]。我有大事[13]，休[14]？朕卜并吉！

【注释】

①已：感叹词。

②“予惟往”句：承接上文，原本指的是渡过深渊，这里是用深渊来比喻难关。此句省略中心词，所求的是渡过深渊（难关）的办法。惟：只。攸：所。济：渡。

③敷：布，摆开。贲（fén）：殷周时占卜用的大龟名。

④敷：布，这里当表达讲。

⑤宁王：当作“文王”，古时“文”“宁”字形相近，致误。绍：卜问。天明：语倒，当作“明天”，联系上文当谓问明上天的用意。

⑥即：则。命曰：指卜辞。

⑦越：于是。兹：指示代词，这，即指发动暴乱的人。腆：主持，引申为国主。王肃说：“腆，主也。殷小腆，谓禄父也。”

⑧诞：大。纪其叙：即图谋复辟。纪：理。叙：通“绪”，指事业。

⑨疵：病，指武王之死及群弟有所怀疑的事情。

⑩翼：飞动的样子，比喻追随叛乱的人很多。民献：即黎献、人民（采俞樾、杨筠如说）。

⑪予翼：倒装，指的是辅佐，帮助我。翼：辅助。予：我。

⑫敉（mǐ）：安抚平定。宁、武：指文王和武王。

⑬大事：这里指战事。

⑭休：美，善。联系上下文应当是在询问卜兆的吉凶。

【译文】

“唉！年幼的我就像是一个站在岸边准备渡过深渊的人一样，必须要找到如何安全渡过的方法。我要将占卜大龟的卜兆公布出来，再将我的祖先接受天命的事实讲出来，这样才能守住先王的功业。我不敢将上天降下灾祸的事情掩盖起来，我要用文王传递下来的大宝龟来卜问天命。我祷告说：‘我们西土将会有大灾祸降临，就连我们派出去的周朝内部的人都变得不安定，不安定的殷人刚刚恢复一点生机，就狂妄地想要恢复旧业！’他们趁着上天给我们周朝降下惩罚的时候，知道了我们国内出现了一些问题，百姓变得躁动不安，就叫嚣着说：‘我们要借此来光复旧业！’试图将我们周朝变成他们的属地，如今他们就像是虫鸟一样跃跃欲试地发动叛乱。最近，多亏了在叛乱的国家中有一批贵族帮助我们，一起去完成文王与武王的大业。如今我打算出兵东征了，要问这次是吉是凶？最终的结果是，三个龟板都呈现吉兆。

【原文】

“肆予告我友邦君越尹氏、庶士、御事曰[①]：予得吉卜，予惟以尔庶邦[②]，于伐殷逋播臣。

“尔庶邦君越庶士、御事罔不反曰[③]：‘艰大[④]，民不静，亦惟在王宫、邦君室[⑤]。越予小子考翼[⑥]，不可征，王害不违卜？’

【注释】

①肆：所以现在。尹氏：周王朝的史官，主要负责书写王命。庶士：众多官员。

②以：用。庶邦：诸多的属国。

③罔：无。反：同“返”，复命，回复上级。

④艰：困难。

⑤王宫：因为管叔、蔡叔都是周朝的亲族，所以如此说。邦君室：管叔、蔡叔是分封的土地上的诸侯，因此这样说。

⑥越：发语词，无实际意义。考翼：指的是父兄。

【译文】

“所以现在我要告诉你们这些诸侯以及各级执事官员：我已经获得了吉

卜，准备跟你们诸国一起去讨伐那些殷商叛乱的罪人。

“但是你们诸位国君和各位官员却回复我说：‘很困难呀！百姓躁动，而这些乱子就是王室与王族诸侯的家室之间搞出来的，我们本着小有的原则，可不能大加征讨啊！网啊，您为什么要违反龟卜呢？’

【原文】

“肆予冲人永思艰，曰：呜呼[①]！允蠢[②]，鳏寡哀哉[③]！予早天役遗[④]，大投艰于朕身[⑤]。越予冲人不卬自恤[⑥]。义尔邦君越尔多士、尹氏、御事绥予曰[⑦]：‘无毖于恤[⑧]，不可不成乃宁考图功[⑨]！’

【注释】

①呜呼：感叹词，是哎呀的意思。

②允：实在。蠢：动乱。

③鳏（guān）寡：指的是无家可归的孤独之人。

④早：通“遭”。役（jí）：同“及”。

⑤大：语助词，无意义。

⑥卬（yǎng）：代词，第一人称，我。

⑦绥：劝告。

⑧无：发语词，无意义。毖（bì）：勤劳，谨慎。

⑨文考：指的是周文王。

【译文】

“因此，我深深考虑了那些困难，我要对你们说：‘唉！这些叛乱之徒真的蠢蠢欲动起来，百姓将要遭受多大的苦难啊，多么让人痛心啊！这是上天对我降下的灾难，上天将艰难的事情托付给我。如果我对这样的大事都不知忧苦，你们各诸侯与各级官员应当劝诫我说：‘不要被忧虑多吓倒，您的贤人文王的功业不得不由您来亲自完成！’

【原文】

“已！予惟小子不敢替上帝命[①]。天休于宁王[②]，与我小邦周，宁王惟卜用[③]，克绥受兹命[4]。今天其相民[5]，矧亦惟卜用[6]。呜呼！天明畏[7]，弼我丕丕基[8]！"

【注释】

①替：废弃。

②休：通"庥"，庇佑。

③卜用：使用占卜。

④克：能。绥：继承。

⑤相：帮助。

⑥矧（shěn）：又。

⑦天明畏：即"畏天命"。

⑧弼：辅佐。丕：大。

【译文】

"唉！我小子怎么敢荒废了天命。天帝嘉奖了文王，才让我们这个小小的周国可以振兴起来。文王遵循着占卜的旨意来处理事情，因此可以承接天命。如今天地又要帮助我的百姓，况且，这是在按照占卜的旨意来处理事情。啊！天命可畏，你们要辅佐我成就大业吗？"

【原文】

王曰："尔惟旧人[1]，尔丕克远省[2]？尔知宁王若勤哉[3]！天閟毖我成功所[4]，予不敢不极卒宁王图事[5]。肆予大化诱我友邦君[6]，天棐忱辞[7]，其考我民[8]，予曷其不于前宁人图功攸终[9]？天亦惟用勤毖我民[10]，若有疾，予曷敢不于前宁人攸受休毕！"

【注释】

①尔：你们。旧人：旧臣。

②丕：大。克：能。远省：遵循的意思。

③若：如此。

④闷（bì）毖（bì）：谨慎诰教。所：所在。

⑤极卒：抓紧完成。极：通“殛”。

⑥化诱：教导。

⑦棐（fěi）忱：不信。棐：通“匪”，不。忱：通“谌”，相信。

⑧考：成全，安定。

⑨其：于此，无意义。攸：是。

⑩勤：劳，指的是征战之役。

【译文】

王说：“你们中有很多历代的老臣，你们大多都知晓过去的情况。你们清楚文王是多么勤奋啊！天帝谨慎地告知我们成功的方法，我实在不敢不尽快去促成文王谋求的功业。如今我劝导我的诸侯国君们，上天真正地为我们提供过帮助，告诫我们，为的就是成就我的百姓。那么我们为什么不去完成先人文王所图谋的最终功业呢？如今，上天又要动用我们的百姓，就好像辛勤地治疗疾病一样，我怎么敢不为先王承受的天命而决绝地清除这些疾病呢？”

【原文】

王曰：“若昔朕其逝[1]，朕言艰日思[2]。若考作室[3]，既底法[4]，厥子乃弗肯堂[5]，矧肯构[6]；厥父菑[7]，厥子乃弗肯播，矧肯获？厥考翼其肯曰：‘予有后，弗弃基？’肆予曷敢不越卬敉宁王大命[8]？若兄考，乃有友伐厥子，民养其观弗救[9]？”

【注释】

①若：如果。昔：过去。逝：通“誓”，诰教。

②言：于。

③考：父。

④底（dǐ）：定。法：指的是建造房屋的构图尺寸规定。

⑤乃：尚且。堂：原指高出地面的四方形的土台，这里指用土堆积起来以奠定房基。

⑥矧：何况。构：房屋的构架。

⑦菑（zī）：田间除草和翻土的工作。

⑧越卬：趁我这一生。敉（mǐ）：完成。

⑨民养：指的是奴隶、仆人。这里应当指的是周朝的官员。观：观望。

【译文】

王说："像往日讨伐纣王一样，我将要前往，我想说些艰难日子里的想法。好像父亲建屋，已经确定了办法，他的儿子却不愿意打地基，怎么能够盖成房屋呢？他的父亲新开垦了田地，他的儿子却不愿意播种，怎么能够有所收获吗？这样，他的父亲或许会愿意说，我有后人不会废弃我的基业吗？所以我怎敢不在我自己身上完成文王伟大的使命呢？又好比兄长死了，却有人群起攻击他的儿子，作为百姓的管理者难道能够观望不救吗？"

【原文】

王曰："呜呼！肆哉，尔庶邦君[①]，越尔御事：爽邦由哲[②]，亦惟十人迪知上帝命越天棐忱[③]，尔时罔敢易法[④]，矧今天降戾于周邦[⑤]，惟大艰人诞邻胥伐于厥室[⑥]；尔亦不知天命不易[⑦]！

"予永念曰：天惟丧殷，若穑夫[⑧]，予曷敢不终朕亩？天亦惟休于前宁人，予曷其极卜[⑨]？敢弗于从，率宁人有指疆土[⑩]，矧今卜并吉？肆朕诞以尔东征。天命不僭，卜陈惟若兹。"

【注释】

①肆：尽力。

②爽：句首语气词。由哲：亦作"迪哲"，昌明顺利。指文王、武王之时。

③十人：指的是一批臣子。十：在这里是虚数。迪知：用知。越：到达，及。棐：通"匪"。忱：信。

④易：改变。定：天的定命。

⑤戾：安定，平定。

⑥大艰人：指的是武庚、管叔、蔡叔这些叛变之徒。诞：语助词，没有实际意义。胥：相。厥室：叛周者的家室。

⑦不易：不变。

⑧若：譬如。穑夫：农民。

⑨休：赞助。宁人：指文王。

⑩指：同“旨”，美好。

【译文】

王说：“啊！竭尽全力吧，你们这些诸侯的国君以及各级官员们。如果要将国家治理好，就必须要任用贤明的人。如今我们有十名贤人，他们负责引导我们清楚上天的旨意并与上帝一起真诚地帮助我们，你们是不敢轻视上帝的旨意的，况且现在上天又要降罪给周朝。那些发动叛乱的大罪人与邻邦的殷人相勾结，同室操戈，讨伐我大周朝，难道你们不知道上天赐予周朝的大命是无法更改的吗？”

“我长久考虑之后，认为：上天决定要灭亡殷国。我们受命之后，就好像农民一样，怎么敢不像要完成农事一样去完成灭亡殷商的大业呢？上天决议要降福禄给我们的文王，为什么要舍弃占卜，敢不去遵从占卜的吉兆，遵循与守护好农夫美好的疆土呢？更何况如今占卜已经都得到了吉兆呢。因此我打算率领你们向东征讨叛逆。上天的命令是不会出现差错的，占卜的兆象已经明白地呈现在这里了。”

康　诰

《康诰》是周王朝在卫国册封文王之子康书的诰词。《史记·卫康叔世家》中记载称：“卫康叔名封，周武王同母少帝也……周公旦以成王命兴师伐殷，杀武庚禄父、管叔、放蔡叔。以武庚殷余民封康叔为卫君，居河淇间故商墟。周公旦惧康叔齿少，乃申告康叔曰，必求殷之贤人君子长者，问其先殷所以兴所以忘，而务爱民。”武王母弟八人，康叔为司寇。

在《书序》中，这样写道：“成王既伐管叔、蔡叔，以殷余民封康叔，作《康诰》、《酒诰》、《梓材》。”

本篇主要是册封康叔的诰命，篇中多次告诫康叔要明德慎罚，爱护百姓。《康诰》与下面的《酒诰》《梓材》都是周公对康叔所说的话，被合称为“康诰”三篇。

【原文】

惟三月哉生魄①，周公初基作新大邑于东国洛②，四方民大和会③。侯、甸、男邦、采、卫百工、播民④，和见士于周⑤。周公咸勤⑥，乃洪大诰治⑦。

【注释】

①哉生魄：月初的意思。哉：开始。魄（pò）：《说文》中作“霸”。马融称：“魄，朏也。谓月三日始生兆，朏，名魄。”王国维在《生霸死霸考》中说：“古人记时，月分四期：一曰初吉，二曰既生霸，三曰既望，四曰死霸。又有哉生霸，旁生霸，旁死霸三名。”具体划分为，每月的一日到七、八日为初吉；每月的二日或者三日又叫哉生霸，三日之后也可称为哉生霸，因此哉生霸可以有每月的五日或者六日。

②基：谋划。洛：洛水。新大邑也就是东都洛邑。

③四方民大和会：指的是四方的诸侯来拜谒周天子的会同之礼，合同大会。

④侯、甸、男、邦：也就是侯邦、甸邦、男邦。采卫：指采邦、卫邦；与前面所说的三邦都是西周诸侯国的各种称呼，并没有严格的等级划分。百工：百官。播民：指的是诸侯来谒见的臣民。还有一种说法是殷之遗民。

⑤士：与“事”相通，事。士于周：表明在西周的分封制之下，天子与诸侯之间存在一定的权利与义务关系。

⑥ 咸：都。勤：劳、慰劳、辛劳。

⑦洪：代替。

【译文】

三月初，周公开始计划在东边的洛水建造新的都城，四方的诸侯都来朝拜。侯、甸、男、采卫等邦邑的官员与迁徙而来的百姓，都来为周王室出力。周公逐一慰问了这些人，并发表了一篇告诫他们的训词。

【原文】

王若曰："孟侯①，朕其弟小子封②。惟乃丕显考文王克明德慎罚③，不敢侮鳏寡，庸庸祗祗威威显民④。用肇造我区夏⑤，越我一、二邦⑥，以修我西土⑦。惟时怙冒闻于上帝⑧，帝休⑨，天乃大命文王殪戎殷⑩，诞受厥命越厥邦民，惟时叙乃寡兄勖⑪。肆汝小子封在兹东土⑫。"

【注释】

①孟侯：对康叔的另一种称呼。

②小子：是对亲属的一种昵称。这里指的是康叔。封：乃康叔之名。康叔是周文王的儿子，与武王、周公是兄弟，即成王的叔叔。

③考：父亲。明：通“勉”。

④庸庸祇（zhī）祇威威显民：在于省吾的《尚书新证》中说，应当读为“庸祇威，庸祇威显民”，庸：是用的意思。祇：尊重的意思。威：是敬畏的意思。显民：指的是有声望的人。

⑤用：以。肇：开始。区夏：指的是华夏地区。

⑥越：及的意思。一、二邦指的是周王朝统治下的一些诸侯。

⑦修：长。西土指的是周族原居住地，现在在陕西一带。

⑧时，通“是”。怙（hù）：仪仗。冒：上。

⑨休：赞美

⑩殪（yì）戎殷：灭掉这个大敌。

⑪寡兄：大兄。

⑫肆：因此。东土指的是康叔新受封所得的卫地，也就是现在的河南淇县一带。

【译文】

王这样说：“孟侯，我的弟弟，封啊。只有你的伟大的父亲文王最擅长睿智地进行封赏和慎重地使用刑罚，又不会欺辱那些无依无靠的百姓，敬畏那些有声望的人。因此他所创立的华夏地区，包括我们好几个附属国，还将领土延伸到了西边，因此他的功业早就被上天知晓。上天对此十分赞赏，就降下重要的使命给文王，让他去消灭实力强大的殷国，接任殷国原来的天命与土地、百姓。如今你承接着你的兄长武王为之奋斗的大业，因此你才能够得到东方这块土地。”

【原文】

王曰：“呜呼！封，汝念哉[①]！今民将在祇遹乃文考[②]，绍闻衣德言[③]。往敷求于殷先哲王，用保乂民；汝丕远惟商耇成人，宅心知训[④]；别求闻由古先哲王，用康保民[⑤]。弘于天若德[⑥]，裕乃身不废在王命[⑦]。”

王曰：“呜呼！小子封，恫瘝乃身[⑧]，敬哉[⑨]！天畏棐忱[⑩]，民情大可见。小人难保[⑪]，往尽乃心，无康好逸豫[⑫]，乃其乂民。我闻曰：‘怨不在大，亦不在小。惠不惠[13]，懋不懋[14]。'已！汝惟小子，乃服惟弘。王应保殷民[15]，亦惟助王宅天命，作新民[16]。"

【注释】

①念：思索，思考。

②在：观察。祗：敬。遹（yù）：遵循。乃：你，指康叔封。文：指文王。考：父。

③绍：继。闻：旧闻。衣：通"依"，依照。德言：德教。

④丕远：在这里起程度副词的作用，修饰"惟"。丕：大。惟：思，引申为理解或考虑。商：指殷商。耇（gǒu）成人：指殷商遗民。耇：老。宅：度，揣测。训：顺，顺眼。

⑤别：另外。古先哲王：这里指的是除了殷以外的虞夏时代的古先哲王。用康保民：这句话是一个倒装句，应该是"保民用康"，意思是保民因而安康。用：因。康：安。

⑥弘：大。

⑦废：停止。在：完成。王命：指周的统治。

⑧恫：痛。瘝（guān）：病。

⑨敬：谨慎。

⑩棐（fěi）：辅助。忱：诚。

⑪小人：小民。

⑫豫：安乐。

⑬惠：顺服。

⑭懋：勉励。

⑮服：责任。应：受。

⑯宅：度。作：振作。新：革新。

【译文】

王说："哎呀，封啊，你认真考虑一下吧！如今百姓是多么痛苦啊！你应当尊敬地遵循父亲文王的德业，还要能够继承殷人好的文化。这次大张旗鼓地寻求殷家古先圣王的治国之道，用来平定与治理那里的百姓；在那里有很多殷商德隆望尊的人就在你身边，要将他们放在心上，明白要去听从他们的教导；再广泛寻求古先圣王的遗闻旧政，让百姓生活安康。你应当发扬上天的大命，就是让你不要就此荒废。”

王说：“啊！封啊，百姓的苦痛如同缠在你身上一般，你要多加留意啊！上天的威严不能预测，但是民情却很容易察觉，要明白百姓是很难安抚的。

你离开之后，要尽心竭力地办事，不要总是贪图安逸，喜好享乐，这样才能治理好百姓的生活。我听说：‘百姓的怨恨并非全都出在大事上，也并非全都出在小事上。所以你要多加注意，善于给予那些不愿意驯服的人一些恩惠让他们顺从，劝说那些懒散的人让他们勤于政务。’哎！虽然你还年轻，但是你身上的职责重大。我周王已经承接了上天的命令来保养殷民，你要帮助我们王室来接好这个天命，将这些殷民改造为新的百姓。”

【原文】

王曰：“呜呼！封，敬明乃罚[①]。人有小罪，非眚[②]，乃惟终，自作不典[③]，式尔[④]，有厥罪小[⑤]，乃不可不杀。乃有大罪，非终，乃惟眚灾[⑥]，适尔，既道极厥辜[⑦]，时乃不可杀。”

王曰：“呜呼！封，有叙时[⑧]，乃大明服[⑨]，惟民其敕懋和[⑩]。若有疾，惟民其毕弃咎[⑪]。若保赤子[⑫]，惟民其康乂。非汝封刑人杀人，无或刑人杀人。

非汝封又曰劓刵人，无或劓刵人[13]。”

王曰：“外事[14]，汝陈时臬司[15]，师兹殷罚有伦[16]。”又曰：“要囚[17]，服念五六日，至于旬时[18]，丕蔽要囚[19]。”

【注释】

①敬：恭谨。明：严明。

②眚（shěng）：过失。

③终：经常。典：法。

④式：用。尔：如此。

⑤有：虽然。

⑥眚灾：由过失造成的灾祸。

⑦适：偶然。道：指法律。极：穷尽。辜：罪。

⑧有：能。叙：顺从。时：这。

⑨明：顺服。

⑩敕：这里指勤劳地从事生产。和：和顺，意为不犯法。

⑪毕：尽。咎：罪过。

⑫赤子：小孩。

⑬刵（èr）：古时割掉耳朵的刑罚。

⑭外事：判断案件的事。

⑮陈：公布。臬（niè）：法度。司：治理，管理。师：治理，管理。

⑯伦：条理，法。

⑰要囚：幽囚，囚禁犯人。

⑱服念：思考。

⑲丕：乃。蔽：判断。

【译文】

王说：“啊！封啊，你要慎重地使用刑罚。有人犯的只是一些小错，但是他却不愿意承认，坚持错到底，有意违法违纪，常常故意犯罪；如此即便罪小，但是不能不杀。有的人犯了大罪，但是并非打死也不愿承认，而是主动认罪伏法，又是偶然犯罪；既已经对他动用了合适的刑罚，就不该杀了。”

王说："啊！封呀，如果你能够按照（我说的）这样做，就表明你做事公正严明，自然就能够服众，百姓也会勤劳和顺。就如同有疾病蔓延时，百姓会举办祓祭来消除它一样，去掉全部过失。只有像养育婴儿一样，百姓自然能够因为安定和乐而被治理妥当。除非你要自己施于别人刑罚或者杀人，没有人能够施于别人刑罚或者杀人；除非你说要割去别人的鼻子或者耳朵，没有人能够割去别人的鼻子或者耳朵。"

王说："外朝审问案件，你要设置好司法人员，让其按照殷朝的刑法来治理，自然就能做到条理清晰。"又说："对于关押的犯人，要认真审理五六天，甚至十几天，直到明确其没有冤屈，再去量刑处罚。"

【原文】

王曰："汝陈时臬事①，罚蔽殷彝②，用其义刑义杀③，勿庸以次汝封④。乃汝尽逊⑤，曰时叙⑥，惟曰未有逊事。已！汝惟小子，未其有若汝封之心⑦，朕心朕德惟乃知。凡民自得罪，寇攘奸宄⑧，杀越人于货，暋不畏死⑨，罔弗憝⑩。"

【注释】

①事：从事，施行。

②彝（yí）：法。

③义：宜，应该。

④勿庸：不用。次：恣，顺从。

⑤逊：顺从。

⑥曰：语助词。时叙：承顺。

⑦若：顺。

⑧寇：抢劫。攘：盗取。奸宄（guǐ）：邪恶行为。

⑨暋（mǐn）：强。

⑩憝（duì）：怨恨，憎恶。

【译文】

王说："你设置好司法人员，用殷朝的常法来审理案件，该判刑的判刑，该处死的处死，万不可根据自己的意志来改变。如果你按照自己的意志来进行，还说是在秉承上天旨意，就不能说断案顺利。哎！你这个年轻人，万不可按照自己的意志。我的心意，我的做法，你都能够理解。只要是主动犯罪的人，像抢劫、盗窃、奸邪之人，他们习惯了杀人越货，强悍且不怕死，没人不希望他们快些被处死。”

【原文】

王曰：“封，元恶大憝[1]，矧惟不孝不友。子弗祗服厥父事[2]，大伤厥考心[3]；于父不能字厥子[4]，乃疾厥子[5]。于弟弗念天显[6]，乃弗克恭厥兄；兄亦不念鞠子哀[7]，大不友于弟。惟吊兹不于我政人得罪[8]，天惟与我民彝大泯乱[9]，曰：乃其速由文王作罚，刑兹无赦。”

【注释】

①元：首。元恶与大憝语意相近，都是十恶不赦的意思。

②祗（zhī）：敬。服：治。

③考：父亲。

④字：爱。厥：其，代指父亲。

⑤疾：憎恶的意思。

⑥天显：上天规定的规则，也就是天命的意思。

⑦鞠子：指稚子。

⑧吊：善良，好的意思。政：通“正”，长官。

⑨惟：语气词。与：给予。彝：法。泯乱：破坏。

【译文】

王说：“封啊，十恶不赦之人让人深恶痛绝，但是不孝不友之人更加可恶。当儿子的不恭敬地侍奉自己的父亲，大伤他父亲的心；当父亲的不疼爱自己的儿子，反而厌恶自己的儿子。当弟弟的不顾及上天的天命，不尊重自己的哥哥；当哥哥的也不考虑年幼的弟弟尚未离开教养的可怜，反而更加不友善。如果对这种情况从宽处理而不被长官判刑的话，上天为我们规定出来的伦理将会陷入混乱。所以说：要抓紧按照文王规定的刑罚来处理，惩处这些罪行而不宽恕。”

【原文】

“不率大戛[1]，矧惟外庶子、训人惟厥正人越小臣、诸节[2]。乃别播敷[3]，造民大誉[4]，弗念弗庸，瘝厥君[5]，时乃引恶[6]，惟朕憝。已[7]！汝乃其速由兹义率杀[8]。亦惟君惟长，不能厥家人越厥小臣、外正[9]；惟威惟虐，大放王命[10]；乃非德用乂[11]。汝亦罔不克敬典乃由[12]，裕民惟文王之敬忌[13]；乃裕民曰：‘我惟有及。’则予一人以怿[14]。”

【注释】

①率：遵循。戛（jiá）：通“楷”，常法的意思。

②矧：亦。惟：是。外庶子、训人：诸侯国中负责教化的官员。外庶子主要负责教导贵族子弟。正人：某项官职之长。越：和。小臣：官名，在甲骨文中十分常见，主要负责占卜、祭祀、征伐等事宜。西周中期之后官职有所下降，被降为小吏。诸节：持有符节的官员。

③别：另外。

④造民：妖言惑众，造谣生事。

⑤瘝（guān）：并。引申为损坏。

⑥时：是，这。引：助长。

⑦已：叹词。

⑧义：适宜。率：通“司”，管理，治理。

⑨君：指的是诸侯的国君。长：百官之长。能：善。这里为动词，

使……善良的意思。

⑩放：背弃的意思。

⑪乂：治理的意思。

⑫罔：通“毋”。典：法。由：行。

⑬裕：《方言》云：“道也。”

⑭怿（yì）：高兴的意思。

【译文】

“那些不遵守国家律法的，也有那些掌管国家教化的官员、各级政务掌管以及他们手下的小官吏等。他们常常会擅自发布政令，造谣惑众，欺骗百姓，获取声誉，损害君主的利益，主张邪恶。这些人都是我深恶痛绝的。哎！你应当尽快找点理由将他们处死。还有那些分封的诸侯、贵族率领众人为非作歹，作威作福，背离王命，这些是无法使用德教来治理的，你万不可不用法律来制裁他们。我们总是对文王保有敬畏之心，让百姓自己都会说‘我愿意追随文王的遗教’，那我就高兴了。”

【原文】

王曰：“封！爽惟民迪吉康[①]，我时其惟殷先哲王德用康乂民作求[②]；矧今民罔迪，不适不迪[③]，则罔政在厥邦。”

【注释】

①爽：句首语助词。迪：善。康：安的意思。

②时：通“是”。其：将。哲：智慧，圣明。求：通“逑”，等同。

③适：归。

【译文】

王说：“封啊！百姓的境遇得以改善的时候，我们尚且要学习殷朝圣贤的君主治理百姓的方法，而且期望可以运用得像他们一般自如；更不要说现在百姓的境况并不好，甚至可以说是无家可归，这样的国家还要谈什么政治呢！”

【原文】

王曰："封，予惟不可不监[1]，告汝德之说于罚之行[2]。今惟民不静，未戾厥心[3]，迪屡未同[4]，爽惟天其罚殛我[5]，我其不怨，惟厥罪无在大，亦无在多，矧曰其尚显闻于天[6]。"

【注释】

①监：通"鉴"，借鉴的意思。

②行：道理。

③戾：安定。

④迪：进，作。屡：多次。

⑤爽：句首语气词。殛：惩罚，惩处。

⑥尚：上。显：明。

【译文】

王说："封啊！不能不借鉴历史，我要告诉你怎样使用德政与如何使用刑罚的道理。如今殷民尚未安分，我们还没有让他们心悦诚服，多次发生了不和谐的事件；上天已经给我们降下惩罚，我承受并没有怨言，只是期望他们的罪恶不要大，也不要多，更何况如今罪恶已经明显到让上天都知晓了呢！"

【原文】

王曰："呜呼！封，敬哉！无作怨[1]，勿用非谋非彝蔽时忱[2]，丕则敏德[3]。用康乃心[4]，顾乃德，远乃猷[5]，裕乃以民宁[6]，不汝瑕殄[7]。"

【注释】

①怨：引发怨恨的事情。

②彝：常法。蔽：败。忱：信。

③丕则：于是。敏德：《周礼·地官·师氏》："以三德教国子……二曰敏德，以为行本。"郑玄注："敏德，仁义顺时者也。"还有种说法是勉行德教的意思。

④康：安好。乃：你的。

⑤猷（yóu）：谋略。

⑥以：给予。

⑦不汝瑕殄（tiǎn）：不会因为你的过失而灭亡。

【译文】

王说："唉！封啊，你要多加注意啊！不要引发民众的怨恨，不要让错误的谋划与法令败坏你的威严，要勤于实行政教，稳定自己的思想，时常考察反省自己的德行，让自己的思虑更加深远，让民众得以安定下来，你的国祚就不会因为你的过失而灭亡了。"

【原文】

王曰："呜呼！肆汝小子封[①]。惟命不于常[②]，汝念哉！无我殄享[③]，明乃服命[④]，高乃听[⑤]，用康乂民。"

王若曰："往哉！封，勿替敬[⑥]，典听朕告[⑦]，汝乃以殷民世享[⑧]。"

【注释】

①肆：所以，因此。

②惟：语气词。命：天命。

③享：这里指宗庙社稷。

④明：通"勉"。服命：朝廷授予的官职。

⑤高：让……广阔高远。

⑥替：废弃。

⑦典：经常。

⑧汝乃以殷民世享：康叔在殷地受封，统治地区依然是原来的殷民，所以这样说。

【译文】

王说："唉！封啊！天命无常，你应当时刻谨记！万不可自己断绝了自己的宗庙社稷。你应当勤于政事与上天的指命，认真听取各方提出的建议，并以此来管理好自己的百姓。"

王说："去吧！封！不要废弃敬畏之心，要经常听取我的劝导，你就能够拥有这些殷民，来维系你世代传承的国祚。"

酒诰

《史记·太史公自序》中言："申以商乱，酒材是告。"《史记·卫康叔世家》中言："周公旦惧康叔齿少……告以纣所以亡者，以淫乱于酒。酒之失，妇人是用，故纣之乱自此始。……故谓之《康诰》《酒诰》《梓材》以命之。"

《书序》中将《康诰》《酒诰》《梓材》三篇合为一体，共作一序。

殷人由于大肆酗酒，导致亡国，康叔封于殷故地卫，周公恐其年少，所以写下了本篇。

本篇主要内容都是与戒酒有关，所以题为《酒诰》。在本篇中，不仅说明了戒酒的重要性，还从正反两个方面对商初戒酒兴国与商末酗酒亡国的历史进行了辩证性分析与总结，最后颁布了严厉的禁酒令。

【原文】

王若曰①："明大命于妹邦②。乃穆考文王肇国在西土③。厥诰毖庶邦庶士越少正御事④，朝夕曰：'祀兹酒⑤。惟天降命，肇我民，惟元祀⑥。天降威，我民用大乱丧德，亦罔非酒惟行⑦；越小大邦用丧，亦罔非酒惟辜⑧。'"

【注释】

①王：这里指的是周王，而不是成王。

②命：颁布。妹邦：商都所在的牧野之地，封于康叔为卫国首邑，今在河南淇县境内。

③穆考：古时对父亲的一种尊称。肇：开始。

④诰毖（bì）：诰教。庶邦：多个诸侯国的国君。庶士：朝臣。越：与。少正：官职名。御事：主要负责料理王室事务的官职名。

⑤祀：通"已"，停止的意思。

⑥元祀：指的是文王受命改元的事情。

⑦亦罔非酒惟行：伪《孔传》说："亦无非以酒为行。"

⑧亦罔非酒惟辜：伪《孔传》说："亦无不以酒为罪。"

【译文】

周王这样说："将我的命令颁布给妹邦的民众吧！尊敬的父王文王在建立西岐的时候，就开始从早到晚都劝诫众诸侯国的官员以及在内廷办事的官员说：'严禁饮酒啊！上天将重任交付给我，自改元那天开始，百姓就应当过上新生活了。天命威严，我们的百姓由于将其打乱而德行丧失，全都是饮酒所造成的过错；甚至（可以说）大大小小国家的灭亡，全都是饮酒所造成的罪恶。'"

【原文】

文王诰教小子[①]："'有正、有事[②]，无彝酒；越庶国，饮惟祀，德将无醉[③]；惟曰我民迪[④]。'小子惟土物爱[⑤]，厥心臧。聪听祖考之彝训，越小大德。小子！惟一妹土，嗣尔股肱[⑥]，纯其艺黍稷[⑦]，奔走事厥考厥长。肇牵车牛远服贾[⑧]，用孝养厥父母。厥父母庆[⑨]，自洗腆致用酒[⑩]。"

【注释】

①小子：指年轻人，晚辈。

②有正、有事：指的是群臣。属于内服。

③德将无醉：饮酒要用自己的德行来自我控制。

④惟：发语词。迪：正。

⑤小子：指康叔。

⑥嗣：继承。股肱：如同“手足”，指的是辅佐的力量。

⑦纯：专一。艺：指的是种植。

⑧肇：始。服：从事。贾：经商。

⑨庆：喜庆欢乐。

⑩洗腆：丰厚。

【译文】

文王告诫年轻人说：“‘各位大臣都不准常常饮酒。当与各诸侯国的国君聚会的时候，按照礼节不能不喝的时候，需要以自己的德行来控制，不让自己大醉；如此百姓才能归于正道。’封啊！你（要教导百姓）热衷于种植庄稼，自己要勤修善政，严谨地遵从祖先的遗训，及其大小品德。封啊！妹邦的民众继承你的事业成为辅佐力量，应该专心于农事，来为你们的父亲和兄长们全心全意服务，或者驾着车子、牛马出去经商，来孝敬你们的父母，如此父母必然会欣喜。当儿子的应当趁此机会，准备好丰盛的佳肴，全家一起喝一次酒。”

【原文】

“庶士、有正越庶伯、君子[①]！其尔典听朕教[②]！尔大克羞耇惟君[③]，尔乃饮食醉饱。丕惟曰：尔克永观省，作稽中德[④]，尔尚克羞馈祀[⑤]，尔乃自介用逸。兹乃允惟王正、事之臣，兹亦惟天若元德[⑥]，永不忘在王家[⑦]。”

王曰：“封！我西土棐徂[⑧]，邦君、御事、小子，尚克用文王教，不腆于酒，故我至于今，克受殷之命。”

【注释】

①庶士：众士，这里指朝臣。有正：指的是官长。以上均为内服。越：与。庶伯：众氏族之长。君子：指的是当时的统治阶层。以上均为外服。

②其尔：此为倒装，应当为“尔其”，你们将的意思。典：经常。

③尔：加重语气。克：能的意思。羞：进献。耇（gǒu）：老。

④作稽中德：举止行为要符合道德。

⑤尚克：还能。馈祀：用熟食来为鬼神进奉。

⑥若：同“诺”，丢失功业禄位的意思。

⑦忘：通“亡”，灭亡。

⑧西土：指的是周人原来居住的西岐一带。棐（fěi）徂（cú）：非，通“匪”。徂：现在。

【译文】

“各位朝廷的大臣、官员以及各氏族的贵族，首领们，你们要经常听从我的教导！你要先能够孝敬抚养你们长大的父兄长老，自己才能吃饱喝足。你们要经常自我反省，行为要符合道德标准。如若你们能够在祭祀中供上祭品，那么就可以向神明祈求安乐了。只有如此你们才能配得上去执行上天所承诺的美德，才能够保有周天子所赐予的禄位与功业。”

王又说：“封啊！由于我们西土的国君与执掌事务的年轻人早就接受了文王的教导，不贪图饮酒，因此直到如今依然继承着殷家的天命。”

【原文】

王曰：“封！我闻惟曰：在昔殷先哲王，迪畏天显小民[1]，经德秉哲[2]。自成汤咸至于帝乙，成王畏相惟御事[3]，厥棐有恭，不敢自暇自逸，矧曰其敢崇饮？越在外服，侯、甸、男、卫邦伯，越在内服：百僚、庶尹、惟亚、惟服、宗工[4]，越百姓、里君[5]：罔敢湎于酒。不惟不敢，亦不暇，惟助成王德显越[6]，尹人、祇辟。”

【注释】

①迪：用。天显：古时的一种成语，指的是在上的一种尊贵的力量。

②经德：周人的一种日常用语，指常德。秉哲：保持理性。

③成王：成就功业。畏相：敬畏自省。

④百僚、庶尹：也就是上文提到的“有正”，官长，地位极高。惟亚、惟服：也就是上文提到的“有事”。宗工：宗人之官。

⑤越：与。里君：掌管街道的官员。

⑥德显：明德。

【译文】

王说："封啊！我听闻，过去殷家的先代贤君，因为恐惧上天以及小民的力量，而长期保持自己的德行与明智。自成汤咸到帝乙，没有不为了成就王业而认真自省的。当时管事的朝臣即便是在休假不用处理政务的时候，也不敢趁着空暇而去寻欢作乐，更不用说肆无忌惮地饮酒了。当时的官员，地方上有侯、甸、男、卫诸多国君；朝廷上有大僚与首长，处理事情的服官，管理王室的宗工，以及诸多氏族与街道的官长：全部都不敢沉迷于饮酒。不仅不敢，更没有空。他们只是帮助殷王成就伟业、管理百姓并遵守法度。"

【原文】

"我闻亦惟曰：在今后嗣王酣身厥命①，罔显于民祇②，保越怨不易③。诞惟厥纵淫泆于非彝，用燕丧威仪，民罔不衋伤心④。惟荒腆于酒，不惟自息乃逸⑤，厥心疾很，不克畏死。辜在商邑越殷国灭无罹⑥。弗惟德馨香、祀登闻于天⑦，诞惟民怨，庶群自酒，腥闻在上，故天降丧于殷，罔爱于殷，惟逸。天非虐，惟民自速辜⑧！"

【注释】

①嗣王：指的是纣王。酣身厥命：强申命令，一在表明用威权来驾驭百姓。

②罔：无。

③保：安。越：于，以。

④衋（xì）：伤痛。

⑤息：停止。

⑥辜：做坏事。罹：忧。

⑦祀：通“已”，以。登：上。

⑧速：招来，招致。辜：罪。

【译文】

“我还听说：直到后来，他们的末代君主就喜欢用权威来胁迫百姓，根本做不出可以让百姓欢喜的事情，因此他们得到的只是不能更改的怨恨。他们沉浸在各种肆无忌惮的淫乱之中，在享乐中丢失了威严，百姓没有不为他们感到伤痛的。但是他们依然沉浸于饮酒之中，无休无止地享乐。他们的心地凶狠，不畏惧死亡。他们在商朝的都城之中做坏事、犯下罪行，到了殷商灭亡的时候，依然毫无顾忌。他们根本就没有德行来让上天听取，只剩下了百姓的怨恨，以及百官群臣沉迷于酗酒的腥臭味让上天听闻。因此，上天才会降下丧亡之祸给他们，而不留一丝情面，这就是他们过度淫乐的后果。上天不喜欢殷朝，就是因为他们太过沉浸于淫乐。不是上天残暴施虐，而是殷朝的臣民自己招来的罪罚。”

【原文】

王曰：“封！予不惟若兹多诰。古人有言曰：‘人无于水监①，当于民监。’今惟殷坠厥命，我其可不大监抚于时②！”

予惟曰：“汝劼毖殷献臣③，侯、甸、男、卫，矧太史友、内史友、越献臣百宗工；矧惟尔事服休④，服采，矧惟若畴⑤，圻父薄违⑥，农父若保⑦，宏父定辟⑧，矧汝刚制于酒。”

【注释】

①监：通“鉴”，指照镜子。

②抚：据。时：通“是”。

③劼（jié）毖：应当为“诰毖”，乃诰教的意思。献臣：遗臣的意思。

④服休：侍奉燕息的近臣。服采：掌管着朝祭服饰的近臣。

⑤畴：通“寿”，地位相当于“三公”中的“公”。

⑥圻（qí）父：主管军事行政。薄违：讨伐逆党。

⑦农父：主要负责管理农事。

⑧宏父：主要负责管理司法。

【译文】

王说：“封啊！我不想如此过多地告诫。古人有句话说得好：‘要考察自己，不用将水当镜子照，而应当对着百姓的内心去照。’如今殷家已经因此而丢掉了天命，我们不能不将这个作为深刻的教训啊！”

我说：“你应当去告诫那些殷朝的遗臣，以及侯、甸、男、卫诸国的国君；太史寮、内史寮和管理遗臣氏族的宗官；管理实务的官员，侍奉燕息的近臣以及管理朝祭服饰的从臣；还有负责征讨逆党的圻父、主管农民农业生产的农父、主管司法的宏父三位长官；还有你自己，都应当坚决抵制饮酒！”

【原文】

“厥或诰曰[①]：‘群饮’，汝勿佚[②]，尽执拘以归于周[③]，予其杀。又惟殷之迪诸臣惟工乃湎于酒[④]，勿庸杀之，姑惟教之。有斯明享[⑤]，乃不用我教辞，惟我一人弗恤、弗蠲[⑥]，乃事时同于杀[⑦]。”

王曰：“封，汝典听朕毖，勿辩乃司民湎于酒[⑧]。”

【注释】

①诰：告诉。

②佚：使……逃逸。

③执拘：抓获。

④迪：引导。诸臣惟工：指百官。

⑤享：劝导。

⑥蠲（juān）：赦免。

⑦同：马上，立刻。

⑧辩：通“俾”，让，使。司：掌管，治理。

【译文】

“如若有人来禀报说‘有人聚众酗酒’，你就应当一个都不漏地将其捆绑送到周都，让我来将他们处死。如果殷家所起用的旧臣百官，因为一时间无法改掉陋习，依然沉浸于饮酒，可不用马上处死他们，暂且去教育他们。他们受到明确的教导，如果依然不肯听从教导，我也将不再怜惜、纵容这种行为，一概立刻将其处死。”

王说：“封啊！你应当经常来听取我的教导，万不可让你统治之下的官员、百姓沉迷于饮酒之中啊！”

梓　材

【题解】

梓，梓人。《史记·卫康叔世家》中记载称：“周公旦惧康叔齿少……为《梓材》，示君子可法则。”因为篇中的“若作梓材”之语，所以史官将“梓材”作为题名。本篇是周公劝导康叔怎样来治理殷商故地的劝诫之词。

至于《梓材》的原本面目，自古争议颇大。前半部分称呼康叔的名字“封”来进行劝导，后半部分以“今王惟曰”等又变成了臣子对君主说话的口吻，明显不同。也有学者认为前后内容连贯，并无矛盾。关于此问题，尚需要学者进一步研究与探讨。

【原文】

王曰：“封，以厥庶民暨厥臣达大家①，以厥臣达王惟邦君②，汝若恒越曰：‘我有师师③：司徒、司马、司空、尹、旅。’曰：‘予罔厉杀人。亦厥君先敬劳④，肆徂厥敬劳。肆往奸宄、杀人、历人宥⑤；肆亦见厥君事、戕败人宥⑥。’”

【注释】

①以厥庶民暨厥臣达大家：这一句是倒装句，应当为“以大家达厥庶民暨厥臣”。以：由。庶民：普通的老百姓。臣：卿大夫以下的官员统称。达：通。大家：指的是卿大夫。

②以厥臣达王惟邦君：此句为倒装句，应当为“以王惟邦君达厥臣”。王：国君，天子。邦君：诸侯国的国君。

③师师：各位高级将领。前一个“师”是“众”的意思，后一个“师”，是长官，将领的意思。

④亦厥君先敬劳：倒装句，应当为“亦先厥君敬劳”。厥：其。敬劳：慰劳。

⑤肆往：以前。奸宄（guǐ）：罪恶之人。杀人、历人：将奴隶杀害的人。历人：奴隶。宥（yòu）：宽恕。

⑥肆亦：意思同“肆往”。见：打探，刺探。戕（qiāng）：残害人的肢体。

【译文】

王说：“封啊，从卿大夫们到他们下面的百姓与官吏；又从纣王与诸侯国的君主到他们下面的官员。你应当经常呼唤他们说：‘我的众位长官：司徒、司马、司空、各部门的主管官员以及诸位士大夫们啊！’还要对他们说：‘不要去滥杀无辜！你们要先于君主对他们表示慰劳，赶紧去表示你的尊敬与慰劳吧。对过去那些内外作乱的人，杀害奴隶的要予以宽恕，对以前那些打探国君大事的人，以及伤害别人身体的人，也要予以宽恕。’”

【原文】

王启监[1]，厥乱为民[2]。曰：“无胥戕[3]，无胥虐，至于敬寡[4]，至于属妇[5]，合由以容。”王其效邦君越御事，厥命曷以？自古王若兹，监罔攸辟[6]！惟曰：“若稽田[7]，既勤敷菑[8]，惟其陈修，为厥疆畎[9]。若作室家，既勤垣墉[10]，惟其涂塈茨[11]。若作梓材，既勤朴斫[12]，惟其涂丹雘[13]。”

【注释】

①启监：建立诸侯。周朝初期在殷地建有“三监”。

②厥：其。乱：通“率”，大体。

③胥：相互。戕（qiāng）：迫害，残害。

④敬寡：指的是无依无靠之人。

⑤属妇：低贱的妻妾。

⑥罔：无。攸：所。辟：叛乱。

⑦稽田：耕种管理农田。

⑧敷：播种。菑（zī）：新开垦的农田。

⑨疆：界。畎（quǎn）：田间的水道。

⑩垣墉：墙。矮的叫垣，高的叫墉。

⑪涂：涂上白垩。塈（jì）：涂抹房顶。茨：用茅草。

⑫斫（zhuó）：加工修治。

⑬丹雘（huò）：红色的颜料。

【译文】

周王封立诸侯，大概是为了教化百姓。王说：“不要相互残害，不要相互压迫，对于那些无依无靠之人以及地位低下的妻妾，都应当予以谅解。”君王要对诸侯国国君及近臣进行考核，（问他们）如何才能让天命长期安定。自古以来的贤君都是如此来管理国家的，并没有发生犯上作乱的事情。

又说：“就如同耕种农田，已经勤劳地开垦土地播种了，就要考虑如何整理田岸与垄沟。又如同是在造房子，已经辛苦地打好墙角了，就该考虑如何涂上白垩并盖上茅草。又如同在制作良好的木器，已经尽力削好了白胚，就该设计如何涂上红色漆饰。”

【原文】

“今王惟曰[1]：先王既勤用明德[2]，怀为夹庶邦享作[3]，兄弟方来[4]。亦既用明德，后式典集[5]，庶邦丕享。皇天既付中国民越厥疆土于先王，肆王惟德用和怿先后为迷民[6]，用怿先王受命。已！若兹监，惟曰欲至于万年，惟王子子孙孙永保民。”

【注释】

①今王：指的是成王，但是由周公代替训话。

②明：通“勉”。

③夹：辅佐。享：献，也就是纳贡的意思。

④兄弟方：兄弟国家，这里指的是姬姓的诸侯。方：指的是方国。

⑤后：诸侯。式：以，以此。典：经常。集：朝会。

⑥肆：所以，因此。和怿（yì）：使……心悦诚服。迷民：指的是殷之顽民。

【译文】

成王认为：“先王已经辛勤努力地实行德政去感化百姓，让无数邦国纳贡与勤王。姬姓的诸侯相继前来，也是由于我们实行仁政。诸侯经常进行朝觐，带来各国的贡品。上天已经将臣民与疆域赐予了我们的先王，因此我们的君王要能够用德行来让那些相继受到迷惑的殷朝顽劣的民众心悦诚服，来完成先王所承接的天命。唉！就这样来统治吧！”又说：“期望我们的统治能够绵延万年，周王的子孙后裔能够一直保佑着他们的臣民。”

召诰

【题解】

召（shào）：指召公奭（shì），西周的大臣。姬姓，名奭，因为食邑在召，所以称为召公，曾经辅佐周武王灭商，被赐予燕国，乃燕国的始君。成王年幼时，周公辅政，曾经担任太保一职，负责治理陕以西地区，颇有政绩。

《史记·周本纪》中记载称："成王在封，使召公复营洛邑，如武王之意。周公复卜申视，卒营筑，居九鼎焉。曰：'此天下之中，四方入贡道里均。'作《召诰》《洛诰》。"另外《书序》中也写道："成王在丰，欲宅洛邑，使召公先相宅，作《召诰》。"可见本篇作于周公摄政七年还政成王之后，建造洛邑之时。史官记录了当时营造洛邑的情况以及召公的诰词，因此而得名。

本篇主要为周公之言，最后一小段为召公所说。本篇通过叙述营造洛邑的重要性，总结了夏、商两朝灭亡的教训，勉励成王要敬重上天，施以德政，爱护百姓，以发扬文王、武王的功业。

【原文】

惟二月既望[①]，越六日乙未，王朝步自周，则至于丰。

惟太保先周公相宅。越若来三月[②]，惟丙午朏[③]。越三日戊申，太保朝至于洛，卜宅。厥既得卜[④]，则经营[⑤]。越三日庚戌，太保乃以庶殷攻位于洛汭[⑥]。越五日甲寅，位成。

若翼日乙卯[⑦]，周公朝至于洛，则达观于新邑营[⑧]。越三日丁巳，用牲于郊[⑨]，牛二。越翼日戊午，乃社于新邑[⑩]，牛一，羊一，豕一。

越七日甲子，周公乃朝用书[⑪]，命庶殷，侯、甸、男、邦伯。厥既命殷庶，庶殷丕作[⑫]。

【注释】

①惟：语词无义。二月既望：二月十六日（采曾运乾说）。

②越若：于是。来三月：指下一月便是三月。来：表示将来时，如明日为来日，明年为来年。

③惟：语词无义。朏（fěn）：新月的光。

④厥：语首助词，无实义。得卜：言得到吉祥的卜兆。

⑤则：承接连词，犹今语就。经营：指建筑。

⑥洛汭：洛水汇入黄河的地方。洛：洛水。汭：水的弯曲处。

⑦若：及，到。翼日：明日。翼：通“翌”。

⑧达：通。观：这里指的是视察。营：区域，犹今语营盘。

⑨郊：古时祭天地的典礼，此处单指祭天。

⑩社：立社祭土神。

⑪朝：早晨。用书：书，此处指书写的命令。

⑫庶：众。丕：大。作：动工。

【译文】

二月十六日之后的第六天，是乙未日，在这一天周成王早晨从镐京步行来到了丰邑祭祀文王。

太保召公在周公之前先去勘察了营地。到了三月，初三月亮刚露出光辉的时候，是丙午日，隔了三天是戊申日，太保召公一大早就到达了洛邑，占卜监督的地方；他获得了吉兆，就开始勘察规划城邑。又隔了三天到了庚戌日，太保带领诸多殷商的殷民来到了洛水流入黄河的地方测量规划以找到合适的建立宗庙建筑的地方。又过了五天，到了甲寅日，勘察规划工作结束。

到了第二天乙卯日，周公一早来到洛邑，将新都地区统统勘察了一遍。过了三天，到了丁巳日，他用两头牛祭祀了上天，又过了一天是戊午日，又用牛、羊、猪各一头在新都对土地神进行了祭祀。过了七天到了甲午日，周公早晨将详细的工程计划书写成了文件，交给了侯、甸、男等诸位诸侯。诰令下达到广大的殷民之后，他们便开始营造新都了。

【原文】

太保乃以庶邦冢君出取币①，乃复入锡周公②，曰："拜手稽首，旅王若公③。"诰告庶殷越自乃御事："呜呼！皇天上帝，改厥元子兹大国殷之命④，惟王受命，无疆惟休，亦无疆惟恤。呜呼！曷其奈何弗敬⑤？

"天既遐终大邦殷之命⑥，兹殷多先哲王在天。越厥后王后民⑦，兹服厥⑧命。厥终⑨，智藏瘝在⑩。夫知保抱携持厥妇子⑪，以哀吁天⑫，徂厥亡⑬，出执⑭。呜呼！天亦哀于四方民，其眷命用懋⑮，王其疾敬德。"

【注释】

①以：和，与。冢君：长君。币：指币帛之类的赠送礼物。

②锡：赠予。

③旅王若公：从《洛诰》的记载看，勘察宗庙官室的基地时，成王尚在西都，并未来洛地。周公这时将要返回旧都，所以召公把向成王陈述的意见陈述给周公，希望周公把这些意见转达给成王，故说"旅王若公"。旅：陈述。若：曾运乾以为读如"那"，可解作"于"或"在"。

④改：改革。厥：其。元子：即天子。兹：指示代词，这。命：指天子的大命。

⑤曷其奈何："曷其"与"奈何"为同义词叠用，以加强语气，犹今语为什么。

⑥遐：当为"假"，已经的意思（采孙星衍说）。一说，远，亦通。大邦

殷之命：指殷的统治地位。

⑦越：与。厥：代词，其。

⑧兹：曾运乾以为读为“孜”，谓勤勉。服：本义为服从，此处可引申为遵循。厥：代词，指先王。

⑨厥：语首助词，无义。终：末世。

⑩智：有知识、有本领的人。鳏：指离家行役的人。在：与上文“藏”对言，指留下的人。

⑪夫：男人。知：匹偶。《尔雅·释诂》：“知，匹也。”保：通“褓”，小儿衣物。厥：代词，其，指下述男人。妇：妻。子：儿子（采孙星衍说）。

⑫吁：呼告。

⑬徂：通“诅”，诅咒。厥：其，指殷纣。

⑭执：曾运乾读为“埶”，陷也，可引申为陷阱。孙星衍解“执”为“胁迫”。细味上下文，当以曾说为是，孙说录以备考。

⑮眷：顾。懋：迁移，这里指的是从殷迁到周。

【译文】

太保召公于是就与诸侯国的国君一同拿出礼物，然后进去呈献给周公。周公说：“跪拜叩首，来感念我王与召公的美意。”告诫广大的殷民与周家的近臣：“啊，伟大的上天更换了天子，大国殷商的天命将由我们周朝来承接，这固然是无比美好，可也无比让人担忧。唉！我们如何能够不小心谨慎呢！

“上天过去曾经想要长期延续殷商的天命，很多殷家先王的神灵都在天上。商纣王与百姓，开始还服从先王的大命。但是到最终，有才华的贤人全都隐藏起来，邪恶之人开始充斥于整个朝廷之中。当时丈夫们抱着孩子，搀扶着妻妾，悲哀地呼告上天，诅咒纣王灭亡，那是怎样的痛苦不安啊！唉！上天怜惜天下的百姓，因此环顾天下寻觅了一名勤勉有德之人，将天命托付给他。我王应当多多施行德政才行啊。”

【原文】

“相古先民有夏，天迪从子保①，面稽天若②，今时既坠厥命③。今相有殷，天迪格保[4]；面稽天若，今时既坠厥命。今冲子嗣则无遗寿耇[5]，曰：‘其稽我古人之德[6]，矧曰其有能稽谋自天[7]。

“呜呼！有王虽小，元子哉，其丕能諴于小民[8]。今休，王不敢后。用顾畏于民碞[9]，王来绍上帝[10]，自服于土中[11]。旦曰：‘其作大邑，其自时配皇天[12]，毖祀于上下[13]，其自时中乂。王厥有成命，治民今休。’

“王先服殷御事[14]，比介于我有周御事[15]。节性惟日其迈。王敬作所，不可不敬德。”

【注释】

①天迪：上天的启迪。从子保：曾运乾认为“从子保”为“旅保”两字的误写。“旅”本为祭名，《论语》：“季氏旅于泰山。”《尔雅》中又把“尸旅”的意义作一样的解释，所以说“旅”为祭上帝之尸。许慎《五经异义》引《鲁郊祀》曰：“祝延帝尸。”又《石渠论》：“周公祭天，太公为尸。”都是祭天有尸的证明。古时人对祭天之事看得十分神秘而庄重，“旅”是能够通神天之道的人。舜祭祀上帝，禹为之旅；周公祭天，太公为之尸，都是证明。古人之所以这样做，无非是要把祭天的典礼故意弄得十分神秘，以此作为欺骗手段，使人们相信那些祭天的人都是能够沟通天人意见、传达上帝命令的人，从而借用神的威吓来维持王权统治。

②面：当面。稽：考。若：读为“诺”，意思是说“旅保”一类人在上天那里当面接受上帝的命令。

③坠：失去。厥：其，犹今语他的。命：大命，指帝统。

④格保：即上文“旅保”，能够沟通天人意见并传达上帝命令的人。

⑤冲子：年幼的人，此处指成王。嗣：继。

⑥遗：留下。寿耇：年长有德的老成人。

⑦曰：语词。稽：考。

⑧其：他。丕：大。諴（xián）：和，和协。

⑨碞：同“岩”，险。这里的“民碞”指的是殷的遗民，殷民初不服周的统治因此被称为碞。

⑩绍：曾运乾云：“读为‘召卜’，卜问也。”

⑪自：用。服：治。土中：谓天下之中，指洛邑。

⑫自时：相当于现在的从此，从今以后。自：从。时：通“是”，这。配：配享，此处是说祭天时以周的先祖配享。《孝经·圣治》说：“昔者周公郊祀，后稷以配天。”后稷为周人的始祖。

⑬毖：谨慎。上下：上指天神，下指地神。

⑭服：治。御事：治事诸臣。此句大意是说，先要治服殷的遗臣。

⑮比：《广雅》：“近也。”介：当为“尔”，字误，古本“介”作“尔”，《今文尚书》当作“迩”。尔：“迩”的异体字。比迩：谓靠近、接近。

【译文】

“看看古时先民中的夏人建立了夏国，因为顺应天命而备受上天的庇护；可是到了后来他们违反了天道，结果丢失了天命。如今再看殷人，他们原本也是备受上天庇佑的；后来违背了天道，因此到了现在也丢失了天命。现在我们的王年纪轻轻的时候就继位，先王也没有留下年长有德的辅政大臣，还不能说：‘可以寻求古人的德政，更不用说要去窥见天道了。’

“啊！成王虽然年幼，却是天子。他特别能够与百姓和谐相处。现在诸事顺遂，我王不敢延缓建造洛邑这件事，也是因为顾虑到殷民难以服从统治可能会引发祸患。

“王曾前去占卜询问上天的旨意，到这片中土洛邑来统治。周公姬旦曾经说过：‘要营造一个大都，自此以周的先祖先王配享黄天上帝。小心谨慎地对上下的神名进行祭祀，在这中土安稳地统治天下。’我王承接了上天的任命来治理百姓，现在一切都顺遂。

“王十分重视并任用了殷商的旧臣，让他们周家的管事大臣，互相得到劝勉，每天都在进步。我王谨慎地做着该做的事情，不可以不谨慎于德行啊！”

【原文】

“我不可不监于有夏[①]，亦不可不监于有殷。我不敢知曰，有夏服天命[②]，惟有历年[③]；我不敢知曰，不其延[④]。惟不敬厥德[⑤]，乃早坠厥命[⑥]。我不敢知曰，有殷受天命，惟有历年；我不敢知曰，不其延。惟不敬厥德，乃早坠

厥命。今王嗣受厥命[7]，我亦惟兹二国命[8]，嗣若功[9]。

“王乃初服[10]。呜呼！若生子[11]，罔不在厥初生，自贻哲命[12]。今天其命哲[13]，命吉凶，命历年[14]。知今我初服[15]，宅新邑[16]，肆惟王其疾敬德[17]。王其德之用，祈天永命。”

【注释】

①监：通“鉴”，戒，这里指的是可以当作教训的事情。

②服：职务，可引申为接受职务。

③历年：年代久远。历：久。

④其：语中助词，无实义。延：长久。

⑤惟：只，独。厥：语中助词，无实义。

⑥坠：失去。

⑦嗣：继。

⑧惟：思。

⑨嗣：继。若：其。

⑩乃：是，为。初服：指第一次处理政务。服：习。

⑪若：如同，好像。生子：十五岁的少年称生子，古人以十五岁的少年情欲初生，因此称为生子。

⑫贻：传。

⑬其：时态副词，将。命哲：即赐大命于明智之人。哲：明智。

⑭命：赐予（采于省吾说）。

⑮知：知道。

⑯宅：动词，居住。新邑：即洛邑。

⑰肆：故。惟：通“唯”，表希望。疾：速。

【译文】

“我们不能不将夏朝作为前车之鉴，也不能不将殷朝作为前车之鉴。我不敢说夏王接受天命的年数有多长，我也不敢说不久远，只知道他们不小心谨慎地施以德行过早地丢失了天命。我不敢说殷王承接天命的年数有多长，只知道他们不小心谨慎地施以德行过早地丢失了天命。如今我朝的君王承接了天命，我们也应当思考夏朝、商朝两朝受命、失命的缘由，从而继承他们先王的功业。

“我王刚刚承接了天命！唉，就像是在养育孩子一般，不能不从幼年开始，就教授他明智的德行。如今上天赏赐了天命，赐予了迹象，赐给了我们长期的统治。上天知晓我们的君主是刚刚承接天命，规划新都，我们的君主应当尽快谨慎德行才行啊！期望我王能够实行德治，好请上天能够赐予长期的天命啊。”

【原文】

“其惟王勿以小民淫用非彝[1]，亦敢殄戮，用乂民，若有功[2]。其惟王位在德元[3]，小民乃惟刑用于天下，越王显[4]。上下勤恤[5]，其曰我受天命[6]，丕若有夏历年[7]，式勿替有殷历年[8]。欲王以小民，受天永命。”

拜手稽首曰：“予小臣敢以王之雠民、百君子越友民，保受王威命明德[9]。王末有成命[10]，王亦显。我非敢勤[11]，惟恭奉币，用供王能祈天永命。”

【注释】

①其：祈使副词，表示希望的意思。淫：放纵，过度。彝：法。

②殄：灭绝。戮：杀。乂：治。

③其：表祈使，希望。元：元子，指天子。

④越：发扬光大。显：显德。

⑤上下：上指君，下指臣。恤：忧虑。

⑥其：庶几，犹今语差不多。

⑦丕：乃。

⑧式：用。替：废。

⑨雠民：也就是殷的遗民，殷民与周为仇，故称雠民。百君子：指殷的许多遗臣。百：言其多。越：和，及。友民：与“雠民”对言，“友民”当指周的臣庶。

⑩末：终。成命：指营建洛邑之事。

⑪勤：慰劳。

【译文】

“君王不可由于百姓有放纵违法的行为，就无度滥杀，治理百姓一定要有时效。君王立位应当以德行为先，如此，百姓才会按照法度来行于天下，才能将先王的光辉发扬光大。因此，君臣上下应当互相劝勉体谅，才能说我们承接了天命，才能期望可以像夏朝那般长久，不要像殷朝年数虽长却突然废弃了！希望我的君王能够凭借着大众的力量去承接长久的天命！”

召公行跪拜叩头之礼，说：“小臣我曾经率领与我王敌对的殷民、殷商的旧臣以及拥护我们的殷民，一起安然地承受王的威严与德行！我王最终成功得到了上天的任命，营造并迁都洛邑，可谓显赫。我不敢说什么辛苦，只有献上微薄的币帛，来供我周王向上天祈求赐予我们长久的天命！”

洛诰

【题解】

周公营造洛邑完工之后，恳请周成王到洛邑来举办祭典，主持国政。由于民心不稳等问题，成王决定将周公留在洛邑，帮助他治理东土。在周公摄

政七年祭祀典礼上，成王颁布了这项决定。史官将周公与成王的讨论记录成书，也就是《洛诰》

《书序》中也说道："召公既相宅，周公往营成周，使来告卜，作《洛诰》。"1963 年在陕西宝鸡出土的西周青铜器"何尊"，其铭文中记载了周成王五年（周公摄政七年）成王亲自莅临洛邑考察之事，可与《洛诰》互为佐证。由此可见兴建洛邑确实是周朝成立初年的一件大事。

【原文】

周公拜手稽首曰①："朕复子明辟②，王如弗敢及天基命定命③，予乃胤保大相东土④，其基作民明辟⑤。

"予惟乙卯朝至于洛师。我卜河朔黎水⑥。我乃卜涧水东⑦，瀍水西⑧，惟洛食⑨。我又卜瀍水东⑩，亦惟洛食。伻来以图及献卜⑪。"

王拜手稽首曰："公不敢不敬天之休，来相宅⑫，其作周匹休⑬。公既定宅，伻来，来视予卜，休恒吉⑭。我二人共贞⑮。公其以予万亿年敬天之休！拜手稽首诲言⑯。"

【注释】

①拜手稽首：古代男子的跪拜礼。拜手：跪下后两手拱合，至于心平而不至地。稽首：叩头至地，是隆重的跪拜礼。

②复：归还。辟：君主。

③基命定命：曾运乾曰："基，始；定，正也；基命定命，即举行大典也。"

④胤：继。保：官名。胤保：此指召公。相：视察。东土：指洛地，因其在镐京以东，故称东土。

⑤其：祈使副词，犹希望。基：始。明辟：圣明的国王。

⑥河：黄河。朔：北方。黎水：清《续文献通考》："卫河淇水合流黎阳故城为黎水，亦云浚水。"黎阳故城在现在河南浚县东北，离商的首都朝歌很近。朝歌在现在河南淇县。联系上下文可定这次占卜不吉。

⑦涧水：水名。发源于现在河南渑池东北白石山，至洛阳西南洛水。

⑧瀍（chán）水：水名。发源于现在河南孟津任家岭，向南流经洛阳东面入洛水。当时周公营洛有两个目的，首先是为了取得统治殷国遗民的方便，其次为了诸侯朝贡的方便。

⑨唯：仅。食：有四解。《孔传》："卜必先墨画龟，然后灼之，兆顺食墨。"据此，食指龟兆。孙星衍认为，食，玉食，犹《洪范》"唯辟玉食"，指玉食此土。俞樾认为"食"可训"用"。杨筠如说："按食亦事之假，事犹治也。"译文从《孔传》说。

⑩瀍水东：此处即成周筑地。成周也叫下都。

⑪伻（bēng）：使者。

⑫相：勘察。宅：官室宗庙的筑地。

⑬其：代词，指周公。作：营建。周：指周的旧都宗周。匹：配。休：美。

⑭恒：遍。

⑮共贞：犹言"共同承事"（采曾运乾及杨筠如说）。贞，马融说："贞，当也。"按，"贞"当作"鼎"，"贞"、"鼎"古通用。

⑯诲言：教诲之言。旧注均解为"教诲"之"诲"。于省吾说："吴大澂谓古诲字从言从每，是也。……谋言犹云咨言问言。"亦通。

【译文】

周公跪拜磕头行礼之后说："我将执政大权交还与您，您却谦虚地推脱不愿意举办还政大典。我在太保召公之后对东都洛邑进行了勘察，希望您能够思考一下如何成为百姓心中贤明的君主。”

“我在乙卯这一天的早上到达了洛邑。我对位于黄河北岸的黎水一带进行了占卜。随后又占卜了涧水之东、瀍水以西的地区，只在洛水一带获得了吉兆。我还占卜了瀍水以东的地区，也只有洛水一带获得了吉兆。因此请您过来商讨，并献上占卜所得的卜兆。”

成王行跪拜叩头之礼后说：“您需要遵照上天赐予的福祥，来到洛邑勘察营建新都的基址。您建造洛邑可以作为与宗周镐京相媲美的都邑。您已经对宫室宗庙的基地进行了勘定，给我看了占卜所得的卜兆，吉祥啊！都是吉兆啊！我们二人一起享有上天所赐予的这番吉兆，但愿您能够跟我一起进奉上天所赐予的福命。跪拜叩头，感激您的教诲。”

【原文】

周公曰：“王肇称殷礼[①]，祀于新邑，咸秩无文[②]。予齐百工[③]，伻从王于周[④]。予惟日庶有事[⑤]。今王即命曰：‘记功，宗以功作元祀[⑥]。’唯命曰：‘汝受命笃弼[⑦]，丕视功载[⑧]，乃汝其悉自教工[⑨]。’

“孺子其朋[⑩]，孺子其朋，其往。无若火始焰焰[⑪]，厥攸灼叙弗其绝。厥若[⑫]彝及抚事如予[⑬]，惟以在周工往新邑[⑭]，伻向即有僚[⑮]，明作有功[⑯]，惇大成裕[⑰]，汝永有辞[⑱]。”

【注释】

①肇：始。称：举行。殷礼：接见诸侯的礼节。

②咸：皆。秩：秩序。文：王引之说：“今按‘文’当读为‘紊’。紊，也。《盘庚》曰：‘若网在纲，有条而不紊。’《释文》‘紊，徐音文是‘紊’与‘文’古音同，故借‘文’为‘紊’。”

③齐：整。百工：百官。

④伻从王于周：这句是倒装句，意指在旧都习礼后再跟从王去洛。伻：使。周：此指旧都。

⑤惟：表祈使、希望之意。庶：众。事：指上文“祀于新邑”的事情。

⑥宗：宗人，官名，行使礼仪的官。功：有功的人。作：举行。元祀：

大祀。元：大。

⑦笃：厚。弼：辅助。

⑧丕：奉。视：披阅。载：载书。

⑨其：命令副词。悉：尽。教工：教百官习礼仪。

⑩孺子：小孩，此处指成王。其：祈使副词，希望。朋：古“凤”字。相传凤飞，群鸟纷纷跟随，此处比喻带领群臣。

⑪若：像。焰：火苗。

⑫厥：其。攸：所。灼：烧。叙：曾运乾说：“叙，读‘余’……灼余，犹言烬余也。”绝：断绝。厥若：犹言那个。

⑬彝：语词。及：曾运乾说“犹汲汲”，劳碌的样子。抚事：处理政务。

⑭惟：表希望的副词。以：及。工：官。

⑮伻：使。即：就。有：通“友”。僚：官员。

⑯明：通“孟”，勉。

⑰惇：厚。裕：宽。

⑱辞：言辞，此处可引申为称道。

【译文】

周公回到宗周镐京说：“王啊，您已经开始举行祀天改元的殷祭大典，祭祀在新邑举办应当按照礼法来对天地神祇逐一供奉祭祀，不能混乱。我对百官进行了整顿，让他们跟随大王前往洛邑。我对他们说：‘你们这些官员将要有祭祀的大事。’如今我王可向神明请命说：‘给宗神祭祀，让宗人率领有功之人举行大祀之礼。’还能命令我说：‘你接受先王的遗命来督促辅导我，你就履行自己的职责吧，可以自己宣告自己的功劳，来告知天下。’

“年轻的王啊，您应当跟群臣在一起，您应当跟群臣在一起，来到洛邑啊。不要像点火那般，最初微弱的火星，后来慢慢燃烧大，君臣一同前去，不要前后递行。让群臣可以常常看到并服从于您，失去了大祭的次序。我率领宗周百官赶往新邑，让各卿士、太史诸大寮，共同勤勉地建立功业，成就仁厚博大的大政，你就能在后代流传美好的名声了。”

【原文】

公曰："已[①]！汝惟冲子[②]，惟终。汝其敬识百辟享[③]，亦识其有不享。享多仪，仪不及物，惟日不享。惟不役志于享[④]。凡民唯曰不享，惟事其爽侮[⑤]。乃惟孺子颁[⑥]，朕不暇听[⑦]。朕教汝于棐民[⑧]，彝汝乃是不蘉[⑨]，乃时惟不永哉[⑩]。笃叙乃正[⑪]父罔不若予，不敢废乃命。汝往敬哉！兹予其明农哉[⑫]。彼裕我民[⑬]，无远用戾[⑭]。"

【注释】

①已：叹词。

②冲子：幼子。惟：思。

③其：表示希望的副词。辟：诸侯国的国君。享：诸侯国的国君拜见天子时需要遵循的礼节。

④惟：此处存疑，恐为衍文。

⑤惟：只。

⑥颁：分。孙星衍说："言政事繁多，孺子分其任，我有所不遑也。"

⑦暇：空闲。听：指听政。

⑧棐：辅助。

⑨彝：语词。蘉（máng）：勤勉，努力。

⑩时：通"是"。不永：指统治地位不能长保。

⑪笃：厚。叙：顺。乃：代词，犹言你的。正父：天子谓同姓诸侯、诸侯谓同姓大夫，皆曰父。

⑫兹予其明农哉：大意是说，辞去官职勉力务农。兹：这。明：勉力。

⑬裕：宽容。

⑭戾：至。

【译文】

周公说："啊！虽然您尚年少，但是您的地位却是无比尊贵的。您要小心地辨别诸侯觐见时的贡享，记下那些从来没有贡享的诸侯。如果贡品丰富却忽略了利益，也能说和没有贡享一般。他们没有在贡享上用心，因此百姓们就会说他们不遵守贡享之礼，如此君王所做的事情就会被怠慢，并出现差错。

希望年轻的君王尽快前来分担政务，我没有太多时间去估计如此多的政务。

“我教给您治理民众的常法，如果您自己不努力去做，您的统治就不能长治久安。厚待您的同姓诸侯，让他们全部都跟我一样，不敢怠慢您的命令。您前往洛邑要恭敬小心啊！在这里我们要勤奋努力啊。同姓的诸侯教导我们的百姓，如此不管有多远，百姓也会愿意归附您。”

【原文】

王若曰：“公，明保予冲子[①]。公称丕显德[②]，以予小子扬文武烈[③]，奉答天命[④]，和恒四方民[⑤]，居师[⑥]，惇宗将礼[⑦]，称秩元祀[⑧]，咸秩无文。惟公德明光于上下[⑨]，勤施于四方，旁作穆穆[⑩]，迓衡不迷[⑪]，文武勤教。予冲子夙夜毖祀[⑫]。”

【注释】

①明：勉力。冲子：幼子。成王对自己的谦称，成王是周公的侄子，因此自谦说“幼冲”。

②称：称说。丕：大。显：显赫。德：功德。

③以：以为。扬：发扬光大。烈：事业。

④奉：遵奉。答：配。

⑤和恒：倒装，应为“恒和”。和：指政事治理妥善。恒：普遍。

⑥师：京师，此处指洛。

⑦惇：厚。宗：同族。将礼：语倒，言以礼接待诸侯。将：事。

⑧称：举。秩：次序。元祀：大祀，指祭祀文王事。

⑨光：广大。

⑩旁：广泛，普遍。穆：美，此处用以形容政治治理得极好。

⑪迓：本作“讶”，“讶”通“御”，掌握。衡：权柄（采孙星衍说）。

⑫毖：谨慎。

【译文】

王这样说：“公啊！您一直致力于辅佐我，发扬您博大显赫的功德，让我能够弘扬文王、武王辉煌的功业，对上可以承接天命，对下能够团结四方的百姓让他们来到洛邑定居。我们用厚礼对待同姓的诸侯，隆重地举行祭祀大典，这一切都有条不紊地进行。公的功德已经充满了天地之间，辛勤地治理着四方的百姓，普天之下都治理得很好，遇到挫折也不慌忙无措，又经常教导我文治武功的方法。我要从早到晚都恭敬严谨地进行祭祀啊！”

【原文】

王曰：“公功棐迪笃[①]，罔不若时[②]。”

王曰：“公，予小子其退，即辟于周，命公后[③]。四方迪乱[④]，未定于宗礼，亦未克敉公功[⑤]。迪将其后[⑥]，监我士、师、工[⑦]，诞保文武受民[⑧]，乱为四辅[⑨]。”

王曰：“公定[⑩]，予往已公功肃将祗欢[⑪]，公无困哉我[⑫]，惟无斁其康事[⑬]，公勿替刑[⑭]，四方其世享。”

【注释】

①“公功”句：亦倒装结构。笃，厚，是“棐迪”的状语。棐：辅助。迪，教导。

②罔：否定副词，犹今语没有。若：顺。时：通“是”，指示代词，指上文教导的话。

③即：就。辟：君位。周：指周的旧都。后：留后，意即留守新邑。

④四方：指天下。迪：导。乱：治。

⑤克敉：近义词叠用。克，成功。敉，通“弭”，引申为成功。

⑥公功：犹言公的任务，总指“迪乱未定”、“宗礼未克”诸事。

⑦监：临，居上视下曰临，此处可引申为统率。士、师、工：均指负责一定政务的官员。

⑧诞：大。保：安。文武：指文王和武王。

⑨乱：率领。四辅：在王的左右辅佐理政的大臣。据《尚书大传》，天子有四邻，在前面的叫“疑”，在后面的叫“丞”，左面的叫“辅”，右面的叫“弼”，帮助王处理政务，统称为四辅。

⑩定：止，留下。

⑪往：指返旧都。已：通“矣”，语助词。功：指任务。肃：通“速”，迅速。将：主持政事。祗：敬。欢：通“劝”，勉。此句是倒装句，“祗”和“欢”跟“肃”一样，都是修饰“将”的。

⑫困：固留。哉：当为“我”，形近致误。

⑬惟：只。斁：厌，可引申为懈怠。康事：章太炎说“康”读为“庚”，《说文》“庚，更事也”。更，经历。这里“更事”当指经常学习政事。这句话是成王的谦词。

⑭替：废弃。刑：常，指常任的政务。

【译文】

成王说：“公啊！你热情地辅助我，所作所为都顺应时宜。如今我要回去，在宗周镐京勤政，请您继续留守在洛邑吧！如今四方都还没有完全治理妥当，宗人主持的祭祀之礼还没有万恒，您的功业还没有结束，你还需要继续监督百官大臣，安抚文王、武王从上天那里接受的百姓，统帅好周朝的辅佐大臣们啊。

成王说：“周公啊！您留下吧，我要返回了，你要尽快恭敬地努力主持大政，您不可再拒绝我了，我只有不断地学习政务，您只有不荒废大法，主持政务，天下的百姓才能世代都享有您的德行啊！”

【原文】

周公拜手稽首曰：“王命予来，承保乃文祖受命民[①]，越乃光烈考武王弘朕[②]。恭孺子来相宅，其大惇典殷献民[③]，乱为四方新辟[④]，作周恭先[⑤]。曰其自时中乂[⑥]，万邦咸休，惟王有成绩。予旦以多子越御事笃前人成烈[⑦]，荅其师[⑧]，作周孚先[⑨]。考朕昭子刑[⑩]，乃单文祖德[⑪]。”

【注释】

①乃：代词，你们。文祖：指文王。

②越：和。光：光大。烈：威严。此处用以形容武王。弘：大。恭：曾运乾说：“‘朕’当作‘训’……‘恭’，读为‘共’，法也。弘朕犹《顾命》言‘大训’也。弘恭，犹《商颂》言‘大共’也。‘越乃光，考武王弘朕恭’作一句读，犹言光汝烈考之大训及大法也。”

③惇典：犹言镇守。献民：即民献，众民。

④乱：率。辟：君。

⑤恭：恭谨。先：先导。

⑥曰：述说前时之言。时：通“是”。乂：治。

⑦以：介词，与。多子：指众卿。子：对男子的美称。越：和。御治。笃：厚。烈：功业。

⑧荅：合，此处可引申为满足。师：众。

⑨孚：信。

⑩考：成。朕：我。昭子：指成王。刑：常，法。

⑪单：大。

【译文】

周公跪拜叩首之后说：“王命令我来到洛邑，安定您祖先文王的百姓，光大您尊贵的父亲武王的遗训大法。我侍奉您勘察了定居之所，重任殷朝的贤人，用治理殷商的常法举措作为管理天下的心法，作为将要广泛实行的周法

的前导。自此用四方之中的洛邑为治，天下的诸侯国也会因此而感到高兴。如此，王就大功告成了。而我姬旦与同姓贵族和王室的近臣，对先王的功业忠心耿耿，来满足天下人的愿望，筑成王城，做周朝的信诚典范。严守我教你的法度，即可弘扬文王大德。”

【原文】

“伻来毖殷[①]，乃命宁予以秬鬯二卣[②]，曰明禋，拜手稽首休享[③]。予不敢宿[④]，则禋于文王武王。惠笃叙[⑤]，无有遘自疾[⑥]，万年厌乃德[⑦]，殷乃引考[⑧]。王伻殷[⑨]，乃承叙万年[⑩]，其永观朕子怀德[⑪]。”

【注释】

①伻：使。毖：慰劳。殷：指殷民。

②宁：安。秬：黑黍，可以酿酒的粮食。鬯（chàng）：古时祭祀所用香酒，用秬制成。卣（yǒu）：古时酒器，其形状和樽相似。

③休：美。享：享献。

④宿：停留。

⑤惠：仁。笃：厚。叙：顺。三字均有厚待之意。

⑥遘：遇。自疾：颇费解。章太炎说："自即辠之烂余。"曾运乾曰："谦不敢言受福，故言不遇辠耳。"窃意以为"自"作"自己"解亦可，"自"与"遘"，语倒，顺言之则为"不是我遇到疾病"，似乎也可以讲得通。

⑦万年：指永久。厌：饱。

⑧殷：盛。引考：长寿。以上四句是周公为自己祝福的话。

⑨伻：使。殷：指殷民。

⑩承叙：承顺。

⑪子：指众民。

【译文】

"您派使者来到洛邑，恭敬慎重地对待殷商祭祀之礼，让人送了两樽黑黍香酒来探望我，并指示说：'隆重地举办祭典，跪拜磕头就是最好的贡享。'我丝毫不敢怠慢，马上用禋礼对文王、武王进行了祭祀，并献上祝辞说：希望成王能够传承文武之道，不染疾病，子孙后世可以永享其德，殷的天下永远都能是周的天下。希望我王能够让殷人承奉有序，长期瞻仰感念您的大德。"

【原文】

戊辰，王在新邑烝祭[①]，岁[②]。文王骍牛一[③]，武王骍牛一。王命作册逸祝册[④]，惟告周公其后[⑤]。

王宾杀禋咸格[⑥]，王入太室祼[⑦]。王命周公后[⑧]，作册逸诰[⑨]。在十有二月。惟周公诞保文武受命，惟七年[⑩]。

【注释】

①烝（zhēng）：冬祀。

②岁：指岁终，年底。

③骍（xīn）：赤色，红色。周人崇尚红色，因此使用红色毛的牛祭。

④逸：人名。当是史官。祝：祝辞。册：典册。

⑤告：杨筠如说："谓以周公留守洛邑之享，告之文武也。"

⑥王宾：指助祭诸侯。杀：杀牲。禋：燎祭。咸格：指与助祭者一起到

太庙。咸：都。格：至。

⑦祼（guàn）：以酒洒地而求降神之礼。

⑧王命周公后：成王命封周公的后代。

⑨诰：命令。

⑩七年：指周公摄政七年。

【译文】

十二月戊辰，成王在新都洛邑，举办了冬祭和岁祭之礼。祭祀文王、武王各用了一头红色的牛。成王命令史官逸早在祭祀的时候宣读了祝册之问，向文王、武王汇报了周公继续留守洛邑的事情。杀了牲口来祭祀文王、武王，文王、武王都来享用祭礼。成王来到清庙中央之室，完成了祼祭之礼。成王对周公说："我要回到镐京去，在宗周继续统治，特别命令您继续留守洛邑。"

成王命令周公留下之后，让作册逸作诰，这件事发生在十二月。周公留守洛邑，承接了文王、武王所赐予的大命，这一年是周公摄政七年。

多　士

【题解】

多士，就是众士的意思，指的是殷商的旧臣。《史记·周本纪》中提到："成王既迁殷顽民，周公以王命告，作《多士》。"《书序》中也提到："成周既成，迁殷顽民，周公以王命诰，作《多士》。"由此很多学者认为《多士》之作源于安抚迁徙的殷民，此乃第一种说法。又有说法认为是作于周公被谮出本，后来被迎回之后。现多认可前一种说法。

本篇主要是周公代替成王向殷商的遗民，尤其是殷商的旧臣颁布的诰令。此诰令详尽地记录了周公借天命用强硬的手段让殷商遗民迁居洛邑的缘由，周王室对待殷民的政策以及他们自己的前途与出路等问题，对研究周朝初年的社会矛盾与政治斗争提供了一定的参考价值。

【原文】

惟三月[1]，周公初于新邑洛，用告商王士[2]。

王若曰："尔殷遗多士，弗吊旻天大降丧于殷[3]，我有周佑命[4]，将天明威致王罚敕[5]，殷命终于帝。肆尔多士！非我小国敢弋殷命。惟天不畀允罔[6]，固乱弼我，我其敢求位？惟帝不畀，惟我下民秉为，惟天明畏[7]。"

【注释】

①三月：指的是周公摄政七年三月。

②王士：殷商的贵族基层。

③弗：不。吊：山。旻（mín）天：上天。降丧：降下灾祸。

④佑命：帮助老天履行天命。

⑤将：奉。致：送。敕：告诫。

⑥允罔：确定灭亡。

⑦明畏：贤明威严。畏：通"威"。

【译文】

（成王五年）三月，周公首次在新都洛邑代替成王对殷商旧臣进行了告诫。

王这样说："你们这些殷商的旧臣！因为纣王不恭敬地履行天命，上天才会给你们降下灾祸；我们周国一直奉行天命，在处罚与儆诫中切实贯彻上天的赫赫威名，殷朝的天命已经被上天终结。因此想要告诉你们，不是我们小小的周邦敢于去抢夺殷朝的天命，而是由于上天不想再让你们承接天命，决定让你们丧亡，因此上天不断地帮助我们；我们怎么敢去奢求如此尊贵的王位呢！上天贤明且具有威严，他们不想再将大命交付给你们，我们这些低下的臣民只能奉行上天的旨意，信守上天的威严。"

【原文】

我闻曰："上帝引逸[1]，有夏不适逸则[2]；惟帝降格向于时[3]。夏弗克庸帝，大淫泆有辞[4]。惟时天罔念闻[5]，厥惟废元命，降致罚；乃命尔先祖成汤

革夏⑥，俊民甸四方。自成汤至于帝乙⑦，罔不明德恤祀⑧。亦惟天丕建，保乂有殷，殷王亦罔敢失帝，罔不配天其泽。在今后嗣王⑨，诞罔显于天，矧曰其有听念于先王勤家？诞淫厥泆，罔顾于天显民祇⑩，惟时上帝不保，降若兹大丧。惟天不畀不明厥德，凡四方小大邦丧，罔非有辞于罚。”

【注释】

①引逸：古时的成语。是牵制让其失恋，不放纵其犯下大错的意思。

②有夏：即夏。适：节制，克制。

③降格：降下大祸。格：来。时：通“是”。

④泆（yì）：同“逸”。有辞：有罪行可以指出。

⑤惟时：因此，于是。天罔念闻：老天遗弃，不管不问。

⑥成汤：商代的第一任君主。革夏：改变夏朝的统治。

⑦帝乙：商纣王的父亲。倒数第二代的商朝君王。

⑧明：通“勉”。恤：谨慎。

⑨后嗣王：指的是商纣王。诞：大。

⑩天显：天命。祇：通“哉”。

【译文】

我听闻：“天帝是不会让人们肆意妄为的，夏桀却不懂克制自己享乐的行为。因此上天在他身上降下了大祸。但是夏桀依然没有听从承接天帝的命令，反而更加肆无忌惮，到处暴露自己的罪行。到了这个时候，上天也就不再有所顾忌和怜惜了，废弃了夏朝的天命，降下了灭亡的惩罚。如此他就命令你们的祖先成汤顶替夏朝统治，成汤又将夏朝的贤明之士安排到了天下各地让他们管理民事。从成汤到帝乙，没有不勤修德行并谨慎地进行祭祀的，上天也帮忙成就了殷商的功业。商王也不敢违逆天命，没有不配合上天的地方，因此他们才能世代传承王业。但是到了末代君王商纣王的时候，对上天大为不敬，更不要说尊念先王勤政爱民的故事了。他毫无忌惮地淫乱起来，丝毫不顾念天命与百姓的疾苦。天帝也就不再庇佑殷朝，因此降下了灭亡的灾祸。由此可见，上天并不会赐天命给那些不修行自己德行的人，天下大大小小国家的覆灭，没有不是因为犯下了相应的罪行而导致被处罚的。”

【原文】

王若曰：“尔殷多士，今惟我周王丕灵承帝事①，有命曰：‘割殷②，’告敕于帝。惟我事不贰适，惟尔王家我适③。予其曰惟尔洪无度④，我不尔动⑤，自乃邑⑥。予亦念天，即于殷大戾，肆不正。”

【注释】

①事：指的是接受天命灭商这件事。

②割：害。割殷：灭亡殷朝。

③惟：只有。

④而：你们（指众士）。洪：大。

⑤不尔动：不动尔的倒装。

⑥自乃邑：从你们的居住地发动叛乱。

【译文】

王这样说：“你们这些殷商的旧臣如今只有我们周王愿意恭敬地承接天命，因此上天颁下命令说‘你们去处罚殷商吧’。我们就奉行了，并将结果祭告给了上天。我们灭亡殷商只是与王室为敌，并不是要针对你们百姓。我想要说的是：由于你们的武庚太没有法度，我们并没有采取什么行动，都是你们国都内率先发起了叛乱。我观察到上天以及降下灾祸给殷朝的王室，因此也就不再讨伐你们这些人了。”

【原文】

王曰：“猷！告尔多士，予惟时其迁居西尔[①]，非我一人奉德不康宁[②]，时惟天命。无违，朕不敢有后，无我怨。”

“惟尔知，惟殷先人有册有典[③]，殷革夏命。今尔又曰：‘夏迪简在王庭，有服在百僚。’予一人惟听用德，肆予敢求于天邑商[④]，予惟率肆矜尔[⑤]。非予罪，时惟天命。”

【注释】

①迁居西尔：倒装，应为“迁尔居西”。尔：你们，指的是殷商的旧臣。因为洛邑在殷地之西，所以说是居西。

②奉：成。奉德：也就是按照道德原则来办事的意思，指的是迁居殷朝旧民这件事是按照道德原则来进行的，实际上是为了维系周王朝的统治。

③册：点击。测点就是记录历史实情的典籍。

④求：取，招揽的意思。天邑商：大邑商，指商朝都城，现在的殷墟与朝歌都在其范围之内。

⑤率：用。肆：缓和。

【译文】

王说：“我告诉你们！我让你们移居到西边，并非是因为我一个人按照道德标准不让你们安定，而是上天的旨意，无法违背。我也不敢怠慢，你们万不可埋怨于我。”

“你们知道：殷家的祖先传下来的历史典籍，记录了殷商改变夏朝天命的故事。就说：‘殷商挑选了很多夏人进入朝廷，让他们担任各种重要的职位。’但是我任用官员是将德行来作为标准的，如若你们中有贤明之人，所以我敢于将你们从商都中召过来，我如今只是可怜、赦免你们罢了。这并不是我的罪过，而是上天的命令。”

【原文】

王曰："多士，昔朕来自奄①，予大降尔四国民命②。我乃明致天罚，移尔遐逖③，比事臣我宗多逊④。"

王曰："告尔殷多士，今予惟不尔杀，予惟时命有申。今朕作大邑于兹洛，予惟四方罔攸宾⑤，亦惟尔多士攸服奔走臣我多逊⑥。尔乃尚有尔土，尔用尚宁干止，尔克敬，天惟畀矜尔；尔不克敬，尔不啻不有尔土⑦，予亦致天之罚于尔躬！今尔惟时宅尔邑，继尔居；尔厥有干有年于兹洛⑧。尔小子乃兴，从尔迁。"

王曰："又曰时予，乃或言尔攸居⑨。"

【注释】

①朕：周公对自己的称呼。奄：古国名，现位于山东曲阜市东。奄在当时是东方强大的国家，曾经参与周初反叛，是东方国家发起反叛的代表国家之一。奄地后来成为了周公的受封之地，鲁国就是在奄地的基础上建立起来的。

②降：降下。四国民：指的是曾经参与叛乱的管、蔡、商、奄这四个国家的殷民。

③移：徒迁。遐和逖（tì）：都是遥远的意思。

④比：亲。事、臣都是动词，服务的意思。

⑤四方：四方的诸侯国。攸：所。宾：宾服，朝贡。洛邑乃天下之中央区域，四方诸侯朝贡都十分方便。

⑥服：事，指服务。奔走：奔走效劳。

⑦不啻（chì）：不但，不仅。

⑧有年：长久。

【译文】

王说："殷商的旧臣们，过去我征讨奄国归来，对参与叛乱的管、蔡、商、奄这四国的殷民厚赐恩德。为了表明上天的处罚，将你们从千里迢迢的地方迁到这里，好亲近我们的德政，愿意服事归顺我们周王朝。"

王又说："告诉你们这些殷商的旧臣！现在我并不会杀害你们，我将之前的命令再次重复申明一次。我们在洛水旁边建造了这座大城邑，为的是让四方的百姓都能够融入其中；不仅不会拒绝你们，还迫切地希望你们能够为我们效力，奔走效力于我们，承顺我们周王朝。

“你们依旧能够长久地占有自己的土地，长期安稳地守护着它。只要你们能够恭敬（我周朝），上天就会怜悯你们。如果你们（对周朝）不恭敬，那么你们不仅不能够享有土地，我还会让上天降下责罚给你们。如今你们在自己的都邑之中，开始了稳定的生活。能够好好地在洛邑度过漫长的时光。从你们乔迁到这里开始，你们的子孙后代也会兴旺发达起来。”

王说：“顺从我吧。”又说：“顺从我，我教导你们如何长期安稳地居住在这里。”

无逸

【题解】

《无逸》，也写为《无佚》《毋逸》。《史记·鲁周公世家》中记载称：“周公归，恐成王壮，治有所淫佚，乃作《多士》，作《无逸》。”并引用了《无逸》中的文章，“作此以诫成王。”《书序》中也记录成：“周公作《无逸》。”从而得知，《无逸》成文于周公还政成王之后。

“君子所，其无逸”，应当为本篇的宗旨要义，以此为题，表明了作者的思想观点。

篇中主要记载了周公多次告诫成王，不能贪图安逸，应当以殷商为鉴，学习周文王勤政借鉴的品质。本篇文章中居安思危的思想对后代的统治者影响深远。

【原文】

周公曰："呜呼！君子所其无逸[1]。先知稼穑之艰难，乃逸则知小人之依[2]。相小人[3]，厥父母勤劳稼穑[4]，厥子乃不知稼穑之艰难。乃逸乃谚既诞[5]，否则侮厥父母[6]，曰：'昔之人无闻知。'"

【注释】

①君子：指做官的人。所其：指居其位。所：处在。逸：安逸。

②乃逸：旧注多从上读，非是，应从下读。乃：指示代词，这样。依孙星衍说："'依'同'衣'，《白虎通·衣裳篇》云：'衣者，隐也。'"隐，隐痛，疾苦。

③相：看。小人：小民。

④厥：代词，作"他"解。稼穑：泛指农业劳动。

⑤谚（yàn）：粗鲁。诞：放肆。或解作"大"，亦通。

⑥否则：乃至于。否：当作"丕"。

【译文】

周公说："唉！做君主的开始就不应当贪图安逸享乐！如果他实际了解了耕种收获的艰辛，再去享受安逸的生活，这样才能知晓民众的辛苦。我们认真了解那些小民，父母在农务上挥洒着汗水艰苦地耕种，但是他们的儿子却不知晓农事的辛苦，习惯于享乐安逸，任性，时间一久，就开始轻蔑他的父母说：'上了年纪的人，懂什么！'"

【原文】

周公曰："呜呼！我闻曰：昔在殷王中宗[1]，严恭寅畏[2]，天命自度[3]，治民祗惧[4]，不敢荒宁[5]，肆中宗之享国七十有五年。其在高宗[6]，时旧劳于外[7]，爰暨小人。作其即位，乃或亮阴[8]，三年不言，其惟不言，言乃雍[9]。不敢荒宁，嘉靖殷邦[10]。至于小大[11]，无时或怨。肆高宗之享国五十有九年。其在祖甲，不义惟王[12]，旧为小人。作其即位，爰知小人之依，能保惠于庶民[13]，不敢侮鳏寡。肆祖甲之享国三十有三年。自时厥后立王[14]，生则逸！生则逸！不知稼穑之艰难，不闻小人之劳，惟耽乐之从。自时厥后，亦罔或克寿[15]，或十年，或七八年，或五六年，或四三年。”

【注释】

①中宗：太戊，是商汤的玄孙和太庚的儿子。据《史记·殷本纪》记载，太戊以前“殷道衰，诸侯或不至”；太戊称帝之后“殷复兴，诸侯归之，故称中宗”。

②严：通“俨”，严肃庄重。恭、寅：均谓恭敬。“恭”指表现在外貌，“寅”指存在于内心。

③天命自度（duó）：谓以天命自度。度：量，衡量。

④祗惧：敬慎小心。

⑤荒宁：怠惰，荒废，谓不敢安逸、纵乐。

⑥高宗：即武丁，在殷代发展史上起到重要作用的著名国王。

⑦时：通“是”，犹言这个人，指高宗。相传高宗为太子时，其父小乙曾命令他出外行役。

⑧亮阴：《尚书大传》作“梁暗”，《论语·宪问篇》作“谅阴”，《札记·丧服四制》作“谅暗”。孔子解释说：“君薨，百官总已以听于冢宰三年。”马融说：“亮，信也；阴，默也。为听于冢宰，信默而不言。”郑玄说：“‘谅暗’转作‘梁暗’，楣谓之梁，暗谓庐也；小乙崩，武丁立，忧丧三年之礼。居，倚庐柱楣，不言政事。”旧注均本此解“亮阴”为古时天子守孝之称，郭沫若先生不同意这种解释，认为三年之丧并非殷制，解“亮阴”为近代医学上所说的“不言症”。译注仍从旧注。

⑨雍：和谐。郑玄说：“其不言之时，时有所言；言则群臣皆和谐。”孙星衍说：“群臣知君能尽孝，放和悦从之。”

⑩嘉靖：安定。嘉：善。靖：治，安。

⑪小大：小：指小民。大：指大臣。

⑫“其在”二句：马融说：“祖甲有兄祖庚而祖甲贤，武丁欲立之，祖甲以王废长立少，不义，逃亡民间，故曰‘不义惟王’。”祖甲：武丁的儿子帝甲。

⑬保：保佑。惠：好处，利益，这里指给人好处。

⑭自：从。时：通“是”，这。立王：立的国王。

⑮罔：没有。克：能够。

【译文】

周公说：“哎！我听过，以前殷王中宗，严肃庄重，心存敬畏，将严守天命作为标准来要求自己，管理百姓的事务也十分小心谨慎，不敢有丝毫懈怠。因此在位七十五年。到了高宗，之前在外面尝遍了各种艰辛，勤惠爱民；后来当了君主，沉默不语，三年都不讨论政务，深入到民间去勘察民情，不讨论政务，偶尔谈及过世，却能够获得广泛响应！他不敢荒废国家之事，贪图享乐，因此将国家治理得井井有条，从百姓到朝臣，没有一句抱怨的话。所以他能够统治五十九年。祖甲在位的时候，他并没有打算当王，在民间待了很长一段时间。等到继承了王位，却了解百姓的苦衷，能够勤政爱民，连无依无靠的百姓都不落下。因此他能够在位三十三年。从这之后立下的王，生下来就贪图享乐，生下来就贪图享乐！不清楚农事的艰辛，不了解百姓的疾苦，只知道寻欢作乐。因此之后的殷王没有一个能够长期在位的，有的在位十年，有的在位七八年，有的在位五六年，有的在位三四年而已。”

【原文】

周公曰：“呜呼！继自今嗣王则其无淫于观⑪，于逸、于游、于田，以万民惟正之供。无皇曰：‘今日耽乐。’乃非民攸训⑫，非天攸若⑬，时人丕则有愆。无若殷王受之迷乱⑭，酗于酒德哉。”

周公曰：“呜呼！厥亦惟我周，太王、王季克自抑畏①。文王卑服②，即康功田功③。徽柔懿恭④，怀保小民，惠鲜鳏寡⑤。自朝至于日中昃⑥，不遑暇食，用咸和万民⑦。文王不敢盘于游田⑧，以庶邦惟正之供⑨。文王受命惟中身⑩，厥享国五十年。”

【注释】

①太王：文王的祖父。王季：古公亶父的儿子，文王的父亲，名季历。

抑畏：谦虚小心。

②卑：贱。服：从事。

③即：完成。康功：孙星衍以为“康功”指建造房屋。曾运乾以为“康功”指平易道路之事。《尔雅·释官》：“五达之谓康。”杨筠如以为“康，疑当读为‘荒’”，指山泽荒地。译文从曾说。田功：指田野里的劳动。

④徽：善良。柔：仁慈。

⑤惠鲜：爱护。惠：爱。鲜：善。

⑥朝：早晨。日中：中午。昃（zè）：太阳偏西。

⑦用：以。成和：和谐。

⑧盘：耽。田：通“畋”，打猎。

⑨正：正税，指正常的贡赋。供：献。

⑩受命：接受上帝的大命，指即位为君。惟：语中助词，无实义。中身：中年。

⑪嗣王：指成王。淫：过度的。观：游览。逸：安逸享受。游：游玩。田：田猎。

⑫攸：所。训：典式，榜样。

⑬若：顺。

⑭殷王受：即殷纣王。

【译文】

周公说：“唉！从今往后继位的王不可沉溺于游览之中，不能沉溺于享乐之中，不能沉溺在田猎之中，要努力跟百姓一起推行政事。更不能说：‘今天玩一下就好。’要明白这是百姓不能容忍的，也是上天不能容忍的，如此下去是会犯错的。切勿像殷纣王那般沉迷于无度的酗酒享乐之中啊！”

周公说：“唉！唯独我们周家太王、王季能够谦虚谨慎恭敬节制。文王承袭着两位先王的美好品行，亲自管理修整道路与农业生产这两件大事；他心怀仁爱之心，关爱百姓，布施给那些无依无靠之人；从早上到中午，再到晚上，经常因为忙碌没有空闲吃顿饭，为的就是能够让百姓和睦稳定地生活。文王不敢沉迷于游乐狩猎，奔忙于与各诸侯一同料理政务。所以，他即位的时候即便已经到了中年，却依然能够享有五十多年的统治。”

【原文】

周公曰：“呜呼！我闻曰：古之人犹胥训告①，胥保惠，胥教诲，民无或胥诪张为幻②。此厥不听③，人乃训之④，乃变乱先王之正刑⑤，至于小大。民否⑥，则厥心违怨；否，则厥口诅祝⑦。”

【注释】

①犹：还。胥：互相。

②诪（zhōu）张：欺诳。幻：欺诈，惑乱。

③此：这，指下面所说的那些劝诫的话。厥：其，你。

④训：典式，榜样，此处谓以为榜样。

⑤正：通“政”，指政治。刑：法律。

⑥否：与上文结合看来，应当是无所适从的意思。一说，“否”与“则”是合成词，与“丕则”同义，作“乃至于”解，恐非是。

⑦诅祝：诅咒。祝：通“咒”，音义同。《诗·大雅·荡》：“侯作侯祝。”传：“作、祝，诅也。”

【译文】

周公说：“唉！我听闻，古代的君王

与臣民之间时常能够互相告诫，互相关爱，互相教诲，百姓也不会互相造谣徒生祸端。假如你们不能接受别人的劝诫，官员就会将你作为榜样（争先效仿），败坏先王的旧法，扩散到大大小小的法令，百姓因此会心生怨恨，他们也会从口中发出咒骂。”

【原文】

周公曰：“呜呼！自殷王中宗及高宗及祖甲，及我周文王，兹四人迪哲[①]。厥或告之曰：‘小人怨汝詈汝！则皇自敬德[②]。厥愆[③]，曰：‘朕之愆。’允若时[④]，不啻不敢含怒[⑤]。此厥不听，人乃或诪张为幻。曰：‘小人怨汝詈汝！’则信之。则若时[⑥]，不永念厥辟[⑦]，不宽绰厥心[⑧]，乱罚无罪，杀无辜，怨有同，是丛于厥身[⑨]。”

【注释】

①迪哲：通达明智。

②皇自：更加。孙星衍说：“皇自，熹平石经作‘兄曰’，韦氏注《国语》云：‘兄，益也。’‘皇曰敬德’即‘益曰敬德’也。”

③厥：其，指上文所说的四个人。愆：过错。

④允：信。时：通“是”，这。

⑤不啻：不但。

⑥则：就。若：像。时：通“是”，这。

⑦辟：法度。

⑧宽绰：宽宏大度。

⑨丛：积聚。

【译文】

周公说：“唉！殷王中宗、高宗、祖甲，再加上我们周朝的文王，这四个君王是最为贤明的。如若有人告诉他们说：‘民众在埋怨你，咒骂你！’他们会更加注重自己的德行。犯了错误，他们就会十分坦白地交代说：‘这就是我的错误！’他们真的会如此坦率，不仅仅是不会怨恨而已。如果听不进这些话，群臣就会造谣生事，说：‘百姓在怨恨你，咒骂你’你一听就将其信以为真。如果这样，不认真思索一下先王树立的光辉形象，不去拓宽一下自己的胸怀，而是去处罚那些无辜，将其杀害，如此百姓的怨恨必然会变成现实，自然会集中在你一个人的身上。”

最终，周公说到：“唉！王，你应当将这些作为借鉴啊！”

君奭

【题解】

《君奭（shì）》是周公对召公的答辞。君是周公对召公的一种尊称。奭，召公的名字。在《史记·燕召公世家》中记载：“成王既幼，周公摄政，当国践阼，召公疑之，作《君奭》。君奭不说周公。周公乃称‘汤时有伊尹，假于皇天……’于是召公乃说。”认为《君奭》作于周公摄政时期。而《书序》中则写道：“召公为保，周公为师，相成王为左右。召公不说，周公作《君奭》。”这里似乎又表明此篇作于周公还政成王之后，两种说法均无法判断，现今认为《史记》可取。

本篇主要是对周朝的天命思想提出了看法，并反复强调辅政大臣对商周王朝兴衰的重要意义，希望能够借鉴历史教训，和衷共济，治理好国家。本篇是研究周朝初年天命思想与商周历史的重要资料。

【原文】

周公若曰：“君奭[1]，弗吊[2]，天降丧于殷，殷既坠厥命。我有周既受，我不敢知曰厥基永孚于休[3]。若天棐忱[4]，我亦不敢知曰其终出于不祥[5]。呜呼！君已曰时我[6]。我亦不敢宁于上帝命，弗永远念天威。越我民罔尤违[7]，惟人。在我后嗣子孙，大弗克恭上下[8]，遏佚前人光在家[9]，不知天命不易。天难谌[10]，乃其坠命，弗克经历，嗣前人恭明德[11]。在今予小子旦非克有正[12]，迪惟前人光，施于我冲子。”又曰：“天不可信，我道惟宁王德延，天不庸释于文王受命⑬。”

【注释】

①君：尊称。奭（shì）：人名。指的是召公奭。

②弗吊：不善。弗：不。吊：善，淑。

③厥：指示代词，这个。基：基业。孚：符。休：美。

④若：语首助词，无义。棐：辅助。忱：诚。

⑤祥：永，长久。孙星衍云：“‘祥’与‘荣’俱以‘羊’为声，‘祥’亦‘永’也。《盘庚》：‘丕乃察降不祥。’熹平石经：‘不永。’”因此这里当做长久讲。

⑥君：指召公奭。已：表示过去的时态副词。时我：我能担当起治国重任的意思。时：通“是”。

⑦罔：无。尤违：怨恨。

⑧上下：上指天，下指地。

⑨遏：绝。佚：弃。光：光荣的传统。

⑩谌（chén）：诚，信。

⑪“乃其坠命”三句：此处语倒，应作“弗克经历，嗣前人恭明德，乃其坠命”。历：久。

⑫正：表率。

⑬庸：用。释：弃。

【译文】

周公说：“君奭啊！因为商纣王做尽了坏事，上天将灭亡的大祸降下给殷国。如今殷国的命数已尽，由我朝来接管了，但是我并不敢说我们周朝能够凭借现有的基业就此长久地美好下去。即便天命不可信，我不敢说我们周朝的天命是否能够长久。

“唉！您曾经认同我的想法，但是我不敢就这样安然地信赖天命，不敢不长期敬奉上天的威仪与关心民众的疾苦。是否会出现差错，全在于自己啊！如果我们的子孙后代不能承接上天神明的旨意，抛下了文王、武王的功业，不晓得获取天命的艰辛，不明白上天是难以完全信任的，就会因此而丢失自己的天命，也就不能致力于发扬文王、武王的功业了。

如今我姬旦，虽然不能说成为众人的表率，但是却懂得继续发扬文王、武王的光荣传统，好延续到我们年轻的成王身上。"

周公又说："上天不可能是无条件去信赖一个人的，我们只有继续承袭并发扬文王的美德，上天才不会夺走文王接受下来的天命。"

【原文】

公曰："君奭，我闻在昔成汤既受命，时则有若伊尹①，格于皇天②。在太甲时，则有若保衡③。在太戊时，则有若伊陟、臣扈④，格于上帝。巫咸乂王家⑤。在祖乙时，则有若巫贤，在武丁时，则有若甘盘。率惟兹有陈保乂有殷⑥，故殷礼陟配天⑦，多历年所。天惟纯佑命则⑧，商实百姓王人，罔不秉德明恤⑨。小臣屏侯甸⑩，矧咸奔走⑪。兹惟德称，用乂厥辟⑫。故一人有事于四方⑬，若卜筮⑭，罔不是孚⑮。"

公曰："君奭，天寿平格⑯，保

义有殷，有殷嗣天灭威。今汝永念，则有固命[17]，厥乱明我新造邦[18]。”

【注释】

①伊尹：商汤的大臣。

②格于皇天：谓汤的功劳可以和天相比，可以和天一样享受人们的祭祀。

③保衡：官名。在王左右辅理政事的人，旧注多以为就是伊尹。

④伊陟、臣扈：均人名。

⑤巫咸：人名。殷的大臣。乂：治理。

⑥率：大抵。兹：这。

⑦陟：升。配天：和上天享受同样的祭祀。

⑧纯：大。佑：帮助。则：准则。

⑨秉：持。明：勉。恤：谨慎。

⑩小臣：内臣。屏：列。侯甸：古制距离王城五百里为甸服，距离王城千里为侯服。侯、甸，均指周的地方官。

⑪矧：况且。成：都。奔走：效劳。

⑫乂：治。厥：代词，犹言他们。辟：国王。

⑬一人：指国王。事：事情，指国王的号召。

⑭若：好像。

⑮是：指示代词，这，指国王的号召。孚：信，符。

⑯寿：久。平：孙星衍说：“‘平’与‘抨’通，《释诂》云：‘使也。’”格：指格人，能了解天命的人。

⑰固：牢固。命：上天的命令。

⑱厥：发语词。乱：治。

【译文】

周公说：“君奭啊！我听闻以前商王成汤在接受天命之后，当时身边有着伊尹这样的贤臣辅佐，让他能够在祭祀的时候享配于天。到了太甲在位的时候，身边有保衡这样的贤臣。太戊在位的时候，身边有伊陟、臣扈这样的贤臣进行辅佐，也让他在祭祀的时候能够享配于天帝；另外还有巫咸这样的贤臣帮助治理王室有功。祖乙在位的时候，当时有巫贤这样的贤臣。武丁在位的时候，当时有甘盘这样的贤臣。大抵是由于这些王朝都有贤臣进行辅佐，可以将周王朝治理得十分安稳，才能让上面所说的诸王能够配享于天，历经诸多年代。上天派下几名贤臣忠良来辅佐朝政，于是商朝的异姓、同姓之臣，没有不履行自己的德行，谨慎料理朝政的。亲近重臣，各方的诸侯，也没有不为王朝而奔走效劳的。正是由于上面的诸位贤臣因为德行著称，同心协力来辅佐君王，君王有政策要向下施行的时候，天下的臣民没有不贯彻施行的，就像是信奉占卜的灵验一般。”

周公说：“君奭啊！上天赐予了上面这些贤臣平安康顺，来帮助辅佐治理周王朝，但是周王朝的商纣王继位之后，上天灭亡了殷朝的天命。如今你要记住这些，我们才能够稳固地获取上天的定命，治理好我们这个新建立的国家。”

【原文】

公曰：“君奭！在昔上帝割申劝宁王之德[①]，其集大命于厥躬[②]？惟文王尚克修和我有夏[③]。亦惟有若虢叔[④]，有若闳夭，有若散宜生，有若泰颠，有若南宫括。又曰无能往来兹迪彝教[⑤]，文王蔑德降于国人。亦惟纯佑秉德[⑥]，迪知天威，乃惟时昭文王迪见冒[⑦]，闻于上帝，惟时受有殷命哉！武王，惟兹四人尚迪有禄。后暨武王诞将天威，咸刘厥敌[⑧]。惟兹四人昭武王惟冒，丕单称德[⑨]。今在予小子旦若游大川，予往暨汝奭其济。小子同未在位[⑩]，诞无我责？收罔勖不及[⑪]，耇造德不降[⑫]，我则鸣鸟不闻[⑬]，矧曰其有能格[⑭]！”

公曰：“呜呼！君，肆其监于兹[⑮]，我受命无疆惟休[⑯]，亦大惟艰。告君乃猷裕，我不以后人迷。”

公曰：“前人敷乃心[⑰]，乃悉命汝，作汝民极。曰：汝明勖偶王，在亶，乘兹大命，惟文王德丕承，无疆之恤。”

【注释】

①割：通“曷”，相当现代汉语“为什么”。申：重，一再。劝：劝勉。宁王：文王。

②集：成就。躬：自身。

③夏：古人称中国曰夏。

④虢（guó）叔、闳夭、散宜生、泰颠、南宫括：文王和武王时的大臣。

⑤兹：曾运乾说："兹，读为'孜'，勉也。"迪：开导。彝：常。

⑥纯：大。佑：帮助。秉：持。德：德行。

⑦时：通"是"。昭：助。见：通"现"，显示。冒：勉励。

⑧咸：皆。刘：杀。厥：代词，其。

⑨丕：大。单：通"殚"，尽。

⑩同：通"侗"（tóng），幼稚无知。未：通"昧"，暗昧，谓不明事理。

⑪收罔：曾运乾说："收罔，'夷'之合音，犹尚也。"勖（xù）：勉励。

⑫耇：年老的人。降：曾运乾说："降，和同也。"谓和睦团结。

⑬鸣鸟：凤凰的鸣声，古人迷信，以凤鸣为吉祥的征兆。

⑭矧：况。格：格知，了解。

⑮肆：现在。监：视。兹：指示代词，这，指下文"受命无疆惟休"、"亦大惟艰"。

⑯无疆：无限。休：美。

⑰前人：指武王。敷：暴露剖白。

【译文】

周公说："君奭啊！以前上天为何总是一再嘉奖并劝勉文王的美德，将天命加诸在他的身上呢？那是由于唯独文王才能将华夏诸民族团结起来，当时更有虢叔、闳夭、散宜生、泰颠、南宫括这样的贤能的臣子。可以说如果没有这些贤能的臣子来辅佐文王奉守道德，引导了解天命，文王的德行就不能惠及百姓。也正是由于这五位贤臣秉承着明德，才能知晓天命，才能如此顺利地承接殷的天命啊！

“到了武王时期，这几名贤臣之中只有四名还健在。他们追随在武王左右敬奉天命，诛杀敌人。正是由于四人努力辅佐武王，才能让武王的美德被天下人所称道。现在小子姬旦我，如同是在大河中游渡，我要与君奭您一起渡河。我们年轻的君主虽在王位，但是还年幼无知，我们怎么能不担起自己的责任呢？不努力是无法成功的，如果说年长有德行的人都不愿意与我保持一致，那么我就听不到有益的高谈阔论了，更说不上可以知晓天命了！”

周公说：“武王曾经表明自己的心迹，他曾经详细地告知你们，要求你们可以成为群臣与百姓的表率。还说，你们要辛勤地辅佐成王啊！要尽心尽力地去承接这个使命啊！文王的贤德，必须要发扬光大，这将是永久的事业啊！”

周公说：“唉！君奭啊！如今你应当对此有所反省。我们周朝从上天那里承接了天命，可以说是无限美好，但是却是历经了千辛万苦才获得的，所以希望您可以教导我，不能让后面的君王因为沉迷享乐而误入歧途啊！”

【原文】

公曰：“君，告汝，朕允保奭[①]。其汝克敬以予[②]，监于殷丧大否[③]，肆念我天威[④]。予不允，惟若兹诰？予惟曰：‘襄我二人[⑤]，汝有合哉[⑥]。’言曰：‘在时二人，天休滋至，惟时二人弗戡[⑦]。’其汝克敬德，明我俊民[⑧]，在让后人于丕时[⑨]。呜呼！笃棐时二人[⑩]，我式克至于今日休[⑪]，我咸成文王功于不怠，丕冒海隅出日[⑫]，罔不率俾[⑬]。”

公曰：“君，予不惠若兹多诰[⑭]，予惟用闵于天越民[⑮]。”

公曰：“呜呼！君，惟乃知，民德亦罔不能厥初[⑯]，惟其终[⑰]。祇若兹[⑱]，往敬用治。”

【注释】

①朕：我。允：信。保：官名。即太保。召公为太保，所以如此称其为保奭。

②其：表祈使，因此可认为是“希望”的意思。克：能够。予：我。

③否（pi）：天地不交，万物不通为否，意思就是遭遇灾祸。

④肆：长。

⑤襄：除掉，摒除。

⑥合：合德，指品德相合的人。

⑦戡（kān）：胜任。

⑧明：作动词用，谓尊重选用。俊民：有特殊才干的人。

⑨在让后人于丕时：曾运乾说："在，终也。'丕时'犹'丕承'也。《诗》：'帝命不时。''不时'亦'丕承'，声相近。"丕承，犹言很好地继承。

⑩笃：厚。棐：辅助。时：通"是"。

⑪式：用。克：能够。休：美好。

⑫丕冒：意指在天的覆盖之下。丕：大。冒：覆。

⑬率俾：使服从，倒装句。率：顺从，服从。俾：使。

⑭惠：通"慧"，聪明。兹：这。

⑮闵：忧虑。越：和。

⑯罔：不。初：事情的开始。

⑰惟：只。终：指事情的结尾。这一句大意是说，能善始不能善终。

⑱祗：敬。兹：这。

【译文】

周公说："君奭啊，告诉你，我是十分信赖你的召公。希望你能够恭敬地与我一同借鉴殷商灭亡的历史教训，永久地挂念着我们周朝的天命。我并没闲情雅致去讲述这些。我只是想说：'除了我们二人，还有德行相称的人吗？'你会说：'只有我们两个。'上天降下的福祥越来越多，不是我们能够可以承担的。希望您能够尊敬显德，让我朝有才能的贤人的能够脱颖而出，目的是帮助后人能够继承这些美好的德行。

"唉！正是由于有我们二人的合力辅佐，周朝才能拥有今日这番美好的局面。让我们一同去成就文王的功业，不知懈怠，让四海之内，只要有太阳升起的地方，都覆盖文王的德教，没有不遵从我们周朝统治的。"

周公说："君奭啊！我并不想如此过多劝说，我只想我们要思虑天命与百姓。”

周公说：“唉！君奭啊！你要了解百姓的脾性，做一件事，最初的时候都是表现不错的，但是却很少可以坚持到底。从今之后，希望您能够用恭敬的态度管理好国家。”

多　方

【题注】

多方，也就是众多诸侯方国的意思。关于本篇的写成年代有诸多说法。一种是说写于周公摄政三年严冬时候，应位于《召诰》、《洛诰》之前。一种说法是写于周公摄政七年，成王张，周公还政之后，与讨伐管、蔡、武康、奄的叛乱并无关系。《史记·周本纪》中将此篇列到了《多士》、《无逸》之后，与现今采用的次序大略一致。还有一种说法是根据篇中的“奔走臣我监五祀”这句话，认为是周公监洛邑五年的事情，也就是成王继位的第十一年。还有种说法是说写于周公摄政三年平定奄地的反叛，回到宗周之后所做的。《书序》中写道：“成王归自奄，在宗周，诰庶邦，作《多方》。”目前说法诸多，尚无定论。

本篇主要是一篇诰辞，主要是告诫各诸侯国国君要认清天命，本分地服从周王朝的统治。

【原文】

惟五月丁亥，王来自奄①，至于宗周②。

周公曰：“王若曰：猷！告尔四国多方惟尔殷侯尹民③，我惟大降尔命，尔罔不知。洪惟图天之命④，弗永寅念于祀⑤。惟帝降格于夏⑥，有夏诞厥逸⑦，不肯戚言于民⑧，乃大淫昏，不克终日劝于帝之迪⑨，乃尔攸闻。厥图帝之命，不克开于民之丽⑩，乃大降罚，崇乱有夏，因甲于内乱⑪，不克灵承于旅[12]，罔丕惟进之恭[13]，洪舒于民[14]。亦惟有夏之民叨懫日钦[15]，劓割夏邑[16]。天惟时求民主，乃大降显休命于成汤[17]，刑殄有夏[18]。

【注释】

①奄：古国名。位于今山东曲阜以东。

②宗周：指西周都城镐京，位于今陕西西安西南。

③四国：指管、蔡、商、奄。这四国多次发动了叛乱，因此放置在了句首以示警告。多方：犹四方，指各地诸侯。惟：与，和。殷侯：指中夏诸侯。孙星衍说："《释言》云：'殷，中也。'……言汝中夏诸侯。……"尹民：治理臣民的官长。尹：正。

④洪惟：即代惟，谓代替成王发布命令，是周公代替成王发布命令时常用的发端词。洪：代。图：度。

⑤寅：敬。祀：祭祀。

⑥格：格人，深通天命的人，此处指主持占卜的官员或贤能出众的人。

⑦诞：大。厥：其。逸：安逸，享受。

⑧戚言：指安慰之类的好话。戚：忧。

⑨克：能够。劝：劝勉。帝之迪：指上帝开导的话。古人认为这类事大都由格人传达。迪：开导。

⑩开：开释，解除。丽：通"罹"，遭逢。

⑪甲：通"狎"，习常。

⑫灵：善。旅：祭上帝之尸。这句话大意是说，不按照上帝的意旨行事。"旅"字的解释见《召诰》"天迪从子保"一句注释。灵承于旅：意即能很好担起上天所赐的大命。

⑬罔：无。丕：不。惟：只。进：这句话大意是说，无不竭力搜刮民财。

⑭洪：大。舒：通"荼"，毒害。曾运乾说："舒，王应麟《困学纪闻》曰，古文作'荼'。按'舒'、'荼'古音同。《广雅》：荼，痛也。按亦毒也。"

⑮民：联系上下文，此处似应指统治阶层而言。叨：贪婪。懫（zhì）：

忿戾。钦：思望之意。

⑯劓（yì）：割鼻的刑罚。

⑰显：光。休：美。

⑱刑殄（tiǎn）：谓给予灭亡的惩罚。刑：谓惩罚。殄：灭绝，灭亡。

【译文】

五月丁亥这一天，成王从奄地归来，到达了宗周镐京。

周公说：“成王说了：‘啊！告诉你们四国以及诸侯方国和殷的诸侯与官员们，我将向你们传达天命，你们不能不知道。

“因为夏王糟蹋了天命，又不恭敬地进行祭祀。所以上天便对夏王降下了谴责。而夏王并没有因此而畏惧（有所收敛），还肆无忌惮地享乐，不愿意去担忧他的民众，甚至毫无节制地淫乱，没有一天勤勉地为天帝办事。这是你们都知晓的。”

他败坏了天命，不能明白百姓的灾难，并将百姓从灾难中解救出来，上天便降下了大大的处罚，给夏朝增添祸乱。这是因为夏朝没能好好地接受上天的任命，夏王与臣子都在毫无忌惮地大肆搜刮百姓的财货，危害民众。致使夏民也只有忿戾，竞相剥夺残害夏朝，上天为了寻求表现良好的君主，于是降下美命给成汤，让他覆灭夏朝。”

【原文】

惟天不畀纯[1]，乃惟以尔多方之义民[2]，不克永于多享[3]，惟夏之恭多士[4]，大不克明保享于民，乃胥惟虐于民[5]；至于百为，大不克开[6]。

乃惟成汤克以尔多方简[7]，代夏作民主。慎厥丽乃劝[8]。厥民刑用劝。以至于帝乙，罔不明德慎罚，亦克用劝。要囚[9]，殄戮多罪[10]，亦克用劝。开释无辜[11]，亦克用劝。今至于尔辟[12]，弗克以尔多方享天之命[13]。呜呼！"

【注释】

①不畀纯：也就是不降下福祥。省略中心词。畀：给予。

②义民：即贤民，指夏的统治集团中行为较为端正的官员。

③"不克"句：这句话的意思是说，由于那些坏人为非作歹，使那些好人也受到牵连，不能永远保持夏朝给予的禄位。恭：通"供"，指所供的职位。

④"多士"句：意思是说，官民们不努力为百姓造福。明：勤勉。保，安。

⑤胥：通"与"，相与，皆。

⑥大不克开：无法将人们从痛苦中解救出来。开：开释，解脱。这一段话是倒装，开始两句说的是结果，后面几句说的是原因。顺读之，应为"多士大不克明保享于民，乃胥惟虐于民，至于百为，大不克开，惟天不畀纯，乃惟以尔多方之义民，不克永于多享惟夏之恭。"

⑦克：能够。尔多方：谓你们四方诸侯。简：择，意即为四方诸侯所选择、所拥戴。

⑧慎厥丽：句子有省略，顺承前后文，这句大意应当是：谨慎地把人们从灾难中解脱出来。慎：谨。厥：其，指人民。丽：通"罹"，遭逢。

⑨要囚：细察狱辞。

⑩殄：灭绝。戮：杀。多罪：指多罪的人，省中心词。

⑪开释：开脱。无辜：无罪。辜：罪。

⑫尔：你们。辟：君主，指诸侯。

⑬以：率领。享：承受，意思是殷纣为非作歹，让你们受到了牵连。

【译文】

“上天之所以没有降下天命给桀，是因为夏桀的四方诸侯，不能长久地享用其职位；致使任用的多方官员，不能保养百姓；（不仅如此）他们还残暴地对待百姓，肆意妄为，夏朝自然就陷入了绝境。

只有成汤善于获取多方贤士的拥护，代替了夏王当了百姓的君主，他小心谨慎地使用刑罚，百姓十分感动并积极从善。他对犯罪的人使用刑罚，是让百姓有所畏惧而弃恶从善。

从成汤到中宗祖乙，都是彰显德行而谨慎处罚的，能够让百姓积极从善；对于关押的犯人，将罪大恶极的处死，百姓也会因此而积极向善；释放那些无辜的犯人，百姓也会因此而积极从善。成汤明德慎罚，百姓这般拥护，而如今你们的商纣王，居然不能与你们各方首领一同享天命最终导致灭亡。唉！”

【原文】

王若曰：“诰告尔多方，非天庸释有夏①，非天庸释有殷，乃惟尔辟以尔多方②，大淫图天之命③，屑有辞④。乃惟有夏图厥政，不集于享⑤，天降时丧⑥，有邦间之⑦。乃惟尔商后王逸厥逸⑧，图厥政，不蠲烝⑨，天惟降时丧。惟圣罔念作狂⑩，惟狂克念作圣。天惟五年须暇之子孙⑪，诞作民主⑫，罔可念听⑬。”

【注释】

①庸释：舍弃不用。庸：用。释：舍。

②辟：君主。以：与。

③图：闭塞。

④屑有辞：相当于现在的振振有辞的意思。屑：是形容说话时候发出的声音。

⑤集：就。享：祭祀。

⑥时丧：这样的大祸。时：通“是”，这。丧：谓大祸。

⑦有邦：此处当指商。邦：国。间：代替。之：指天命。

⑧商后王：这里指的是殷纣。逸厥逸：意思是他的行为过于放纵不遵守法纪。厥：其，指殷纣。

⑨不蠲（juān）烝：字面的意思是说祭祀不清洁，实际上是指政治十分昏暗，没有美德上闻于天。蠲：清洁。烝：指祭祀。

⑩惟：虽然。圣：通达明白，与下面的“狂”意思相反。念：谓放在心里，此处指把上天的意旨放在心里。狂：愚狂无知。

⑪五年：孙星衍说：“五年当从文王七年数至武王十一年伐纣也。”须：等待。暇：宽暇，意言放宽了时间。子孙：指纣王，纣王于成汤为子孙后代。

⑫诞：语词。民主：臣民的主人，意即国王。

⑬罔：不。念：存念。听：听从。

【译文】

王这样说：“告诉你们多方之士，并非上天舍弃了夏朝，也并非上天舍弃了殷朝，着实是由于你们的君王带领多方的首领肆无忌惮地到处淫乱作恶，败坏了天命，甚至撒谎来掩饰罪行。夏王败坏了朝政，被神明所憎恶舍弃而不能安稳地享受祭祀；上天如此才会降下灭亡的天命给他，从而让商王顶替了他。但是你们商代的后世君王，却又贪图享乐，败坏政务，祭祀不洁，上天也只能再次降下丧亡的天命给他。”

【原文】

天惟求尔多方，大动以威①，开厥顾天②。惟尔多方罔堪顾之③。惟我周王灵承于旅④，克堪用德，惟典神天。天惟式教我用休⑤，简畀殷命，尹尔多方。今我曷敢多诰⑥，我惟大降尔四国民命。尔曷不忱裕之于尔多方⑦？尔曷不夹介乂我周王⑧，享天之命？今尔尚宅尔宅⑨，畋尔田，尔曷不惠王熙天之命？尔乃迪屡不静⑩，尔心未爱。尔乃不大宅天命，尔乃屑播天命⑪。尔乃自作不典，图忱于正⑫。我惟时其教告之，我惟时其战要囚之⑬，至于再至于三。乃有不用我降尔命，我乃其大罚殛之。非我有周秉德不康宁，乃惟尔自速辜。”

【注释】

①大动以威：谓以灾异警告。

②开：开导。厥：其，指上文多方。顾天：顾念上天的威严。

③罔堪：即不堪，不胜任。堪：胜任。顾：顾念。

④灵承于旅：善受嘉休，指的是文王、武王承接天命。

⑤式：用。休：美。

⑥曷敢：岂敢，欲擒故纵之词。

⑦“尔曷不忱裕”句：倒装，顺读之当为：尔多方曷不忱裕。忱裕，劝导。

⑧夹介：曾运乾说：“犹洽比也，亦双声连辞。”洽比，亲附。义：治理。

⑨宅尔宅：前一“宅”动词，谓居住；后一“宅”指居住的地方。下一句句法与此同。畋：仍读“田”，动词，治田曰畋。后一“田”作“田地”讲。

⑩迪：作。屡：屡次。不静：指反叛作乱之事。

⑪屑：轻视。播：弃。

⑫图：企图。忱：诚信，此处谓取信。正：执政者。

⑬战：指的是用武力去征服。要囚：认真审查犯人供辞以便根据罪情的轻重分别给予正确的惩处。

【译文】

“聪慧睿智的人如果不将上天的旨意放在心上，就慢慢变得愚昧无知了，愚昧无知之人如果将上天的旨意放在心上就会慢慢变得睿智。上天考察你们成汤的后代子孙商纣王，等待了五年的时间，期望他能够弃恶从善，做好百姓的君王，但是他完全没有意识到这一点，也根本不相信天命。上天只有对你们各方人士，降下灾祸来告诫你们，希望能够发现可以承接天意的人，但是你们这些人之中，并没有可以承接天命的人。只有我们的周王善于承接上天的美意，勤勉于政，具备主持天地神明的祭祀资格。上天于是将吉祥美好的迹象告知了我们周朝，把过去殷朝承接的天命交给了我们，我们就靠着这天命管理好了四方的诸侯。

“现在我们怎么敢一再跟你们讲如此多告诫的话呢，我只是郑重地向你们四国的百姓传达这种命令。你们四国的百姓为何不能将这些劝告转述给各方的住户呢？你们为何不归顺与我们周国，一起承接享有天命？如今你们都已经安定下来，可以耕种自己的农田，为何不归顺我们周王来将上天的美命发扬光大呢？

“你们多次图谋叛变，心中没有悔改之意，你们居然不认真地考虑一下天命，就轻易地摒弃了天命，你们自己不遵守法度，却企图取信于人。

“我只好认真教训你们，必要的时候我会将那些不法之徒尽数关押起来。我再三告诫你们，如果不遵守我下达的命令，我只好进行处罚，甚至将其处死，这并不是我们周朝不施行德教，所以才会不安宁，着实是你们自己在招致处罚。”

【原文】

王曰：“呜呼！猷，告尔有方多士暨殷多士，今尔奔走①，臣我监五祀②。越惟有胥伯小大多正③，尔罔不克臬④。自作不和⑤，尔惟和哉⑥；尔室不睦⑦，尔惟和哉。尔邑克明，尔惟克勤乃事⑧；尔尚不忌于凶德⑨，亦则以穆穆在乃位。克阅于乃邑谋介⑩。尔乃自时洛邑，尚永力畋尔田，天惟畀矜尔，我有周惟其大介赉尔⑪，迪简在王庭⑫；尚尔事⑬，有服在大僚⑭？”

王曰："呜呼！多士，尔不克劝忱我命[15]，尔亦则惟不克享[16]，凡民惟日不享[17]。尔乃惟逸惟颇[18]，大远王命，则惟尔多方探天之威，我则致天之罚，离逖尔土。"

王曰："我不惟多诰，我惟祗告尔命。"又曰："时惟尔初[19]，不克敬于和，则无我怨。"

【注释】

①奔走：效劳。

②监：侯国称监，这里应当指周的宗国。五祀：五年。从周公摄政三年灭奄至成王即位元年，一共经历了五年。

③胥：力役。伯：通"赋"，即赋税。曾运乾说："'伯'当为'赋'，声之误也。"小大：就力役和赋税的数量言。正：正常的标准。

④臬（niè）：法度。

⑤和：和睦。

⑥惟：思。

⑦室：家庭。睦：和睦。

⑧"尔邑克明"二句：倒装："克勤乃事"是原因，"尔邑克明"指效果。尔邑：指尔邑之臣民。明：勉，努力。

⑨忌于凶德：打算做坏事。忌：《说文》作"諅"（jì），谋划。

⑩阅：通"悦"，高兴。介：善。

⑪大介：大。赉：赐予。

⑫迪：进。简：择。

⑬尚：加。事：职务。

⑭服：事。僚：官。

⑮劝：勉。忱：信。

⑯享：享祭。

⑰凡：凡是。惟：语中助词，无义。

⑱逸：安逸。颇：邪。

⑲时惟尔初：谓从头开始把关系搞好。

【译文】

成王说："唉！告诉你们四方的诸侯以及殷商的旧民们：如今你们归顺臣服于我们周朝的治理已经五年了，对于规定中的大小要义、赋税以及各种政调，都能够按照标准缴纳。如果你们之间有所争端，就应当和谐起来；家庭有不和谐的，也要亲近和谐起来。如果你们可以管理好自己的居邑，就可以说你们能够勤勉地处理自己的事务。我并不希望你们遭遇坏事，期望你们能够和睦相互尊重地保有禄位。只要让你们的居邑长期安然无事，我就会想方设法地帮助你们，让你们在洛邑安稳下来，长久地从事农耕。上天怜悯你们，我们的周朝就会加大对你们的帮助与赏赐，你们当中如果有有才能的人，就会选拔到王廷上来，勤勉地处理自己事务的官员，可以提拔到高级机构担任职务。"

王说："哎！四方诸侯与殷商的臣民，如果你们不努力信从我的命令，你们就无法继续享有你们的禄位，下面的百姓也不能拥有财富。如若你们一味地放纵享乐，背离王命，那么就是说你们四方诸侯与旧臣在故意触犯天威，我只能执行上天的处罚，将你们流放远方，拿走你们的土地。"

成王说："我并不想在告诫你们这件事情上过多地浪费口舌，我只是恭敬地告知你们所承袭的上天赐予的天命。"

成王又说："如今你们有个从头来过的机会，如若你们不能恭敬地遵守天命和谐相处，那么就不要怪我要执行处罚了。"

立　政

【题解】

"立政"就是设立长官的意思。在《史记·鲁周公世家》中记载："周之官政未次序，于是周公作《周官》，官别其宜；作《立政》，以便百姓，百姓说。"而《书序》中只简单地提到："周公作《立政》"

在本篇中，周公对夏商两代设立长官的制度进行了总结，向成王提出了一套设立、任用官员的制度与方法，尤其再三强调了君王不能干预刑罚的程序，要交由专门的人员全权处理。对于研究周朝初年的官职有着重要的意义。

【原文】

周公若曰：“拜手稽首①，告嗣天子王矣。”用咸戒于王②，曰：“王左右常伯、常任、准人、缀衣、虎贲③。”

周公曰：“呜呼！休兹知恤④，鲜哉！古之人迪惟有夏⑤，乃有室大竞⑥，吁俊⑦，尊上帝迪⑧，知忱恂于九德之行⑨。乃敢告厥后曰，拜手稽首后矣，曰：宅乃事⑩，宅乃牧⑪，宅乃准⑫，兹惟后矣。谋面用丕训德⑬，则乃宅人⑭，兹乃三宅无义民⑮。

“桀德⑯，惟乃弗作往任⑰，是惟暴德，罔后⑱。

【注释】

①拜手稽（qǐ）首：古代男子的跪拜礼。

②用：因。咸：遍。戒：告诫。

③常伯：官名。掌管处理民事的大臣。《集传》：“牧民之长曰常伯。”常任：治事之官。准人：平法之官。缀衣：掌衣服之官。虎贲（bēn）：武官，王的卫官。

④休：美好。兹：指示代词，这。恤：忧。

⑤迪惟有夏：意言古人道说有夏的故事。迪：道。惟：语中助词。

⑥乃：代词，指夏。有室：指诸侯。竞：争着做。

⑦吁：呼。俊：贤能的人。联系上文，意指诸侯争着选拔贤人。

⑧尊：通“遵”，循。迪：导，教导。

⑨知忱：通过审查了解。知：了解。忱：通“审”，审查。恂：信。九德：《皋陶谟》：“宽而栗，柔而立，愿而恭，乱而敬，扰而毅，直而温，简而廉，刚而塞，强而义。”此即所谓九德。行：指行为。这句大意是说，从人的实际行动上来审查他的德行。

⑩宅：度，考虑。事：此处与下文“牧”、“准”相对而言，指政务，意

言考虑政务搞得好坏。

⑪牧：管理。

⑫准：准则，法度。

⑬谋面：以貌取人。丕训德：即不依据原则办事。丕：通“不”。训：顺。德：道德。

⑭宅人：曾运乾说：“宅事者，验诸行事而事举；宅人者，和诸亲昵而事替。”

⑮三宅：指上文事、牧、准三个方面。义民：即贤人。民：同“人”。意思是说，如果不按照原则办事而一味任用亲昵的人，这样就不会得到贤能的人了。

⑯桀：夏桀。德：升，此处指即帝位。

⑰作：起用。往任：指过去老成持重的人。往：旧。

⑱罔后：指国家灭亡。

【译文】

周公这样说：“我跪拜叩头，恭敬地禀告继承天子大位的王！我要同时对王与陪伴在您身侧的常伯、常任、准人三大臣与缀衣、虎贲等官员都要训导一番。”

周公说：“唉！安不忘危的人着实太少了！”

“古时夏王朝的王室十分强大，

主要是依赖于求贤治国，遵循上天的教导，严守德行。大臣们敢于告诫他们的君王说：我们叩拜并口头上敬告圣上，挑选并任用好负责掌管朝政的大臣常任，管理民事的大臣常伯，负责公正执法的大臣准人，做好这三方面，就能够成为一名好的君主。重用有才能的人，就能够很好地任用臣子，让这三方面的人员任用不会出现邪僻之人。

“到了性情暴敛的夏桀时期，任用的都是残暴无德的人，因此很快就灭亡了。”

【原文】

“亦越成汤陟[①]，丕釐上帝之耿命[②]。乃用三有宅[③]，克即宅[④]，曰三有俊[⑤]，克即俊[⑥]。严惟丕式[⑦]，克用三宅三俊[⑧]。其在商邑，用协于厥邑；其在四方，用丕式见德[⑨]。

“呜呼！其在受德[⑩]。暋惟羞刑暴德之人[⑪]，同于厥邦；乃惟庶习逸德之人[⑫]，同于厥政。帝钦罚之[⑬]，乃伻我有夏式商受命[⑭]，奄甸万姓[⑮]。

【注释】

①越：及，到了。陟：升，与上文“桀德”的“德”同，指升上帝位。

②丕釐（xī）：大福。釐：受福。耿：明。

③三有宅：即指上文“三宅”而言，意言从三方面考核官吏。

④克：能够。即：就。宅：任职，居官。《集传》：“言汤所用三宅，实能就是位而不旷其职。”

⑤俊：杨筠如说：“俊谓诚有其德。”曾运乾说：“以事、牧、准之科目登进人才，曰‘三有俊’。”

⑥克即俊：意即任用。俊：进用。

⑦严：严格。丕：大。式：法。此处大法即指“三宅三俊”之法。

⑧克用三宅三俊：也就是说从此把“三宅三俊”之法，作为选拔人才的定式。

⑨丕式：大法。见（xiàn）：显现。

⑩受：商纣。德：升，指即帝位。

⑪暋（mǐn）：强横。羞：进用。刑暴德：意即性情残暴只知用刑。

⑫庶：众多。习：亲近。逸：失。

⑬钦：察，钦罚，意即重重的惩罚。

⑭伻（bēng）：使。有夏：非指夏朝，而是周的旧称。《康诰》："用肇造我区夏……以修我西土"可作参证。式：曾运乾说："读为'代'。"

⑮奄：覆，谓大而有余。甸：治理。万姓：指臣民。万：言其多。

【译文】

"然后又到了成汤，坐上帝位之后能够恭敬地料理上天赐予的大命，认真地选择任用三大臣的事宜，做得十分不错；而选择任用三大臣，有时为了更好地挑选任用有才能的属官，这也做得十分出色。严谨恭敬地求取贤才，将其作为取才任用的常法，就能够选择任用好三大臣以及各方有才能的人士。如此，在邦邑之内，就能够使用成汤选拔官员的方法来让邦邑和谐；在四方，这种方法更加弘扬了汤的美德。

"唉！到了商纣王的时候，臭名昭著，只会选用那些残暴滥用刑罚的人，国家之中到处都是这样的官员；又任用了轻浮丧德之人，国家机构之中到处都是这样的人。

"上天针对商纣王的丧德失敬行为降下了处罚，就让我们周朝有了代替殷商接受天命，安抚治理百姓的机会。"

【原文】

"亦越文王武王克知三有宅心[①]，灼见三有俊心[②]。以敬事上帝，立民长伯[③]。立政[④]：任人、准夫、牧，作三事。虎贲、缀衣、趣马小尹、左右携仆[⑤]，百司庶府[⑥]。大都小伯、艺人、表臣百司、太史、尹伯[⑦]，庶常吉士[⑧]。司徒、司马、司空，亚旅[⑨]。夷微卢烝[⑩]。三亳阪尹[⑪]。

"文王惟克厥宅心[⑫]，乃克立兹常事司牧人[⑬]，以克俊有德。

"文王罔攸兼于庶言[⑭]。庶狱庶慎[⑮]，惟有司之牧夫是训用违[⑯]。庶狱庶慎，文王罔敢知于兹。

"亦越武王率惟敉功[⑰]，不敢替厥义德[⑱]，率惟谋从容德[⑲]，以并受此丕丕基[20]。

【注释】

①越：及，到了。三有：指前文所说政务（任人）、司法（准人）、管理臣民（牧夫）三方面的事情。宅心：通过明确上面所说的三件事来确定了解其内心。

②灼见：看得清楚。灼：明。俊：进用，选拔。

③长、伯：同义词叠用。

④立政：设立官长。

⑤趣马小尹：负责饲养马匹的小官。左右携仆：清人江声以为大概是《周礼》所说的大仆射人，近人曾运乾以为"携"是"提携"的意思。《礼记·檀弓》所记载的"扶君，仆人师扶右，射人师扶左"，当是说的这种官，也是国王的近臣。

⑥百、庶：都是在说多的意思。司、府：都是官名。

⑦大都：是三公的采邑，小都，是卿大夫的采邑。伯：长。这句话完整的说当是大都伯、小都伯，文中有省略。艺人：征收赋税的官。表臣：外臣，与朝内对言。百司：指百官。太史、尹伯：均属朝内官员。太史：指史官；尹伯：泛指每官之长，比如太史为史官之长，大司乐为乐官之长。

⑧庶：众。常：祥。吉：善。总括上文所举各官，说他们在位都很吉祥。

⑨亚旅：次于三公的众卿。亚：次。

⑩夷：指东方的少数民族。微：南方的少数民族。卢：西方的少数民族。烝：指国，此处指少数民族的国君。

⑪三亳：汤的旧都。殷商投降文王的人，被周分别安置在三邑，东为成皋，南为轩辕，西为降谷，合称三亳。阪尹：孙星衍以为"是山陂之名，尹是官长之名，周既分亳为三邑，自当各立官长因其地险峻，故名其官长为阪尹。"

⑫克：能够。厥：其，指被任用的官长。宅心：意谓考核他们的心地，并看他们的行为是否合乎九德。宅：度。

⑬常事：即上文所说的常任。司：即上文准人。牧人：即上文牧人。

“常”当为事、司、牧的总定语。

⑭罔：不。攸：所。兼：兼有，此处谓包办代替。庶言：教令。

⑮庶：众。狱：指狱讼即司法案件。慎：谨慎，联系上文当指慎刑。

⑯惟有司：意思是处理上面的这些事情都要按照有司和牧夫的意见来办。之：与，和。训：顺。违，违背。

⑰率惟：语助词，无义。敉（mǐ）：完成。功：指文王之功。

⑱替：废弃。厥：其，指文王。义德：意谓传统与法度。

⑲谋：通“敏”，勉力从事。容：宽。

⑳并受：是说君臣同受。丕丕：伟大。基：基业。

【译文】

“到了文王、武王的时期，他们明白三宅之人的选拔条件，明白选拔有才能之人的用意，因此恭敬地侍奉上天，为百姓设立了官长。设立了下面这些官职：任人、准夫、牧，分别负责料理政务、公正司法与管理民事。虎贲、缀衣、趣马、小尹、左右携仆、百司、庶府，这些官员主要负责侍奉孤军，是君主身边的臣子；大都、小伯、艺人、表臣百司、太史、尹伯、庶常吉士，这些都是外朝管理政务的官员；司徒、司马、司空、亚旅，这些都是诸侯三卿以及仅次于卿的士大夫，负责处理诸侯国的相关事宜；夷、微、卢烝、三亳、阪尹等封疆的大臣，主要负责处理边疆的相关事宜。

“文王由于对官员的德行的考察十分擅长，因此可以任用德才兼备的贤人来担任常事、常司、牧人等三宅之职。文王一向不兼管刑狱司法这类官员的职权，全部交由主管的官员全权负责，文王只是严谨地了解这些官员是否切实地执行命令罢了。刑狱司法这类的事情，文王完全不会去了解和插手。

“到了武王的时候，完全遵守着文王安抚四方的伟大功业，不敢荒废大义与明德，恭顺地予以弘扬赞美，所以，文王、武王一起完成了建立周朝的伟大事业。”

【原文】

“呜呼！孺子王矣[①]，继自今我其立政。立事、准人、牧夫。我其克灼知厥若[②]，丕乃俾乱[③]，相我受民，和我庶狱庶慎。时则勿有间之[④]，自一话一言。我则末惟成德之彦[⑤]，以乂我受民。

“呜呼！予旦已受人之徽言[⑥]，咸告孺子王矣[⑦]！继自今文子文孙，其勿误于庶狱庶慎[⑧]，惟正是乂之[⑨]。

“自古商人，亦越我周文王立政，立事、牧夫、准人。则克宅之[⑩]，克由绎之[⑪]，兹乃俾乂[⑫]。国则罔有立政，用憸人[⑬]，不训于德，是罔显在厥世。继自今立政，其勿以憸人，其惟吉士，用劢相我国家[⑭]。

“今文子文孙，孺子王矣。其勿误于庶狱，惟有司之牧夫。其克诘尔戎兵[⑮]，以陟禹之迹[⑯]，方行天下[⑰]，至于海表，罔有不服。以觐文王之耿光[⑱]，以扬武王之大烈。

“呜呼！继自今后王立政，其惟克用常人[⑲]。”

周公若曰：“太史、司寇苏公[⑳]，式敬尔由狱，以长我王国。兹式有慎，以列用中罚。”

【注释】

①孺子：长辈对年幼的晚辈的称呼，此处指成王。

②灼：明。厥若：代词，指上文立事、准人、牧夫。

③丕乃：曾运乾以为犹“斯乃”。斯、乃均可作“这”、“如此”讲，故“丕乃”可译作“这样”。俾：使。乱：治。

④时：通“是”。勿：不。间：代替。《尔雅·释诂》：“间，代也。”

⑤末：终，此处当译为“始终”。成德：指具备九德。彦：有才有德的人。

⑥徽言：美言。

⑦成告：全都告诉。

⑧误：自误，意指自作主张包办代替而产生的错误。庶狱庶慎：谓对众多狱事要慎重。

⑨惟：只。正：官长。乂：治。

⑩宅：考察。

⑪由绎：曾运乾认为是双声联词，犹言筹著审慎，大意是反复考虑，十分慎重。

⑫兹乃：这样。俾：使。义：治。

⑬憸（xiān）人：贪利之人。

⑭劢（mǎi）：勉力。相：帮助。

⑮诘：责问。戎兵：军队方面的事。

⑯陟禹之迹：意言循禹之迹。陟：升。

⑰方行：遍行。方：旁。

⑱觐：见。耿：光明。

⑲常人：吉士贤人。

⑳司寇：官名。负责司法事务，即上文“准人”。苏公：即苏忿生。

【译文】

“唉！年轻的王啊，从今往后，我们应当这样设立官员。设立管理政事的立事，管理刑狱的准人，管理民事的牧夫。我们要能够了解他们的德行，让他们可以全心全意地处理政务，辅助我们管理周朝从殷商那里接受的百姓。要小心协调负责刑狱的官员和负责典法情训的官员，一字一句都不能干预。

我们最后要懂得重用那些德才非凡的人，来帮助我们管理从殷商那里接受的百姓。

“唉！姬旦我已经将前代任用贤人的美谈全都告知于您这位年轻的君王了。从今往后，我们周朝继任天子之位的贤子贤孙们，万不可荒谬地去处理典狱刑罚之事，要让主管的官员全权负责处理。

“从古时商朝的有名的贤王，到我们周文王制定官制：设立立事、牧夫、准人，能够正确地考察并从优任用官员；而且能够发挥其所擅长的才能，让他们成就功业。没有一个国家在设立行政长官的时候会任用小人，小人不遵守正确的德行，君王也无法因此而显耀于世。从今往后，设立行政长官，切忌任用小人，只能任用有才的贤人志士，让他们辛勤地帮助管理我们的国家。

“如今周文王的贤明的子孙，年轻的王啊，千万不能粗暴地去插手刑狱的事情，要全部交由主管部门去处理。

“要整顿武力装备，军事力量能够达到禹迹所能抵达的地方，遍布天下，直到海边，都没有不归顺于我们的，这样才能彰显出文王的光辉，宣扬武王的伟大功业。

“唉！从今往后继承天子之位的王建立执政长官的时候，一定要任用德才兼备的贤人能士。”

周公召见了归来的苏忿生，这样对他说：“太史司寇苏公，我对您所处理的刑狱都十分赞赏，您的那些经验足以让我们周王朝长治久安。按照您这样的方法来审理案件，按照法律来实行处罚。”

周官

【题注】

《史记·鲁周公世家》中记载称：“成王在丰，天下已安，周之官政未次序，于是周公作《周官》，官别其宜。”《书序》中也写道：“成王既黜殷命，灭淮夷，还归在丰，作《周官》。”司马迁所提到的《周官》，乃是周公所作，早已遗失；《书序》中提到的《周官》则是周成王所作。本篇从《书序》所言。

本篇的核心内容是官职的设置。讲述了周成王向百官阐明周王朝设立官位、分之、居官的法则，其所设计的官僚体系框架袭用了近两千年，是研究古代职官制度变化的重要资料之一。

【原文】

惟周王抚万邦①，巡侯甸②，四征弗庭③，绥厥兆民④。六服群辟⑤，罔不承德。归于宗周⑥，董正治官⑦。

【注释】

①周王：指的是周成王。抚：安抚。万邦：泛指天下各诸侯国。

②巡：巡幸。侯甸：泛指诸侯国。

③四：四方。四征：指的是四面征讨。庭：《孔传》认为是直的意思。弗庭就是不直的意思。葛民认为：“弗庭，弗来庭者。”也就是不来朝见的意思，以此来代指反叛朝廷的诸侯。今认为后者可取。

④绥：安定。兆民：是说百姓的多。

⑤六服：蔡沈解释说：“六服，侯、甸、男、采、卫、并畿内为六服也。”

⑥宗周：蔡沈认为：“宗周，镐京也。”不过《孔疏》中认为：“序云：

‘还归在丰。’知宗周即丰也。周为天下所宗，王都所在皆得称之，故丰镐与洛邑皆名宗周。”

⑦董：督察，督促。《孔疏》中认为：“《释诂》云：董、督，正也。是董得为督，督正治理职司之百官，下戒敕是董正也。”治官：治事之官。

【译文】

周成王安抚诸侯方国，巡视侯服、甸服诸侯。四方讨伐那些不来朝拜的叛逆诸侯，来安定天下的黎民百姓。六服诸侯没有不敬仰其德训的。成王班师回到宗周之后，督促整理治事的官员。

【原文】

王曰：“若昔大猷①，制治于未乱，保邦于未危。”

曰：“唐虞稽古，建官惟百。内有百揆四岳②，外有州牧侯伯③。庶政惟和④，万国咸宁。夏商官倍⑤，亦克用乂。明王立政，不惟其官，惟其人。今予小子祗勤于德，夙夜不逮。仰惟前代时若，训迪厥官⑥。

“立太师、太傅、太保⑦，兹惟三公。论道经邦，燮理阴阳。官不必备，惟其人。

“少师、少傅、少保⑧，曰三孤。贰公弘化⑨，寅亮天地，弼予一人。冢宰掌邦治⑩，统百官，均四海。司徒掌邦教⑪，敷五典，扰兆民。宗伯掌邦礼⑫，治神人，和上下。司马掌邦政⑬，统六师，平邦国。司冠掌邦禁⑭，诘奸慝，刑暴乱。司空掌邦土⑮，居四民，时地利。六卿分职，各率其属，以倡九牧，阜成兆民。”

六年，五服一朝⑯。又六年，王乃时巡，考制度于四岳。诸侯各朝于方岳，大明黜陟。

【注释】

①若昔大猷：《孔传》中解释为：“言当顺古大道。”若：顺。猷：道，法。

②百揆（kuí）：相当于周朝的冢宰，《孔疏》中记载称：“百揆，揆度百事，为群官职首，立一人。”

③州牧：也就是州的长官。传闻当时天下分为十二个州，禹时有九州。侯伯：《孔传》中认为其相当于一些负责管理一方的大诸侯，代表尧舜，掌管着若干个小的部落方国。州牧侯伯泛指归顺尧舜部落联盟的一些诸侯方国，并没有明显的等级差别。

④庶政惟和：指的是政令统一，政治通明了百姓就和谐了。

⑤夏商官倍：前面提到了“建官惟百”，这里说禹汤“官倍”，指的是夏商两朝的官员是尧舜时期官员数量的一倍，也就是两百人。

⑥训：《孔疏》中记载称：“若与训俱训为顺也。”

⑦太师、太傅、太保：都是辅助君主的官员。

⑧少师、少傅、少报：古代的官职名，地位要比三公低。

⑨贰：副词，协助的意思，并不是三公的属官。弘：大。

⑩冢宰：官名，地位仅次于天子的百官之长，相当于后来的宰相。

⑪司徒：官职名，主管国家的教化。

⑫宗伯：古代的六卿之一，主管国家的祭祀礼仪。

⑬司马：官名，掌管着国家的军事征讨等事务。

⑭司寇：官职名，主管着刑狱司法。

⑮司空：官职名，《孔传》中解释为：“冬官卿，主国空土，以居民士农工商私人，使顺天时，分地利授之徒，能吐生百谷故曰土。”

⑯五服：指的是侯、甸、男、采、卫。这里泛指四方的诸侯。

【译文】

成王说：“按照从古代传承下来的治政大法，制定政教要在国家尚未出现动乱的时候，安定国家要在国家尚未出现动乱的时候。所说的尧舜考察古代的历史，设立官职一百。内有百揆、四岳，外有州牧、侯伯。各种政事通常和顺，天下各地得以安宁。夏商两代的官职增加了一倍，也能用来治理。贤明的君主设立了官长，不在于官职有多少，而在于要任人唯贤。如今我恭敬勤奋地实行德政，从早到晚都不敢懈怠。只有瞻仰前代，顺应古人，向他们那样设立官职。设置了太师、太傅、太保，这三公。讲明道理，治理国家，协调阴阳。三公不用都全，关键是要能够任用有德之人。设立了少师、少傅、少保，称为三孤。帮助三公宣扬教化，敬明天地，辅佐我一个人。冢宰掌管着国家的朝政，统率百官，协调天下四方。司徒主要负责宣扬国家的教化，传播五常之教，安定百姓。宗伯主要负责国家的礼仪，致力于处理神与人的关系，掌管好祭祀事物，让上下尊卑有序。司马主要负责国家的军事大事，统率六师，平服邦国。司寇主要管理国家的司法，惩治奸邪，镇压暴乱。司空主要负责掌管国家的土地，安置好士农工商，顺应天时，来获取地利。六卿分司其职，各自率领着自己的属官，以倡导天下的诸侯，让天下的百姓得以安定。”

每隔六年，四方的诸侯就来朝觐一次。再过六年，君王会按照季节巡视天下，在四岳考察制度。各方诸侯前往四岳朝见天子，天子对诸侯申明升降赏罚。

【原文】

王曰：“呜呼！凡我有官君子[1]，钦乃攸司[2]，慎乃出令[3]，令出惟行，弗惟反[4]。以公灭私[5]，民其允怀[6]。学古入官[7]，议事以制[8]，政乃不迷[9]。其尔典常作之师[10]，无以利口乱厥官[11]。蓄疑败谋[12]，怠忽荒政[13]，不学墙面[14]，莅事惟烦[15]。”

【注释】

①有官君子：指的是在位的官员。

②钦乃攸司：恪尽职守的意思。

③慎：谨慎的意思。乃：你。出令：颁布命令、法令。

④令出惟行，弗惟反：律令一旦颁布只能不打折扣地施行，不能有反对行为。

⑤私：对公而言，谓属于一己者。

⑥民其允怀：百姓因此而信赖你，服从你。

⑦学古入官：先学古训，再进入官场当官料理政务。《尚书·说命下》“学于古训，乃有获。”古，不趋附流俗曰古。如人品之言古道，文字之言高古。此言古训也。《尚书·说命下》“事不师古，以克永世，匪说攸闻。”

⑧议：谋也。制：制定。

⑨政：处理事情的规则称为政。

⑩其：希望之辞。尔：你。作之师：要成为别人的表率。作：为。之：代词。

⑪无：勿。以：用。利口：巧口辩解。

⑫蓄疑败谋：指的是聚集或者隐藏问题的官员在朝，会败坏德政，损害国家谋划的事业。蓄：积，聚。

⑬荒政：是说君主荒废朝政。

⑭不学：不学无术。墙面：面向于墙，也就是一无所见的意思。

⑮莅（lì）事惟烦：面对繁杂的事物一筹莫展。

【译文】

成王说："啊！凡是我大周朝在位的官员们，你们要恪尽职守，严谨地对待发布的政令，政令一旦发出，就要不折不扣地实行，不能违逆。实行德政要消除私欲，百姓就心甘情愿地归附于你。先学习古训，再进入官场治理政务。商议政事后再制定详尽的实施方案，政事就不会出现错误。希望你们能够用已经有的常法作为法则，不要用巧言善辩去扰乱那些官员。将疑问积累下来无法裁决，必然会败坏谋略；懈怠轻忽，必然会荒废政事；人如果不学习，犹如面墙而立，他会一无所见，面对繁杂的事物也是一筹莫展。

【原文】

"戒尔卿士[①]，功崇惟志[②]，业广惟勤[③]，惟克果断[④]，乃罔后艰[⑤]。位不期骄[⑥]，禄不期侈[⑦]。恭俭惟德[⑧]，无载尔伪[⑨]。作德，心逸日休[⑩]；作伪，心劳日拙[⑪]。居宠思危[⑫]，罔不惟畏[⑬]，弗畏入畏[⑭]。推贤让能[⑮]，庶官乃和，不和政厖。举能其官，惟尔之能。称匪其人，惟尔不任。"

【注释】

①戒：申戒。卿士：治事的大臣。

②功：对国家有利的事情。功勋：功绩的意思。崇：高。惟：有。

③业：功业。广：阔。形容所覆盖的面积广大。《尚书·大禹谟》"帝德

广运，乃圣乃神，乃文乃武。”勤：尽心尽力，不稍厌怠曰勤。这是在说要勤于施行德政。

④克：能。果断：有决断；不犹豫。果：果断。《论语》“行必果”。断：截，决。《诗》“是断是迁”。

⑤罔：无也。艰：难也。

⑥期：冀望。《尚书·大禹谟》“刑期于无刑”。骄：骄纵。

⑦禄：俸禄，当官给予的酬劳。

⑧恭：恭敬。俭：节俭，节约，有节制而不妄费也。

⑨无：勿。载：生。

⑩作德，心逸日休：为德政之事，则心情舒畅，每天都是好日子。休：美善，高兴。

⑪作伪，心劳日拙：弄虚作假，则枉费心机，精神日益颓废。劳：烦费之意。如无劳、枉劳。

⑫居宠思危：居安思危。宠：爱，恩宠。

⑬畏：严惮，畏惧。

⑭弗畏入畏：前一畏字，是严惮的意思；后一畏字，是胆怯的意思。意思是人如果没有了敬畏之心，将是一件十分可怕的事情。

⑮推：择，进之。贤：多才，有善行。

【译文】

“告诫你们各位卿士大臣，想要立下功勋，就必须立下高远的志向，事业广阔就必须勤于德政，遇到事情要果决，就不会有后顾之忧。在其位，谋其政，要安分守己，不能骄傲；付其劳，取其酬，要能够适可而止不能贪得无厌。恭敬、节俭本来就是美德，不做那些虚伪之事。行德，心旷神怡，每天都是好日子；弄虚作假，则是内心愁苦，每天都精神萎靡。不能因为君主的恩宠而居功自傲，要能够居安思危，处理政事如果没有敬畏之心，那将进入可怕的境地。推举贤人，谦让能人，官员们就能够和谐共处，如果官员之间存在不和谐的声音，那么很容易让局面变得纷繁复杂起来，并阻碍政令的施行。推举的人要能够胜任官职，你就必须是一位贤能之人。如果官员不称职，那是因为你用人不当造成的后果。”

【原文】

王曰：“呜呼！三事暨大夫①，敬尔有官②，乱尔有政③，以佑乃辟④。永康兆民⑤，万邦惟无斁⑥！”

【注释】

①三事：指的是任人、准夫、牧作。

②敬尔有官：意思是做官要尽职尽责。

③乱：治理。

④以：用也。佑：辅佐，辅助。

⑤永：久远。康：安也。兆民：众民也。

⑥万邦：谓诸侯方国。无斁（yì）：无厌。

【译文】

成王说：“啊！任人、准夫、牧作这三司与大夫们，你们要尽职尽责，治理好自己的政务，以此来辅助你们的君王。长久地安定你们的百姓，天下就不会厌弃我们周朝了。”

顾 命

【题解】

《史记·周本纪》中记载称："成王将崩，惧太子钊之不任，乃命召公、毕公率诸侯以相太子而立之。成王既崩，二公率诸侯，以太子钊见于先生庙，申告以文王、武王之所以为王业之不易，务在节俭，毋多欲，以笃信临之，作《顾命》。"在《书序》中也提到了："成王将崩，命召公、毕公率诸侯相康王，作《顾命》。"

本篇主要详尽地叙述了周成王危在旦夕之际，召见了召公、毕公等辅政大臣，嘱咐了王位继承的遗命。成王过世之后，太子钊按照礼法继承王位为康王。书中记载了周成王的丧礼以及周康王继位的典礼，是研究周代礼制的重要资料。

【原文】

惟四月哉生魄①，王不怿②。甲子，王乃洮颒水③。相被冕服④，凭玉几。乃同，召太保奭、芮伯、彤伯、毕公、卫侯、毛公、师氏、虎臣、百尹、御事⑤。王曰："呜呼！疾大渐⑥，惟几，病日臻。既弥留，恐不获誓言嗣⑦，兹予审训命汝。昔君文王、武王宣重光，奠丽陈教，则肄肄不违⑧，用克达殷集大命。在后之侗⑨，敬迓天威，嗣守文、武大训，无敢昏逾。今天降疾，殆弗兴弗悟。尔尚明时朕言，用敬保元子钊弘济于艰难，柔远能迩，安劝小大庶邦。思夫人自乱于威仪。尔无以钊冒贡于非几⑩。"

【注释】

①四月：周公摄政七年还政成王，成王在位二十八年驾崩，当时正值四月。哉生魄：月初。

②王：这里指的是周成王。不怿：亦作"不豫"，不安，久病不愈。

③甲子：意味不明，现已不可考证。

④洮：洗头发。

⑤相：郑玄说："正王服位之臣，谓太仆。"也就是负责服侍太子更衣的太仆。

⑥渐：严重。

⑦誓：誓命。嗣：嗣子，后人，这里指康王。

⑧肄：劳。

⑨侗：通"童"，年幼无知的意思。

⑩以：使。冒：触。贡：陷入。非几：不善。

【译文】

四月初的一天，成王染上重病，十分不适。甲子那天，成王用水洗头洗脸，侍奉的近臣为他披上衣服，靠在玉几上。同时又召集了太保召公以及芮伯、彤伯、毕公与卫侯、毛公，还有武官师氏、虎臣，百官之长以及王室的近臣们。

成王说："唉！我的病情加重了，危在旦夕，快要不行了，既然已经到了弥留之际，担心仓促之间来不及留下关于继位这件事的遗言，因此现在我详尽地交代给你们。过去，我们的君主文王、武王交相辉映，制定了法律，颁布了教令，勤奋而不敢违背，如此才能击败殷国，成就了上天的大命。武王过世之后，我还是一个年幼无知的稚子，但是我恭敬地承接天命，继承并遵守文王、武王的伟大德教，不敢混乱更改。如今上天给我降下疾病，已经无力回天了，神智也即将不行了，你们要认真领悟我所讲的话，恭敬地保护我的太子钊，度过苦难艰辛的时期。安抚远方，亲近邻邦，安抚劝导大小诸国，让康王能够树立自己的威仪，你们不能让他陷入到不善非礼的境地。"

【原文】

兹既受命[1]，还出缀衣于庭[2]。越翼日乙丑[3]，王崩。太保命仲桓、南宫毛[4]，俾爰齐侯吕伋[5]，以二干戈、虎贲百人[6]，逆子钊于南门之外[7]。延入翼室[8]，恤宅宗。丁卯，命作册度。越七日癸酉，伯相命士须材[9]。

【注释】

①受命：即传达诰命。

②缀衣：伪《孔传》中曾云："缀衣，幄帐。群臣既退，撤出幄帐于庭。"庭：朝位。

③翼日：通"翌日"，第二天。

④太保：古代官职名。这里指的是召公奭。仲桓、南宫毛：这两人均是武王的两位大臣的名字。

⑤俾：从。爰（yuán）：引。齐侯吕伋：姜太公之子，齐国的国君。

⑥二干戈：也就是由仲桓、南宫毛二人所拿，负责宫廷看守。虎贲：警卫。

⑦逆：迎。南门：天子有五个门，从内到外分别是：皋门、库门、雉门、应门、路门。雉门、库门之间称外朝，应门以内称内朝；应门、路门之间称为治朝，路门以内称燕朝。这里的南门极可能是路寝之门。

⑧延：请。翼：路寝中的一室。

⑨伯相：指召公，身兼西伯及冢宰之职。

【译文】

成王传达完诰命之后，回到寝宫，幄帐也撤回到了朝位。到了第二天乙丑日，成王就驾崩了。

太保召公下令让仲桓、南宫毛二人，随着齐侯吕伋，带领着两千士兵，以及数百虎贲之士，在南门外迎接太子钊，将其迎入路寝的东夹室中，忧居为丧主，主持丧礼。丁卯那天，太子钊下令作册准备好册书以及典礼的程序。过了七天，到了癸酉日，西伯兼冢宰的召公指示群士准备好典礼所需要的器物陈设。

【原文】

狄设黼扆缀衣[①]。牖间南向[②]，敷重篾席、黼纯[③]，华玉仍几[④]。西序东向[⑤]，敷重底席[⑥]、缀纯，文贝仍几。东序西向，敷重丰席，画纯，雕玉仍几。西夹南向[⑦]，敷重笋席、玄纷纯[⑧]，漆仍几。越玉五重、陈宝、赤刀、大训、弘璧、琬、琰[⑨]，在西序；大玉、夷玉、天球、河图，在东序。胤之舞衣、大贝、鼖鼓[⑩]，在西房；兑之戈、和之弓、垂之竹矢，在东房。大辂在宾阶面，缀辂在阼阶面[⑪]，先辂在左塾之前，次辂在右塾之前。

【注释】

①狄：古时的乐官的一种，职位比较低微。黼（fǔ）扆（yǐ）：放置在门窗之间有斧形花纹作为装饰的屏风。黼：斧形。扆：门窗之间。

②牖（yǒu）间：指门窗之间。牖：窗户。

③敷：布置。重：层，天子三重。篾席：竹席。黼纯：用黑色与白色的丝织品交杂而制成的席子的花边。纯：边，相当于花边。

④华玉：五色玉。

⑤序：堂上的东西墙称序，东面的称为东序，西边的叫西序。东向：西墙朝东。

⑥底席：青蒲席。缀纯：用杂色的彩饰作为花边。

⑦西夹：西堂的夹室。

⑧笋席：用幼竹青皮编织而成的席子。玄纷纯：用黑色的丝带作为装饰的花边。

⑨越玉：越地所呈贡的玉石。五重：五对。陈宝：玉石的名字。赤刀：

玉刀。大训：刻有古代谟训的语气。弘璧：大玉璧。

⑩胤：人名。传说中善于制作舞衣的人。蕡鼓：大鼓。

⑪缀辂：次于大辂，即金辂。阼阶：主人之位，东阶。

【译文】

乐官陈设屏风和幄帐，在门窗朝南方向，铺设了三层黑白纹缯饰花边的竹席，席子旁边摆设有五色玉作为装饰的凭几。西墙朝东的地方，铺设了三层杂彩花边作为装饰的青蒲席，席子的旁边摆设有五彩贝壳作为装饰的凭几。东墙向西的地方，铺设了三层五彩画帛作为花边的丰席，席子旁边摆设有雕玉的凭几。西夹室朝南的低昂，铺设了三层黑色四代作为花边的笋席，席子旁边摆设有髹漆的凭几。

有五对越地所出产的美玉，以及名为陈宝、赤刀、大训、弘璧的玉石，还有琬、琰之珪，放置在西墙的前面；华山所出产的大玉、东夷族提供的贡品夷玉，还有名为天球的璞玉以及河图玉，放置在东墙前面。巧手的工匠胤缝制了舞衣以及一个巨大的贝壳还有大鼓，摆设在西房中，巧手的工匠兑制作了戈、巧手的工匠和制造了弓，以及著名的工匠垂制作的竹矢，摆放在东房中。天子的大辂车停放在宾阶前面，缀辂车停放在阼阶前面，先辂车停放在左塾的前面，次辂车停放在右塾前面。

【原文】

二人雀弁[①]，执惠[②]，立于毕门之内[③]。四人綦弁[④]，执戈上刃[⑤]，夹两阶戺[⑥]。一人冕，执刘，立于东堂，一人冕[⑦]，执钺，立于西堂。一人冕，执戣[⑧]，立于东垂。一人冕，执瞿[⑨]，立于西垂。一人冕，执锐，立于侧阶[⑩]。

曰："皇后凭玉几[⑪]，道扬末命[⑫]，命汝嗣训，临君周邦，率循大卞，燮和天下[⑬]，用答扬文、武之光训。"王再拜，兴，答曰："眇眇予末小子[⑭]，其能而乱四方以敬忌天威。"

【注释】

①雀弁：即"爵弁"，士所冠的礼服，深红偏黑色。弁：帽子。

②惠：刺戟。

③毕门：一种说法认为是路门，另一种说法认为是庙门，与下文的“诸侯出庙门俟”相结合应当为庙门或者毕门。

④綦（qí）弁：比爵弁低一等的青黑色礼帽。

⑤戈上刃：钩戟。

⑥夹：站在道路的两侧。两阶：宾阶、阼阶。戺（shì）：程瑶田在《释宫小记》中写道：“戺，谓阶之两旁自堂至庭地斜安一石，搀阶齿而辅之者也，如今楼梯必有两髀以安步级，俗谓之楼梯腿也。”

⑦冕：比爵弁高一级的礼帽。

⑧戣（kuí）：古代戟一类的三角兵器。

⑨瞿：也是三角援戈。

⑩侧阶：北堂北下阶。

⑪皇后：指的是成王。皇：大。后：君。

⑫道扬：称说。末命：遗命。

⑬燮（xiè）和：调和，协和。

⑭眇眇：微小。末：浅薄。小子：康王的自称。

【译文】

两名武士身着爵弁，手握刺戟，站在庙门之内；四名武士佩戴綦弁，手握钩戟，分别站立在阼阶与宾阶的两侧的边石两侧；一名大夫戴着冕，手里拿着名叫“刘”的斧钺形武器，站立在东堂；一名大夫戴着冕，手里拿着“钺”这样的大斧形的武器，站在西堂；一名大夫戴着冕，手里拿着“戣”这样的戈形武器，站在堂东的尽头；一名大夫戴着冕，手中握着“瞿”这样的戈形武器，站在堂西的尽头；一名大夫戴着冕，手里拿着“锐”这样的矛形武器站在北面的侧阶上。

康王戴着麻制的礼帽，身穿黑白相间的斧形花纹的丧礼服，从西面的宾阶走到堂前。卿士、诸侯戴着麻制的帽子，穿着黑色的桑礼服，进入庙中各就其位。太保、太史、太宗，戴着麻制的礼帽，穿着红色的礼服。太保捧着大圭，太宗捧着旧爵，从东面的阼阶上走入堂内；太史捧着写有成王一名的册书，从西面的宾阶走入堂内，面对着康王宣读册书之辞。

册命中说：“成王当日倚靠着玉几，宣告了临终的遗命：命你钊承袭昂、武王的遗训，继位管理周国，恭敬地遵循先王的大法，让天下和谐，以此来报答文王武王，昭示他们伟大的圣训。”康王再拜，起身回答说：“凭借我的浅薄，如何能够治理天下，敬畏天命呢？”

【原文】

王麻冕黼裳①，由宾阶隮②。卿士、邦君③，麻冕蚁裳④，入即位。太保、太史、太宗，皆麻冕彤裳。太保承介圭，上宗奉同瑁④，由阼阶隮。太史秉书，由宾阶隮，御王册命⑤。

乃受同，王三宿、三祭、三咤⑥。上宗曰：“飨！”太保受同，降，盥，以异同秉璋以酢⑦。授宗人同，拜。王答拜。太保受同，祭，哜，宅，授宗人同，拜。王答拜。太保降，收⑧。诸侯出庙门俟。

【注释】

①王：指的是康王。麻冕：用麻制成的礼帽。黼裳：黑白斧形花纹的礼服。

②宾阶：西阶。隮（jī），升起。

③卿士：指的是周王朝的内朝公卿高级官员。邦君：诸侯的国君，属于外服。

④上宗：指的是太宗，变文言文。同：酒器。瑁：玉器的一种，天子召见诸侯时所使用的礼器。这里的“瑁”极有可能是后来加上的。

⑤御：迎接。册命：成王的遗命。

⑥宿：即“肃”，缓步前行。三宿是从所处的地方缓步前行到神处以进爵。祭：洒酒所到的地方。咤：后退。

⑦同：酒器的名。

⑧收：收起，指的是祭礼完成之后收起祭品。

【译文】

于是康王接受了太宗所献的酒爵，慢慢地行进三次到神所进爵，然后将酒洒在地上进行了三次祭礼，祭完之后退了三次。太宗说：“请享用福酒。”康王饮酒之后，将酒爵交给了太保，太保接受了酒爵之后，走下堂，将奠爵放入篚中，净手，取另一酒爵，拿着璋瓒为勺，酹酒以为酬酢报祭之礼。之后将酒爵交给太宗，下拜行礼，康王答拜。太保又从太宗手中接过酒爵，祭酒，浅酌，后退，把酒爵交给太宗，下拜行礼，康王又行礼答拜。太保下堂，各位执事官撤回各礼器，典礼完毕。诸侯走出庙门，等待着拜见新的君主康王。

康王之诰

【题解】

《康王之诰》是康王在即位的时候宣读的诰词。《书序》中记载称：“康王既尸天子，遂告诸侯，作《康王之诰》。”《史记·周本纪》中也提到：“康王即位，遍告诸侯，宣告以文、武之业以申之，作《康诰》（即《康王之诰》）。”

本篇主要记载了康王在进行了登基大礼之后，康王与群臣之间用文王、武王的功业来相互鼓励的话。

【原文】

王出，在应门之内[①]。太保率西方诸侯入应门左，毕公率东方诸侯入应门右，皆布承黄朱。宾称奉圭兼币，曰："一二臣卫[②]，敢执壤奠。"皆再拜稽首。王义嗣德，答拜。

【注释】

①应门：王朝的正门，也称为朝门，其门内也就是治朝，也称为正朝。

②臣卫：诸侯的自称。

【译文】

康王走出祖庙，来到应门之内。召公率领西方诸侯进入应门，站在左侧，毕公率领东方诸侯进入应门，站在右侧，这些诸侯都身穿黻黼衣、黄朱色的蔽膝。傧相谒者传达命令让诸侯按照享礼进献圭、币，诸侯进贡说："我们这些四方的守护之臣，各自将封地上的土产进献给陛下。"康王作为新继位者，按照礼节一一答谢。

【原文】

太保暨芮伯咸进相揖[①]，皆再拜稽首，曰："敢敬告天子，皇天改大邦殷之命，惟周文武诞受羑若[②]，克恤西土[③]，惟新陟王毕协赏罚[④]，戡定厥功，用敷遗后人休。今王敬之哉！张惶六师[⑤]，无坏我高祖寡命。"

【注释】

①暨：和。咸：都。

②诞：大。羑（yǒu）：诱导。

③克：能。恤：忧。

④新陟王：指的是成王。陟：升天。毕：尽。协：合理。

⑤张惶：整顿，张扬。六师：周代天子有宗周六师，进驻镐京。另外还有成周八师，驻扎在洛邑。都是由天子直接管理。

【译文】

太保与芮伯一同上前，互相行礼作揖，全部再对着康王行跪拜叩头礼。他们说："恭敬地禀告陛下，老天已经更改了殷邦的天命，交由我周文王、武王来承接日益向善的美梦，来安抚管理好西土。而刚刚升入天庭的成王赏罚公正严明，成就了伟大的功业，将幸福留给到了子孙后代。如今我王要尤为谨慎小心！要能够整饬好宗周的六师，弘扬王室的军威，不要丧失了我周朝历代先祖的天命。"

【原文】

王若曰："庶邦侯甸男卫，惟予一人钊报诰[1]。昔君文、武，丕平富[2]，不务咎[3]，厎至齐信，用昭明于天下。则亦有熊罴之士，不二心之臣，保乂王家，用端命于上帝。皇天用训厥道，付畀四方[4]。乃命建侯树屏，在我后之人。今予一二伯父[5]，尚胥暨顾绥尔先公之臣服于先王。虽尔身在外，乃心罔不在王室，用奉恤厥若，无遗鞠子羞！"

群公既皆听命，相揖，趋出。王释冕[6]，反丧服。

【注释】

①予一人：康王的自称。报：答。

②丕：斯。平：遍。富：福善美备。

③务：求。咎：灾。

④畀（bì）：给。

⑤伯父：孔疏引《仪礼·觐礼》天子呼诸侯之礼云：“同姓大国则曰伯父，其异姓则曰伯舅；同姓小邦则曰叔父，其异姓则曰叔舅。

⑥释冕：脱去即位典礼所穿戴的礼帽。

【译文】

康王这样说：“各位封国的侯甸男卫各级诸侯们，我姬钊回答你们的训导。过去我们的君主文王、武王治理天下十分妥当，百姓富庶，杜绝了罪恶之事，尽可能做到了公正严明，昭示圣德于天下。因此有着像熊罴一般勇猛的战士与忠心耿耿的臣子，一起护卫王家，才能从天帝那里获取天命。老天因此而敬奉恭顺地教导我们的先王，将天下四方交由先王，先王下令分封诸侯，树立藩屏，眷顾我们的子孙后裔。如今我们各伯父辈的诸侯大国，依然应当互相眷念，就像当年你们的先祖臣服于我的父王一样。虽然你们身在外地当诸侯，但是你们的心不应当是了无牵挂的。要辅佐，殷勤地为王室奔波，不要让我这个年幼无知的人辜负了先王的期望。”

群臣听完康王的诰命之后，互相作揖行礼退下，快步走到了应门之外。康王脱去了吉服礼帽，回到了侧室继续守丧，重新换上了丧服。

君牙

【题解】

君牙，相传是周穆王的臣子，本篇是周武王任命君牙来担任大司徒一职时写下的策命之文。《书序》中写道：“穆王命君牙，为周大司徒，作《君牙》。”也验证了这种说法。本篇属《古文尚书》,《今文尚书》中并无此篇。

本篇主要讲述了周穆王希望君牙能够为自己分忧解难，宣传五常之教，能够像他的祖父、父亲那样效忠于君王。

【原文】

王若曰：“呜呼！君牙。惟乃祖乃父①，世笃忠贞②；服劳王家③，厥有成绩④，纪于太常⑤。惟予小子⑥，嗣守文、武、成、康遗绪⑦，亦惟先正之臣⑧，克左右乱四方⑨。心之忧危⑩，若蹈虎尾⑪，涉于春冰⑫。”

【注释】

①乃：你的。

②世笃忠贞：世代纯正忠厚。笃：纯厚。忠贞：忠诚而坚定不移。贞：正。

③王家：指的是周朝王室。

④厥：其。成绩：指的是做出的事情有所功绩。

⑤纪：记。太常：旗名，古作大常。

⑥予小子：古代天子对自己的自称，是一种自谦之词。

⑦嗣守：继承并守护。嗣：继承，继续。凡有统系而继承之者皆曰嗣。守：守护。绪：事业。

⑧惟：有也。先正之臣：先贤之臣也。《尚书·说命下》“昔先正保衡作我先王”。

⑨克：能也。左右：左右的近臣，与“佐佑”同。乱：治理。

⑩忧：愁。忧危：在这里指忧愁的意绪，或指忧愁患难的事情。

⑪蹈虎尾：用来比喻危险。蹈：践。

⑫涉：徒行渡水也。春冰：春天的冰薄而容易裂开，说明其危险性。

【译文】

周穆王这样说：“啊！君牙，你的祖父与你的父亲，世代纯正忠厚；尽心竭力地帮助我们周王室，他们所创立的丰功伟绩，已经记录在了画有日月的太常旗上。年幼无知的我继承了文王、武王、成王、康王的伟业，也想要让

先王留下的臣子辅佐我平治天下。我心中忧虑畏惧，就如同踩在虎尾上，如同走在了春天的薄冰上。”

【原文】

今命尔予翼①，作股肱心膂②。缵乃旧服③，无忝祖考④！弘敷五典⑤，式和民则⑥。尔身克正⑦，罔敢弗正⑧，民心罔中⑨，惟尔之中⑩。夏暑雨，小民惟曰怨咨⑪；冬祁寒，小民亦惟曰怨咨⑫。厥惟艰哉⑬！思其艰以图其易⑭，民乃宁⑮。

【注释】

①予翼：是“翼予”的倒装。翼：辅佐。

②作：为。股肱：相当于手足。特指君王身边不可或缺的辅佐之臣。《左传》“君之卿佐，是谓股肱。”心膂（lǚ）：谓心与脊骨也，在人体中皆为极重要之部分，跟股肱的意思相同。膂：脊骨。

③缵（zuǎn）：继。乃：你的。旧服：旧德所服之地。旧德谓先代之德泽也。

④忝（tiǎn）：《尚书·尧典》中写道“否德忝帝位”。常用于自谦，如忝姻眷弟、忝列门墙之类。祖考：指的是祖先与亡父。祖：父之父。凡先祖、始祖，也通谓之祖。

⑤弘：大。敷：布，陈。五典：指的是五常之教，也就是父义、母慈、兄友、弟恭、子孝。

⑥式：用。和：和谐。民：人，泛指臣民、人民。则：法则。

⑦身：自身的品节。立身、修身。《礼》“儒者澡身而浴德”。克：能也。

⑧罔：无。敢：勇，无所畏惮。弗：不。

⑨民心：人心。

⑩惟尔之中：只有您能够被称为中和的典范，为人民所取法。

⑪夏暑雨：是说夏天炎热多雨。小民：指的是老百姓。惟：有。怨咨：嗟恨。怨：仇；恨。咨：嗟叹声。

⑫冬祁寒：冬天严寒。祁：盛，大。《诗》“瞻彼中原，其祁孔有。”

惟：有。

⑬厥：其。指顺民之事。惟：为。艰：艰难。

⑭思：念。图：谋，度，计议。

⑮宁：安宁。

【译文】

现在我命您来辅助我，当我的卿佐做我的亲信之臣，秉承您先辈的德泽。不能因为身居高位而辱没了您的祖先与父亲，要广泛宣扬继五典之教，将和善友好作为百姓相互效法的准则。只要您言谈举止都端正，就没有人敢不秉直而行，百姓的心思难以预料，常常不能遵循中道，只有您可以称为是中和的典范。夏天炎热多雨，百姓常有抱怨之声；冬日严寒，百姓也常有抱怨之声，做好能够顺应民生的事十分困难。您要随时去挂念百姓的辛苦并为他们去实现不难实现的理想，天下的百姓才能安然无忧。

【原文】

呜呼！丕显哉[①]，文王谟[②]！丕承哉[③]，武王烈[④]！启佑我后人[⑤]，咸以正罔缺[⑥]。尔惟敬明乃训[⑦]，用奉若于先王[⑧]，对扬文、武之光命[⑨]，追配于前人[⑩]。

【注释】

①丕：语词。显：光明。

②文王：周文王，周武王父，名昌。谟：计谋。

③丕：语词。承：奉也。

④武王：周武王，文王子，姬发。当时商纣暴虐，武王率领诸侯东征，在牧野交战，大胜纣王的军队，灭商，即帝位，定都镐京。烈：美，显。

⑤启：开。佑：助。

⑥咸：全都。缺：阙失。

⑦敬：恭，在心为敬，在貌为恭。明：清明。乃：你的。训：教诲。

⑧用：用。指的是以德治国。奉：侍奉；拥戴。若：顺。先王：指的是周文王、周武王、周成王以及周康王。

⑨对扬：指的是回复君命将其告知于天下人。

⑩追：追随。侑：佐也，相助也；酬也。

【译文】

啊！创建了光明伟大功业的人，是善于谋划的文王！继承了伟大光明功业的人，是善良光辉的武王！他们开天辟地来护佑我们这些后辈之人，他们施行德政都能够做到有备无患并没有缺失。您只要有恭敬之心，远见卓识地去遵循先祖的教导，用德政来侍奉我，就如同您的祖父效忠先王那样，报答并发扬文王、武王善良光辉的天命，（以德政之美）去追随和超越您的前人。

【原文】

王若曰："君牙，乃惟由先正旧典时式[①]，民之治乱在兹[②]。率乃祖考之攸行[③]，昭乃辟之有乂[④]。"

【注释】

①由：用。先正：先贤。正：指的是贤明之人。旧典：成法。典：法。时：是，指的是先王的成法。式：法；制，样，为人所取法者。如程式、公式。

②兹：这，此。

③率：循。攸：语助词。攸行：攸好德，行善政。（攸好德：言所好惟德，致福之道也；行善政：施行德政，垂拱而治也。）行：德行，在心为德，

施之为行。

④昭：光明。《诗》“於昭于天”。辟：君也。有乂：有治世之功也。乂：治也。

【译文】

穆王这样说：“君牙，你要善于使用众人谋略中最正确的，将先帝的成法作为准则，百姓的安定还是动乱都与其紧密相关。要遵循您祖父和父亲的善德与美行，让君王的治世之功可以彰显于天下。”

吕　刑

【题解】

《史记·周本纪》中记载称：“甫侯言于王，作修刑辟。”“命曰《甫刑》。”根据这篇文章，很多学者认为本篇是甫侯受命于周穆王而作。因此，本篇首句“惟吕命王享国百年”应当以“命”字断句。在《书序》中写道：“吕命穆王训夏赎刑，作《吕刑》。”

《尚书校释论·吕刑》在傅斯年先生考证的基础上，认为本篇与周穆王并无关系，因此在先前文献中引用《吕刑》的时候，并没有一次涉及周穆王，直到到了汉朝才开始称《吕刑》是周穆王之文，这种说法是荒谬的。

本篇主要是西周穆王告诫主旨是法官要勤政爱民，谨慎刑罚，注重德政。主要体现了当时吕侯的法律思想，因此取名为《吕刑》。本篇是现存最早的较为系统的刑法专注，对于研究西周时期的法律制度、法律思想有着尤为重要的意义。

【原文】

惟吕命王享国百年[1]，耄，荒度作刑，以诘四方。

王曰[2]：“若古有训，蚩尤惟始作乱[3]，延及于平民，罔不寇贼、鸱义、奸宄、夺攘、矫虔[4]。苗民弗用灵[5]，制以刑，惟作五虐之刑曰法。杀戮无辜，爰始淫为劓、刵、椓、黥[6]。越兹丽刑并制[7]，罔差有辞。民兴胥渐，泯泯棼棼[8]，罔中于信[9]，以覆诅盟。虐威庶戮，方告无辜于上。上帝监民，罔有馨香德，刑发闻惟腥。

“皇帝哀矜庶戮之不辜[10]，报虐以威，遏绝苗民，无世在下。乃命重黎绝地天通，罔有降格。群后之逮在下，明明棐常，鳏寡无盖。”

【注释】

①惟：语助词。吕：吕国，原为姜氏的一个分支，灭商之后封为吕地，现位于河南南阳一带。命王：贤明的君主，受命的君主。命是赞美的措辞。

②王：这里指的是史臣吕王。

③蚩尤：古代传说中的神话人物，东夷部落的首领，与皇帝在中原的阪泉之战中战败。在舜、禹时期，蚩尤部落曾经跟舜、禹也曾有交手。

④寇：袭击，攻击。贼：杀人。义：通“俄”，倾奸。奸宄：为非作歹。攘：盗窃。

⑤苗：苗族，在九黎之后，一直与黄河流域的各部落有冲突。

⑥爰：句首语助词。淫：过度。劓（yì）：割掉鼻子，是五刑之一。刵（èr）：割掉耳朵，五刑之一。椓（zhuó）：宫刑，五刑之一。黥（qíng）：在脸上刻字并染上黑色，也就是墨刑，也是五刑之一。

⑦越兹：于是。丽：施行。

⑧泯泯棼（fén）棼：凌乱、杂乱、纷乱的样子。

⑨罔：无。中：通“忠”。

⑩皇帝：指的是天帝。皇：大。

【译文】

吕侯受命辅佐周穆王，当时周武王已经在位很长时间了，他有八九十岁了。他命令吕侯充分考虑当时的社会情况，制定刑罚来约束四方的诸侯。

王说：“古时有过教训，当时蚩尤到处作乱，恶习波及到平民百姓，人们互相攻击抢劫，恶毒不堪，作奸犯科，强取豪夺，无恶不作。苗民做事不遵循善道，于是就制定了刑罚来约束惩罚他们，制定了五种酷刑来作为法律。

慢慢地就开始滥杀无辜，开始出现了截鼻、断耳、宫刑、黥面等酷刑，不问前因后果以及具体的案情罪状，一概使用大刑来处理。如此让苗民中开始盛行欺诈的手段，社会变得更加混乱不堪，根本没有公平正义，常常会出现违背誓约的情况。刑罚的残酷虐待，让许多无辜的百姓遭受冤屈，他们只能到天帝那里去申诉自己的冤屈。天帝了解民情之后，发现完全没有德行的馨香，只有刑罚屠杀的腥臭味。

上天怜惜那些无辜受罚的平民百姓，对于那些滥用酷刑的人给予严厉的处罚，消灭那些为非作歹的苗人，不让他们的后代祸害人间。上天因此命令重和黎分别负责管理天神与百姓之事，隔绝地下的庶民与上天直接沟通的旧习，百姓与上天不再拥有直接的联系。后来继位的君主们，都致力于遵守明德，不再像平常那样乱行非理之事，孤寡无依的百姓不再受到侵害。”

【原文】

皇帝清问下民，鳏寡有辞于苗[1]。德威惟畏，德明惟明[2]。乃命三后[3]，恤功于民。伯夷降典[4]，折民惟刑；禹平水土，主名山川[5]；稷降播种，农殖嘉谷[6]。三后成功，惟殷于民。士制百姓于刑之中，以教祗德。穆穆在上[7]，明明在下[8]，灼于四方，罔不惟德之勤，故乃明于刑之中，率乂于民棐彝[9]。典狱非讫于威，惟讫于富。敬忌，罔有择言在身。惟克天德[10]，自作元命，配享在下。"

【注释】

①有辞：有埋怨，有抱怨。

②德威惟畏，德明惟明：蔡沈在《书集传》中说："苗以虐为威，以察为明，帝反其道，以德威而天下无不畏，以德明而天下无不明也。"

③三后：指的是下文提及的伯夷、禹和稷。恤：忧勤。

④伯夷：指的是姜氏族的始祖神。降：建立。典：典礼。

⑤主名山川：为山川神主。

⑥农：勉力。殖：种植。嘉：好，美。

⑦穆穆：和善恭敬的样子，这里代指天子。

⑧明明：光辉的样子，这里代指臣民。

⑨刑之中：用刑适当。

⑩惟：只。克：担负。天德：亦有言谓之"帝德"，指的是上天所立下的道德。陈经在《尚书详解》中认为："天德无私，威福之事绝于外，敬忌之心存乎中，此无私之天德也。死生寿夭之命，乃天以制斯人者，今典狱者德与天一，则制生人之大命，岂非在下而与天配合乎？"

【译文】

"天帝向下面的百姓询问，连孤寡无依的百姓都在抱怨深受苗民滥用酷刑的侵害，因此天帝选取了有德之人来彰显自己的威严，让百姓没有不害怕服从的；又选用了有德之人来明察是非，让百姓可以远离不清不楚的情况。天帝命令三位方国的君主下到人间去，安抚百姓，建功立业：伯夷制定了律法，根据刑罚来管理百姓；大禹平治水土，成为山川的神主；后稷教给百姓播种，尽心尽力地帮助百姓种植好庄稼。三位国君功业达成之后，给百姓带来了长久的好处。管理百姓只使用适度的刑罚，治理百姓辅以常法。

"那个时候，君主在上努力保持美好的德行，群臣在下也致力于明察建立功业，政治清明，光辉普照天下，没有人不努力遵守美好的德行。所以用刑适度，为的是指引治理百姓远离那些违法行为。掌管刑狱的士师，也不能将树立威严作为自己的目标，而是应当将为民造福作为自己行动的指引。要每时每刻都敬畏上天，远离恶言。这样才能担负上天赐予的大德，才能让自己成就天命，才能配享天禄。”

【原文】

王曰：“嗟！四方司政典狱[1]，非尔惟作天牧[2]？今尔何监[3]？非时伯夷播刑之迪？其今尔何惩？惟时苗民匪察于狱之丽，罔择吉人，观于五刑之中；惟时庶威夺货[4]，断制五刑[5]，以乱无辜，上帝不蠲，降咎于苗，苗民无辞于罚，乃绝厥世。”

【注释】

①四方司政典狱：指的是掌管刑狱的官员。

②牧：管理，治理。

③监：通“鉴”，借鉴，效法。

④惟时：只是。庶威：颇为威虐的人。夺货：抢夺财货。

⑤断制五刑：指的是割断、摧毁等用强力破坏的五种刑罚。五刑：主要包括墨、劓、剕、宫、大辟五种。

【译文】

王说：“唉！掌管刑狱的各方各级官员，你们身上不是担负着为天治民的重任吗？那么如今你们要效法什么呢？难道不是伯夷在不断宣扬与传播的刑法吗？如今你们要从哪里去借鉴？只是苗民不能明察刑狱而大肆使用刑罚了事。因为不能选择适当的人选取管理考察五刑是否公正，致使权贵使用自己的势力到处行贿扰乱政治，败坏五刑条律伤及无辜。上天不会宽恕他们，于是给他们降下灾祸，苗民无法辩解，只能承受，于是他们的子孙后代就断绝了。”

【原文】

王曰：“呜呼！念之哉。伯父、伯兄、仲叔、季弟、幼子、童孙[1]，皆听朕言，庶有格命[2]。今尔罔不由慰曰勤，尔罔或戒不勤。天齐于民，俾我一日，非终惟终，在人[3]。尔尚敬逆天命，以奉我一人！虽畏勿畏，虽休勿休[4]。惟敬五刑，以成三德[5]。一人有庆，兆民赖之[6]，其宁惟永。”

【注释】

①伯父、伯兄、仲叔、季弟、幼子、童孙：蔡沈在《书集传》中说：“此告同姓诸侯也。”

②庶：庶几。格命：指的是吉祥友善之事。

③非终惟终，在人：曾运乾在《尚书正读》中写道：“‘非终’如《康诰》言：‘乃有大罪，非终，乃惟眚灾，适尔。’‘惟终’，如《康诰》言：‘人有小罪，非眚，乃惟终，自作不典，式尔。’文言民有过恶，天欲整齐之，俾我一日司其柄，我不可以私意参与其间。‘眚灾肆赦’、‘怙终贼刑’，亦在人之本身而已。”

④虽畏勿畏，虽休勿休：曾运乾说：“‘虽畏勿畏’，不畏高明也。‘休’，喜也。‘虽休勿休’，得其情，哀矜勿喜也。”

⑤三德：也就是正直、刚克、柔克这三种德行。

⑥兆民：广大的子民。

【译文】

王说：“唉！记住这个教训吧。我的伯父、兄弟、子孙们，都要听从我的话，这样就能够享受吉祥美善的天命了。如今，你们全部都在用自我宽慰的态度来安慰自己很勤劳，你们没有人能够警惕自己的懒惰。百姓犯下了罪行，上天必然要处理，于是让我掌管了这种权力。众人有犯下大过的，但是并非故意的，属于‘非终’，人有犯下小罪的，但是属于蓄意而为，并死不承认的，则属于‘惟终’，这些判定主要是看其所犯下的过错的情况。这些你们要恭敬地接受天命，拥护我的统治。在处理五刑这类的事情时，遇到可怕的事情不可畏惧；遇到喜事，不能太过兴奋。谨慎地使用五刑之法，来促成三德。君王做了好事，百姓就会受益，如此，国家才能长久地安定下去。”

【原文】

王曰：“吁！来，有邦有土[1]，告尔祥刑[2]。在今尔安百姓，何择，非人？

何敬非刑？何度非及[3]？

“两造具备[4]，师听五辞[5]。五辞简孚，正于五刑。五刑不简[6]，正于五罚；五罚不服，正于五过[7]。五过之疵：惟官，惟反，惟内，惟货，惟来[8]。其罪惟均，其审克之[9]！”

【注释】

①有邦有土：曾运乾在《尚书正读》中说：“有邦者，畿外诸侯。有土者，畿内有采邑之臣。”是也。

②祥刑：善刑。指的是以强调德教为主不滥用刑法，所以称为“善”。

③度：谋。及：赶上（古时圣人伯夷、禹、稷的道德）。

④两造：诉讼双方。

⑤师：士师，也就是刑官。五辞：五刑相关的供辞。

⑥不简：指的是供辞与所说的情况不一致，以为定罪有疑。

⑦五罚不服，正于五过：孔疏说：“欲令赎罪，而其人不服，狱官重加简核，无复疑似之状，本情非罪，不可强遣出金，如是者则正之于五过，虽事涉疑似，有罪乃是过失，过则可原，故从赦免。”

⑧官：依仗着权势。反：不顾安庆，肆意抗上。内：指的是内亲妻室说情，后来被称为裙带风。货：指的是行贿。来：托关系求情。

⑨克：核查，核实。

【译文】

王说：“唉，来，各级诸侯长官们，我将少用刑罚、注重德教的详细制度告知给你们。如今你们安抚四海的百姓，要选择什么？难道不应当是德才兼备的贤人吗？要谨慎对待什么？难道不是刑法吗？要认真思考什么，难道不是审理案件要公正公平吗？

“诉讼双方都要在场，审理案件的官员要听取案件相关的口供；经过调查核实，才能按照五刑来定罪行。如果犯人经过核审并不符合所考察的结果，属于情况不定，不再用五刑来处罚，而应当用五罚来定性，让犯人缴纳罚金来为自己赎罪。如果判定五罚而犯人依然不从，要再次进行审核，如果犯下的处罚与过失并不相应，就改为按照五种过失来处理，可以赦免他的罪行。

但是在审理五过的过程中经常会出现五种弊端，一是高官利用权势，不公正地审理案件；二是不顾及案情，就任意破坏审理；三是自己身边的亲戚说清更改审判；四是收受贿赂，贪赃枉法，扰乱审判；五是用私情进行委托，干扰审判。主审的官员有了上面所说的弊端，其所犯下的罪行与犯法者等同，会详加审核。”

【原文】

五刑之疑有赦[①]，五罚之疑有赦[②]，其审克之！简孚有众，惟貌有稽[③]。无简不听，具严天威[④]。

墨辟疑赦[⑤]，其罚百锾[⑥]，阅实其罪。劓辟疑赦，其罪惟倍[⑦]，阅实其罪。剕辟疑赦[⑧]，其罚倍差[⑨]，阅实其罪。宫辟疑赦，其罚六百锾，阅实其罪。大辟疑赦，其罚千锾，阅实其罪。墨罚之属千。劓罚之属千，剕罚之属五百，宫罚之属三百，大辟之罚其属二百。五刑之属三千[⑩]。

【注释】

①五刑之疑有赦：所判定的五刑案情存在疑点，应当直接赦免。与上文中的“五刑不简，正于五罚”有着细微的差异。

②五罚之疑有赦：所判定的五罚案情存有疑点，也应当直接赦免。与上文的“罚不服，正于五过”有所差异。

③貌：微小之处。稽：考察，核查。

④具：共。严：谨慎恭敬。

⑤墨：墨刑，也就是在脸上刻上字并用墨水染黑的刑法。疑赦：案情存疑不能定夺，可以赦免。

⑥锾（huán）：古代的货币单位。

⑦其罪惟倍：劓刑要比墨刑的罚金多出一倍，也就是需要二百锾。

⑧剕：割足。

⑨倍差：指的是剕刑的罚金是劓刑的一倍半，也就是五百锾。

⑩五刑之属三千：《周礼》作于《吕刑》之后，其《秋官·司刑》载：“掌五刑之法，以丽万民之罪。墨罪五百，劓刑五百，官罪五百，刖刑五百，杀罪五百。”将这些罪行条目，全部相加共为两千五百条。重罪加多，而轻罪减少。

【译文】

“如果五刑判决存疑，可以直接赦免；同样地，如果发现五罚存疑，也能够赦免。这些都要详细地进行审核。罪行经过再三审核，有多人作证，还要对细节的地方进行详细察验，这样才能够判定刑罚。如果案情无法核实，则不必受理。刑狱之事要谨慎审核，那是因为要畏惧上天的威严，必须要能够谨慎恭敬地对待。

“判处墨刑如果存疑的话，可以从轻改判为罚一百锾，之后赦免他的罪过。判处劓刑如果案情存疑，可以从轻减判为处于罚金二百锾，也必须要经过再次核实。判处剕刑的如果案情存疑，可以减判五百锾，也必须经过再次核实。判定宫刑如果案情存疑，减判为罚金六百锾，也必须要经过再次核实。判定死刑的如果案情存疑，减判为罚金一千锾，也必须经过再次核实。

“关于墨刑处罚的条目有一千条，劓刑也有一千条，剕刑有五百条，宫刑有三百条，死刑有两百条，五种刑罚一共有三千条。

【原文】

上下比罪[①]，无僭乱辞[②]，勿用不行[③]，惟察惟法，其审克之！上刑适轻，下服；下刑适重，上服。轻重诸罚有权。刑罚世轻世重，惟齐非齐[④]，有伦有要。

“罚惩非死，人极于病[⑤]。非佞折狱[⑥]，惟良折狱，罔非在中。察辞于差[⑦]，非从惟从[⑧]。哀敬折狱，明启刑书胥占，咸庶中正。其刑其罚，其审克之。狱成而孚，输而孚[⑨]。其刑上备，有并两刑[⑩]。”

【注释】

①上下比罪：罪行无专属的时候，可向上与重罪相比较，向下跟轻罪来比较，以此来判定罪行。孙星衍在《尚书今古文注疏》中写道：“言上下之罪，律有成事，及条目所无，比附而行之，勿增其条于三千之外。”

②僭：差错。

③不行：不恰当的审判的理由。

④齐非齐：江声《尚书集注音疏》说：“上刑适轻，下刑适重，非齐也。轻重有权，随此制宜，齐非齐也。”

⑤罚惩非死，人极于病：在蔡沈的《书集传》中曾经记载称：“罚以惩过，虽非致人于死，然民重出赎，亦甚病矣。”极：困厄。病：痛苦。

⑥佞：花言巧语之人。

⑦差：供辞中有所出入的地方。

⑧非从惟从：江声在《尚书集注音疏》中写道：“囚证之辞或有参差，听狱者于残次察以求其情，非从其辞，惟从其辞。”

⑨输：王引之在《经义述闻》说：“‘成’与‘输’相对为文，‘输’之言‘渝’也，谓变更也。……狱辞足而人信之，其有变更而人亦信之，所谓民自以为不冤也。”可以取信。

⑩其刑上备，有并两刑：曾运乾曾经在《尚书正读》中写道：“其刑上备者，轻重同犯，以轻罪并入重罪，不复科其轻。有并两刑者，两罪俱发，则但科一罪，不复责其馀，皆取宽厚之意也。”

【译文】

刑律条款上没有的罪行，重的可以与重罪相比较，轻的可以与轻罪相比较，加以斟酌确定，但是不能出现差错，也不可使用不恰当的审判来给其定罪，应当认真察看案情遵循刑罚，并且要认真审核。如果犯下了重罪，适合从轻发落的，要用轻刑来处理，犯的罪行较轻，但是情节恶劣最好可以从重论处的，要用重刑来处罚。定下罪行实施处罚，可以灵活运用。刑罚也要能够根据时间情况来制定，或轻或重要根据实际情况来进行调整，但是要有道理，有纲要。

“处以罚金赎罪的，虽然能够让犯人免于死刑，但是他在被处罚时所承受的痛苦也是十分巨大的。审判案件不能只靠着巧言善辩，要能够做到善良公正，才能让判决准确无误。供词中经常会有矛盾的地方，要善于从里面了解探清虚实，才能了解真实的案情，因此原则上不是只听口供，而是要能够探究实情。要能够怀着怜悯之心去审理案件，当场打开刑书，与众人一起推敲，获取狱官们的一致意见，如此才能获得准确的判决。所判的五刑、五罚，都应当认真审理再加定夺，判定的案件才能让人信服。如果轻罪、重罪并犯，那么就将轻罪并入重罪，按照重罪予以处罚；如果犯下了两种相同的罪行，就只按照其中的一种予以处罚。”

【原文】

王曰：“呜呼！敬之哉！官伯族姓①，朕言多惧。朕敬于刑，有德惟刑。今天相民，作配在下②，明清于单辞③。民之乱，罔不中听狱之两辞④，无或私家于狱之两辞！狱货非宝⑤，惟府辜功⑥，报以庶尤⑦。永畏惟罚，非天不中，惟人在命⑧。天罚不极，庶民罔有令政在于天下⑨。”

【注释】

①官伯：掌管政事，主持刑狱的官员。族姓：也就是上文所提及的伯父、伯兄、仲叔、季叔、幼子、童孙等同姓。

②作：为。配：指的是君王上配天帝。

③明清：明察。单辞：单方面的供辞。

④中听：不偏听偏信。两辞：指的是诉讼双方的供辞。

⑤狱货：审理案件的时候接受贿赂的赃物。

⑥府：聚集。辜功：罪行。

⑦报：报应。庶：众。尤：祸害，罪过。

⑧在命：自取灭亡。在：终结。

⑨令政：善政。

【译文】

王说："啊，严谨地对待刑狱啊！各级掌管政务主持刑狱的官员以及我的叔伯、兄弟、子孙们，我的话有很多是值得畏惧借鉴的。我严谨地对待刑狱处罚之事，实行德政就要善用刑法。如今上天对民众的治理，在人间会确立君主来承接天意，在审理办案的时候要能够明察秋毫而不是听取一面之词偏听偏信。百姓得到治理，都是由于狱官们能够公正不阿、善察明断，不会因为私利而去偏袒诉讼的任何一方。办案的时候收受贿赂，获取财物，那么（财物）完全就不是宝贝，而是在聚集罪证，会招致无数的恶报。要永远对这种惩罚有所敬畏，天道

是公正无私的，都是人们在自取灭亡罢了。如果上天对贪赃枉法的官吏不予以严处，那么天下的百姓就无法享受善政了。”

【原文】

王曰：“呜呼！嗣孙，今往何监非德于民之中①？尚明听之哉②！哲人惟刑，无疆之辞③，属于五极④，咸中有庆⑤。受王嘉师⑥，监于兹祥刑⑦。”

【注释】

①今往：从今往后，此后。监：临下。非德：不应当是德治吗。中：公平，公正。

②哲：王引之在《经义述闻》中写道：“当读为‘折’，折之言，制也。‘折人惟刑’，言制人民者惟刑也。”

③无疆：没有穷尽。

④五极：五刑的标准。

⑤咸：皆，都。中：处罚公平妥当。庆：福泽。

⑥嘉师：美好的告诫。曾被解释为“众善”的意思，现不从此意。

⑦监：遵循。

【译文】

王说：“啊！继承天子之位的子孙们，从今以后，你们如何能够来办理案件呢？难道不是依靠德政来让百姓感受到公平吗？要认真听仔细呀！管理百姓要按照刑法来进行，要处理许许多多的供词，要认真明察，让每一个判决都符合五刑的标准，都能够处置妥当，如此才值得庆祝。”

文侯之命

【题解】

关于本篇作于何时，关键在于确定晋文侯到底是谁，而关于这点，历来争论不休。说法通常分为两种：一是根据《史记·晋世家》及《周本纪》中记载，称晋文公助周襄王平定了叛乱从而得到封赏，认为本篇乃是周襄王封晋文公为侯伯的命书。二是在《书序》中提到："平王锡晋文侯秬鬯、圭瓒，作《文侯之命》。"认为本篇是作于周平王动迁的时候。《国语·晋语》中也写道："平王东迁，晋郑是依。"认为经晋文侯保护周平王东迁洛邑立下了功劳。平王赏赐了晋文侯，写了《文侯之命》。现今大多数学者认为第二种说法更为可信。

【原文】

王若曰："父义和①！丕显文武②，克慎明德，昭升于上，敷闻在下③；惟时上帝，集厥命于文王。亦惟先正克左右昭事厥辟④，越小大谋猷罔不率从⑤，肆先祖怀在位。

呜呼！闵予小子嗣⑥，造天丕愆⑦。殄资泽于下民⑧，侵戎我国家纯⑨。即我御事，罔或耆寿俊在厥服⑩，予则罔克。曰惟祖惟父，其伊恤朕躬！呜呼！有绩予一人永绥在位⑪。父义和！汝克绍乃显祖，汝肇刑文武⑫，用会绍乃辟⑬，追孝于前文人⑭。汝多修⑮，扞我于艰，若汝，予嘉。"

【注释】

①父：伯父，周天子对前辈姬氏诸侯的一种尊称。义和：是文侯的字。

②丕：大。显：显耀。

③敷：布。闻：声名，声望。下：百姓，下民。

④昭：通"绍"，帮助的意思。厥：其。辟：君王，君主。

⑤越：于。猷：谋划。率：遵循。

⑥闵：哀伤，伤感。予小子：这是平王的自称。嗣：继承王位。

⑦造：遭受。丕：大。愆：灾难，灾祸，这里指的是西周灭亡，平王被迫向东迁移到罗伊。此处可以参看《史记·周本纪》中的记载。

⑧殄：绝。资：钱财与货物。泽：禄命。

⑨侵戎：外寇入侵引发的战乱之祸。纯：大。

⑩罔：无。或：有。耆：年纪大。俊：孙诒让在《尚书骈枝》中写道："当读为'骏'，《尔雅·释诂》云：'骏，长也。'言我御事无有耆寿能长在其位者也。"

⑪绩：功绩。绥：安。

⑫肇：开始。刑：通"型"，效法。

⑬用：以。绍：继承。辟：君王，君主，这里指周平王。在《竹书纪年》中曾经记载称："平王怨念，王动迁洛邑，晋侯会卫侯、郑伯、秦伯以师从王入于成周。"

⑭追孝：引申为继承前人的意志。文人：是周人对前代君王的一种尊称。

⑮多：战功。修：美好，善。

【译文】

周平王这样说："伯父义和啊！伟大显赫的文王与武王，能够一丝不苟地贯彻美德，因此，他们的圣德能够彰显升入上天，声望广布在臣民之中。于是上天将天命交给了文王、武王。也由于之前的贤臣能士在左右辅佐，对先王的大小谋略没有不遵从的，因此先祖才能够安于其位。

“唉呀！不幸的是等我继承王位之时，遭遇了上天降下的祸端。断绝了臣民的财物与禄位，我们国家又遭受了外寇侵害的战争之难。在我身旁的臣僚，没有老成持重的能人，没有长期在位的贤士，我真是无能为力啊。只有依赖于祖辈、父辈的诸侯大臣能够分担一些忧虑。唉！只要获取了功绩，就能够让寡人可以长久地安居于位了。

“义和伯父啊！您能够彰显自己显赫的先祖唐叔的功业，又开始效法文王与武王，会合了诸侯的办法来辅佐您的君王，借此来继承先祖的遗志。您战功赫赫，在我最困难的时期保护我，像您这般，我就要予以嘉奖。”

【原文】

王曰：“父义和！其归视尔师①，宁尔邦。用赉尔秬鬯一卣②，彤弓一，彤矢百，卢弓一，卢矢百③，马四匹。父往哉！柔远能迩④，惠康小民，无荒宁⑤。简恤尔都⑥，用成尔显德。”

【注释】

①其：副词。是希望的意思。归：回到晋国的国都。视：这里是整顿，视察的意思。师：军队。

②赉（lài）：赏赐，奖赏。秬（jù）鬯（chàng）：祭祀用到的香酒。秬：黑黍。鬯：古代祭祀用的酒，主要是用郁金草酿黑黍而制成。

③卢：黑色。

④柔远能迩：周朝初年以来文诰中经常会使用的语言，是安抚绥柔远方并亲近近邻的意思。

⑤荒：荒诞。安：安逸。

⑥简恤：苏轼在《东坡书传》中认为是“简阅其士，惠恤其民”的意思，可以听取。

【译文】

王说：“伯父义和啊！回去整顿好你的军队，安定你的邦国。现在赏赐您一卣黑黍香酒，一张红色的弓，一百支红色的箭，一张黑色的弓，一百支黑色的箭，四匹马。伯父，您回去吧！安抚僻远，亲近邻邦，为百姓造福，不可荒废政务，贪图安逸。检阅您的士兵，关爱您的百姓，成就您赫赫的德行。”

费 誓

【题解】

费（bì），古代的地名，今位于山东费县西北。《孔传》中说：“费，鲁东郊之地名。”誓，誓师诰诫之词。本年就是鲁国国君率领军队征讨淮夷、徐戎的誓师词。

关于本篇的写作年代，有多种说法。在《史记·鲁周公世家》中认为是作于周初三监叛乱之时，但是这种说法与相关历史有所冲突。《书序》中则说：鲁侯伯禽宅曲阜，徐、夷并兴，东郊不开。作《费誓》。”因此认为是作于周公还政之后。此说法也未必妥当。现今未有定论。

【原文】

公曰：“嗟！人无哗，听命。徂兹淮夷①、徐戎并兴。善敹乃甲胄②，敽乃干，无敢不吊③！备乃弓矢，锻乃戈矛，砺乃锋刃，无敢不善！”

“今惟淫舍牿牛马④，杜乃擭，敜乃穽，无敢伤牿。牿之伤，汝则有常刑！马牛其风⑤，臣妾逋逃⑥，勿敢越逐⑦，祗复之，我商赉汝⑧。乃越逐不复，汝则有常刑！无敢寇攘⑨，逾垣墙，窃马牛，诱臣妾，汝则有常刑！”

【注释】

①徂：语助词。兹：此。淮夷：古代的少数民族，主要聚居在现今山东省境内，从商朝其相继南迁，到了西周时期大部分都迁到了现在的淮水流域。徐戎：淮夷的一个分支。经常用这个分支来代表淮夷，有时候会将其称为“徐夷”，是我国古代东方较早的一个少数民族。

②敹（liáo）：缝制（衣服）。现在在苏北等地方的一些方言中依然在沿

用。甲：甲衣。胄：头盔。

③不吊：不善，这里指未准备妥当。

④淫：大。牿：约束牛马的桎梏。

⑤马牛其风：牛马乱跑走丢。风，在《史记·鲁世家》中引用了郑玄的说法，认为风，乃是跑丢的意思。

⑥臣妾：军中的奴隶，男的称为“臣”，女的称为“妾”。逋逃：逃脱。

⑦越逐：违犯军纪去追捕追赶。

⑧商赉（lài）：赏赉，赏赐的意思。

⑨寇攘：强抢掠夺。

【译文】

鲁公说：“唉！大家不要喧闹了，听我来下达命令！如今淮夷、徐戎都起来反叛。赶快缝制好你们的铠甲与头盔，系好你们的盾牌，不可不准备好！准备好你们的弓箭，锻造好你们的戈矛，磨好你们摒弃的刀刃，不可不准备妥当。”

“如今要将牛马从脚铐桎梏中解放出来，将不妥的计划丢掉，填上捕捉野兽的陷阱，让牛马不受到伤害。假如伤害了牛马，你们就会受到处罚。如果牛马慌乱走丢了，随军的男女奴役逃跑了，你们不能脱离战阵、军队去追赶。假如获得了这些牛马与奴隶，要恭顺地交还给失主，我会给予奖励。假如你们违反了纪律去追赶，又没有将其交还给失主，你们就要受到刑法的处罚。不可抢劫掠夺，如果翻过墙去盗窃牛马，诱导奴隶脱逃，你们就应受到刑罚的处罚。”

【原文】

“甲戌，我惟征徐戎。峙乃糗粮[①]，无敢不逮；汝则有大刑！鲁人三郊三遂[②]，峙乃桢干[③]。甲戌，我惟筑[④]，无敢不供；汝则有无馀刑，非杀[⑤]。鲁人三郊三遂，峙乃刍茭[⑥]，无敢不多[⑦]；汝则有大刑！”

【注释】

①峙：通“痔”，这里指储备，预备。糗（qiǔ）粮：干粮。糗：将煮熟

的米碾成粉。

②三郊三遂：西周地方制度分为郊和遂，将城外称为郊，将郊外称为遂。

③桢干：筑墙的工具。

④筑：建造攻击敌人的工事。

⑤汝则有无馀刑，非杀：曾运乾在《尚书正读》中解释说：“本意言非杀尚有馀刑无？犹上下文汝则有大刑，特变问以取折耳。”

⑥刍（chú）茭（jiāo）：牛马的饲料、草料。

⑦无敢不多：在《史记·鲁世家》中写为“无敢不及”，与上文中提到的“无敢不逮”句式相同。

【译文】

“甲戌日这一天，我要去讨伐徐戎。大家要准备好干粮，谁若是达不到军兴的干粮标准，将会被处以死刑。鲁国各地的百姓，要准备好修筑营垒的工具。甲戌这一天，我们要建造好攻敌工事，不能不准备好这些军事屋子。假如敢不予以准备，初二判处死刑，难道还有别的处罚吗？鲁国各地的百姓还要准备好可以喂养牛马的饲料，不能不充足，谁如果敢准备得不足，那就处以死刑。”

秦誓

【题解】

《书序》中言："秦穆公伐郑，晋襄公帅师败诸崤，还归，作《秦誓》。"

鲁僖公三十三年（前627年），秦穆公不顾老臣劝说，派遣孟明视、西乞术、白乙丙率领军队远袭郑，返回时在殽地半途中了晋军的埋伏，全军覆没，三大统帅将军被俘。秦穆公悔不当初，写下了一篇悔过之书自省，经由史官记录，就是此篇。

本篇表达了秦穆公深深的自责之意。从文中可以看出，秦穆公已经意识到，定夺公家大事必须要依靠老臣，治理政治必须做到好贤容善，这在当时是十分难得的。

【原文】

公曰："嗟！我士①，听无哗！予誓告汝群言之首②。古人有言曰：'民讫自若是多盘③。'责人斯无难，惟受责俾如流④，是惟艰哉！我心之忧，日月逾迈，若弗云来⑤。

"惟古之谋人⑥，则曰未就予忌⑦；惟今之谋人，姑将以为亲。虽则云然，尚猷询兹黄发⑧，则罔所愆⑨。"

【注释】

①我士：群臣，士卒。

②群言之首：言论的要点。

③讫：终。若是：如此，这样。盘：游乐。

④受责俾如流：相当于现在所说的从谏如流。

⑤云：又作"员"，旋。

⑥古：过去，之前。谋人：谋臣。

⑦忌：王引之在《经义述闻》中说道：“《说文》引此忌作‘惎’。《广雅》：‘惎’意志也。’”

⑧尚：副词。猷：谋。询：询问、咨询。黄发：老人的白发开始恢复黄色。这里暗指蹇叔等贤臣。蹇叔曾经一再劝谏秦穆公不可率军远袭。秦穆公并没有采纳他的建议，一意孤行，最终战败，这是他的追悔之辞。

⑨愆：过错，过失。

【译文】

秦穆公说：“唉！我的群臣众将士们，不要喧哗，听我说。我要向你们发表誓词，讲重要的话。古人说过这样一句话：‘人总是贪图安逸，责难他人并不困难，但是要做到让自己受责备还能够从善如流，这就困难了。’我很担心，往事会跟着时间消失，不再回来，到时候懊恼都来不及了。

“以前的谋臣，我认为不能遵从我的意志；现在的谋臣，秉承着我的意志，让我一时亲近了他们。虽然这样说，如今感受到像军国这类的大事还是应当去询问德高望重的老臣的想法，才不会因此而出现纰漏。”

【原文】

“番番良士[①]，旅力既愆[②]，我尚有之[③]；仡仡勇夫[④]，射御不违[⑤]，我尚不欲。惟截截善谝言[⑥]，俾君子易辞[⑦]，我皇多有之[⑧]！

“昧昧我思之[⑨]，如有一介臣，断断猗无他技，其心休休焉[⑩]，其如有容。人之有技，若已有之。人之彦圣[⑪]，其心好之，不啻若自其口出[⑫]。是能容之，以保我子孙黎民，亦职有利哉[⑬]！人之有技，冒疾以恶之[⑭]；人之彦圣而违之，俾不达是不能容，以不能保我子孙黎民，亦曰殆哉！

“邦之杌陧[⑮]，曰由一人；邦之荣怀[⑯]，亦尚一人之庆。”

【注释】

①番番：白貌，指的是白发苍苍的样子。番：老人发白。

②旅：通“膂”，体力的意思。愆：过，这里指的是衰弱。

③有：通“友”，信赖，亲善。

④仡（yì）仡：勇猛的样子。

⑤ 射：射箭。御：驾车。违：失去。

⑥截截：巧言。谝言：《说文》："便巧言也。"

⑦ 俾：使，让。易：轻视。辞：当作"怠"，懈怠的意思。

⑧皇：通"遑"，空闲，闲暇的意思。

⑨昧昧：默默思考的意思。

⑩休休：用啦形容气度大，宽容。

⑪彦：青年才俊。圣：道德高尚。

⑫不啻：不只。自：从。

⑬职：一作"尚"，庶几，差不多，也许可以的意思。

⑭冒：通"媢"，忌。

⑮杌（wù）陧（niè）：不安。

⑯荣怀：光荣与安宁。

【译文】

所以面对那些白发苍苍的老臣子，即便体衰力竭，我还是需要去信赖他们。对于那些莽夫勇士，虽然射箭、驾车的本事十分娴熟，但是我还是不能立即任用。而对于那些善于花言巧语，容易让在位的良臣受到蛊惑变得懈怠的，我也没有时间理会。

我冥思苦想认为，如果一名大臣，忠心不二但是却没有什么别的才能，他的心胸开阔，能够善待他人。看到

别人的才能，就像是自己拥有一般高兴；别人德才兼备，他从心底里高兴，不只是嘴上赞美而已。如此宽容大度，是能够保护我的子孙与黎民百姓的，也可以为他们造福。还有一种人，看到别人的才能，就会心生嫉妒与厌恶，对德才兼备的人，想方设法地铲除，让他不能获取成功。如此心胸狭隘的人，是无法保护我的子孙与百姓的，也可以说是危险的。

“国家危险不安，常常是由于一个坏人引发的。国家繁荣昌盛，也常常是由于一个人的贤能而造就的。”

参考文献

［1］慕平译，注. 尚书［M］. 北京：中华书局，2009.

［2］李民，王建撰. 尚书译注［M］. 上海：上海古籍出版社，2004.

［3］王云五，主编. 屈万里，注译. 尚书今注今译［M］. 北京：新世界出版社，2011.